Gestión de servicios en el sistema informático

Certificados de profesionalidad

RE/LAB/DG/8-51

 *Anagrama «LUCHA CONTRA LA PIRATERÍA», propiedad de Unión Internacional de Escritores.*

© Centro de Estudios ADAMS. Ediciones Valbuena
C/ Narciso Serra, 14
28007 Madrid
adamsediciones@adams.es
www.adams.es

I.S.B.N.: 978-84-1077-516-9
Depósito legal: M-16671-2025
Editado en agosto de 2025
Imprime: Centro de Estudios Adams. Ediciones Valbuena, S.A.
Impreso en España. Printed in Spain

Presentación

Comprometidos por ofrecer una propuesta formativa ajustada a las necesidades de la sociedad y del mercado de trabajo, Grupo ADAMS presenta este curso de **Gestión de servicios en el sistema informático** desarrollado conforme a los **Certificados de Profesionalidad** y, por tanto, vinculado al **Catálogo Nacional de Cualificaciones**. De esta manera, es posible obtener la acreditación oficial, con validez en todo el territorio nacional, estar en posesión de las aptitudes y conocimientos que permiten un óptimo desempeño profesional, una vez superadas las pruebas establecidas al efecto.

Este **Módulo Formativo**, con una duración asociada de 90 horas, forma parte, entre otros, del **Certificado de Profesionalidad de Administración de servicios de Internet** (aprobado por Real Decreto 686/2011, de 13 de mayo), perteneciente a la familia de Informática y comunicaciones.

En la elaboración de los contenidos hemos pretendido garantizar la **adquisición, mejora y actualización de las competencias profesionales** requeridas en el mercado laboral, así como fomentar el **aprendizaje**.

Para conseguir tal objetivo, cada unidad didáctica presenta la siguiente estructura:

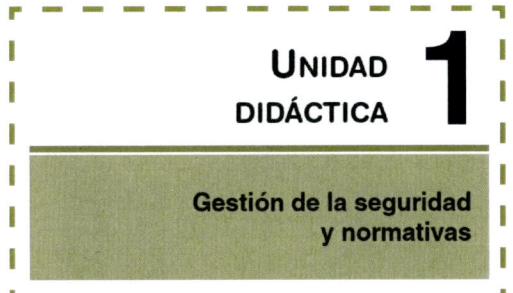

Título

Según el programa oficial publicado en el BOE.

Objetivos

Al comienzo de la unidad didáctica, identifican las capacidades que podrás adquirir.

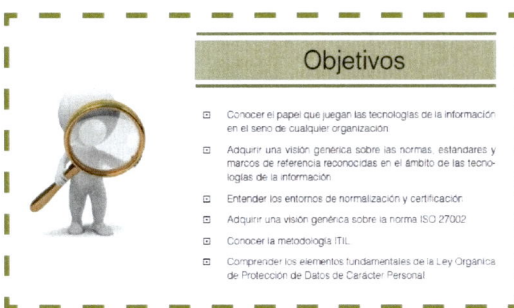

Contenido

1. Tecnologías de la información, servicios y normas
2. Norma ISO 27002. Código de buenas prácticas para la gestión de la seguridad de la información
3. Metodología ITIL. Librería de infraestructuras de las tecnologías de la información
4. Ley Orgánica de Protección de datos personales y garantía de los derechos digitales
5. Normativas más frecuentemente utilizadas para la gestión de la seguridad física

Resumen

Índice de contenidos

Proporciona una visión general del contenido, enumerando todos los aspectos que se desarrollan en la unidad didáctica.

Por tanto, deberá controlarse la entrada y salida de personas de la organización.

Un apartado especialmente sensible **es la retirada del acceso de empleados que ya no forman parte de la empresa.** Deberán devolver cualquier tipo de acreditación física que se les entregue, por ejemplo tarjetas de acceso, y también deberá notificarse al departamento de Sistemas para que cancele sus cuentas de usuario o, al menos, las desactive. Así se evitará el acceso a la información desde el exterior.

Todo el proceso de retirada de credenciales deberá registrarse en los ficheros correspondientes.

Ejemplo de acceso controlado mediante lector de tarjetas electrónicas

- Gestión de comunicaciones y operaciones

Este capítulo trata del funcionamiento adecuado de los dispositivos y medios físicos que posibilitan el tratamiento de la información.

La elaboración de tales procedimientos supone el **desarrollo de instrucciones específicas de operación,** que detallan claramente quién es responsable de cada uno de los pasos a seguir, y la elaboración de procedimientos de respuesta ante incidencias.

 El principio en el que se basa es en la necesidad de establecer responsabilidades y procedimientos para la gestión y operación de todos los recursos, dispositivos y medios físicos necesarios para el tratamiento de la información.

Una práctica útil a fin de evitar malos usos deliberados o por negligencia, es la **segregación de tareas y la duplicidad de roles.**

Entre los procedimientos operativos a describir, destacan los siguientes:

- Copias de respaldo
- Requisitos de planificación de cada tarea.
- Instrucciones para manejo de errores, incidencias y, en general, condiciones excepcionales que puedan suceder durante la ejecución estándar del trabajo.
- Contactos para soporte, tanto internos como externos.

29

Exposición y desarrollo

Del contenido del programa oficial, con notas destacadas al margen, como "Definición", "Recuerda", "Información"…

---

carácter privado (itSMF) o universidades como la Carnegie Mellon, la lista es casi interminable. Hay diversos tipos de entidades, que vemos a continuación.

En primer lugar, están **las que generan normativas.** Son multitud, pero las resumiremos en función de su ámbito geográfico de actuación:

A nivel internacional:

- **ISO** (*International Organization for Standardization,* Organismo Internacional de Normalización). Es el "organismo" por excelencia. Con sede en Ginebra, fue creado en 1947. Su página web es: *http://www.iso.org/iso/home.html.* ISO es, sin duda, **el mayor creador de estándares a nivel internacional** de forma voluntaria. Su objetivo es crear normas que faciliten la elaboración de especificaciones de productos, servicios y buenas prácticas, que permitan a la industria y los servicios ser más eficaces y eficientes. Desde su fundación, ha publicado más de 1.000 normas que abarcan casi todos los aspectos de la tecnología y las actividades económicas o no, de cualquier tipo. Desde la seguridad alimentaria a las computadoras, pasando por la agricultura o los cuidados sanitarios.

- **IEC** (*International Electronical Comission,* Comisión Electrónica Internacional). Centrada en la **normalización en los ámbitos eléctricos, electrónico** y los relacionados con ellos. Colabora con ISO en el ámbito de las tecnologías de la información, elaborando normas denominadas ISO/IEC.

- **UIT** (*International Telecommunication Union,* Unión Internacional de Telecomunicaciones). Elabora **recomendaciones para el sector de las telecomunicaciones**

 Visitar la página web www.iso.org y revisar en profundidad sus contenidos, en particular, el apartado "sobre nosotros".

En el ámbito europeo, los organismos son:

- **CEN** (*European Commitee for Standardization,* Comité Europeo de Normalización). Es el equivalente al ISO a nivel europeo. Centrado en todos los campos, excepto en el eléctrico y las telecomunicaciones.

- **CENELEC** (*European Commitee for Electrothecnical Standardization,* Comité Europeo de Normalización Electrotécnica). El equivalente al IEC a nivel europeo

- **ETSI** (*European Telecommunications Standards Institute,* Instituto Europeo de Normas de Telecomunicación). El equivalente a la UIT en Europa.

16

Ejemplos y Actividades

Interrelacionados con los contenidos estudiados y que aportan una visión práctica de la materia.

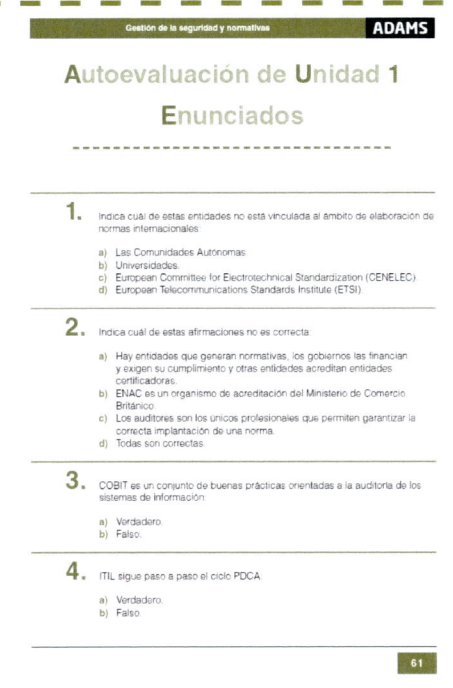

Autoevaluaciones

Te ayudarán a comprobar el grado de asimilación de la materia estudiada, en base a las competencias a adquirir y sus criterios de realización.

Glosario

Te ayudará a comprender mejor el significado de algunas palabras.

Gestión de servicios en el sistema informático — ADAMS

Bibliografía

- Norma ISO/IEC 2009.
  GUÍA COMPLETA DE APLICACIÓN PARA LA GESTIÓN DE LOS SERVICIOS DE TECNOLOGÍAS DE LA INFORMACIÓN.
- Norma ISO/IEC 27002:2022.
- Office of Government Commerce.
  ITIL REFRESH STATEMENT.
- «Software Maintenance Management - evaluation and continuous improvement» (HTML).
  A APRIL A ABRAN (2008). CONSULTADO EL 16-07-2008.
- Seguridad Informática. Ethical Hacking.
  VARIOS AUTORES. EDICIONES ENI. 2022
- Seguridad informática.
  TRIVIÑO MOSQUERA, IGNACIO. EDITORIAL SÍNTESIS. 2019.
- The guide to IT service management.
  VAN BON, J., ED (2002). ADDISON WESLEY. ISBN 0-201-73792-2
- «Beneath the Buzz: ITIL»
  Meyer, Dean, 2005, CIO MAGAZINE, 31 DE MARZO DE 2005
- "IPW(tm) and the IPW Stadia Model(tm) (IPWSM)".
  VAN HERWAARDEN, H. Y F. GRIFT (2002). THE GUIDE TO IT SERVICE MANAGEMENT. J. VAN BON. LONDRES, ADDISON-WESLEY. 97-115

343

Bibliografía y Webgrafía

Para ampliar tus conocimientos en caso de considerarlo necesario.

En nuestra página web **www.adams.es** estarás al día de todo en cuanto a información sobre cursos, productos y servicios se refiere, además tendrás la opción de dirigirnos cualquier consulta o sugerencia a través de **adams@adams.es**

Esperando haber cumplido el objetivo propuesto, te expresamos nuestros mejores deseos de éxito.

ADAMS

Índice

Ficha 11

Iconos 12

Unidad Didáctica 1. **Gestión de la seguridad y normativas** 13

Autoevaluación 61

Unidad Didáctica 2. **Análisis de los procesos de sistemas** 69

Autoevaluación 101

Unidad Didáctica 3. **Demostración de sistemas de almacenamiento** 109

Autoevaluación 173

Unidad Didáctica 4. **Utilización de métricas e indicadores de
monitorización de rendimiento de sistemas** 181

Autoevaluación 213

Unidad Didáctica 5. **Confección del proceso de monitorización de sistemas
y comunicaciones** 221

Autoevaluación 257

Unidad Didáctica 6. **Selección del sistema de registro en función de los**
                requerimientos de la organización 265

Autoevaluación 285

Unidad Didáctica 7. **Administración del control de accesos adecuados de los**
                sistemas de información 293

Autoevaluación 321

Autoevaluación Final 331

Glosario 337

Bibliografía y Webgrafía 343

Familia profesional: **INFORMÁTICA Y COMUNICACIONES**

Área profesional: **Sistema y telemática**

FICHA DE CERTIFICADO DE PROFESIONALIDAD: SEGURIDAD INFORMÁTICA (IFCT0109)

H. Q	Módulos certificado	H. CP	Correspondencia con el Catálogo Modular de Formación Profesional		
			Unidades formativas		Horas
90	MF0486_3: Seguridad en equipos informáticos	90			90
90	MF0487_3: Auditoría de seguridad informática	90			90
90	MF0488_3: Gestión de incidentes de seguridad informática	90			90
60	MF0489_3: Sistemas seguros de acceso y transmisión de datos	60			60
90	MF0490_3: Gestión de servicios en el sistema informático	90			90
	MP0175: Módulo de prácticas profesionales no laborales	80			
420	**Duración horas totales certificado de profesionalidad**	500	Duración horas módulos formativos		420

Iconos

Actividad

Contenido extra

Definición

Ejemplo

Enlace web

Importante

Información

Lectura recomendada

Legislación

Listening

Nota

Objetivos logrados

Recuerda

Reflexiona

Vocabulario

UNIDAD DIDÁCTICA 1

Gestión de la seguridad y normativas

Objetivos

- Conocer el papel que juegan las tecnologías de la información en el seno de cualquier organización.

- Adquirir una visión genérica sobre las normas, estándares y marcos de referencia reconocidas en el ámbito de las tecnologías de la información.

- Entender los entornos de normalización y certificación.

- Adquirir una visión genérica sobre la norma ISO 27002.

- Conocer la metodología ITIL.

- Comprender los elementos fundamentales de la Ley Orgánica de Protección de Datos de Carácter Personal.

Contenido

1. Tecnologías de la información, servicios y normas

2. Norma ISO 27002. Código de buenas prácticas para la gestión de la seguridad de la información

3. Metodología ITIL. Librería de infraestructuras de las tecnologías de la información

4. Ley Orgánica de Protección de datos personales y garantía de los derechos digitales

5. Normativas más frecuentemente utilizadas para la gestión de la seguridad física

Resumen

1. Tecnologías de la información, servicios y normas

1.1. Introducción

En la actualidad, numerosas empresas han implantado modelos de gestión que tienden a integrar las distintas áreas de la empresa de manera similar a los distintos componentes de una orquesta sinfónica. Donde si bien cada músico es un excelente especialista en un instrumento, cada grupo de instrumentos se integran de forma armónica y creando sinergias con el resto de instrumentos.

Sin embargo, las áreas que gestionan tecnología han puesto tradicionalmente el acento en el conocimiento profundo y en el dominio de la tecnología. Y, si bien es evidente la necesidad de técnicos competentes en el diseño, creación y mantenimiento de **hardware y software**, no es menos cierto que dicho conocimiento, si bien es necesario, es insuficiente para cumplir con todo lo que la empresa demanda de las tecnologías de la información.

Nada dice, en efecto, dicha competencia sobre la capacidad de coordinación, la búsqueda de la eficiencia en costes y la prestación de un servicio de calidad, a la altura de las necesidades reales de la empresa.

Para facilitar la correcta integración de las tecnologías de la información en los objetivos de la empresa, se han elaborado una serie de normas y estándares, cuyo objetivo es **prestar el servicio tecnológico que mejor ayuda a la consecución de los objetivos de la empresa**, al **menor coste** posible**, impidiendo accesos no autorizados** a la información ni fugas o pérdidas de la misma, y de forma estable y predecible en el tiempo.

Si bien el abanico de directrices, estándares, directivas, etc., es enormemente amplio, en esta unidad didáctica, vamos a explicar las normas que han obtenido, con el tiempo, el mayor reconocimiento, tanto por parte de los profesionales como por parte de las empresas que los contratan. Tales normas son la norma ISO/UNE/EN 27002 e ITIL, respectivamente.

1.2. Los agentes participantes en la normalización y certificación

No obstante, antes de hablar de ambas normas de forma aislada, conviene que describamos, siquiera brevemente, los entornos de normalización y certificación existentes.

Lo cierto es que el panorama es amplio. Desde el tipo y número de entidades internacionales y europeas que emiten normas (ISO, IEC, ETSI...), pasando por los organismos de normalización nacionales, (BSI en el Reino Unido, AENOR en España...), hasta organizaciones de carácter privado (itSMF) o universidades como la Carnegie Mellon, la lista es casi interminable. Hay diversos tipos de entidades, que vemos a continuación.

En primer lugar, están **las que generan normativas**. Son multitud, pero las resumiremos en función de su ámbito geográfico de actuación:

A nivel internacional:

❑   **ISO** (*International Organization for Standardization*, Organismo Internacional de Normalización). Es el "organismo" por excelencia. Con sede en Ginebra, fue creado en 1947.Su página web es: *http://www.iso.org/iso/home.html*. ISO es, sin duda, **el mayor creador de estándares a nivel internacional** de forma voluntaria. Su objetivo es crear normas que faciliten la elaboración de especificaciones de productos, servicios y buenas prácticas, que permitan a la industria y los servicios ser más eficaces y eficientes. Desde su fundación, ha publicado más de 1.000 normas que abarcan casi todos los aspectos de la tecnología y las actividades económicas o no, de cualquier tipo. Desde la seguridad alimentaria a las computadoras, pasando por la agricultura o los cuidados sanitarios.

❑   **IEC** (*International Electronical Comission*, Comisión Electrónica Internacional). Centrada en la **normalización en los ámbitos eléctricos, electrónico** y los relacionados con ellos. Colabora con ISO en el ámbito de las tecnologías de la información, elaborando normas denominadas ISO/IEC.

❑   **UIT** (*International Telecommunication Union*, Unión Internacional de Telecomunicaciones). Elabora **recomendaciones para el sector de las telecomunicaciones**.

*Visitar la página web **www.iso.org** y revisar en profundidad sus contenidos, en particular, el apartado "sobre nosotros".*

En el ámbito europeo, los organismos son:

❑   **CEN** (*European Commitee for Standardization*, Comité Europeo de Normalización). Es el equivalente al ISO a nivel europeo. Centrado en todos los campos, excepto en el eléctrico y las telecomunicaciones.

❑   **CENELEC** (*European Commitee for Electrothecnical Standardization*, Comité Europeo de Normalización Electrotécnica). El equivalente al IEC a nivel europeo.

❑   **ETSI** (*European Telecommunications Standards Institute*, Instituto Europeo de Normas de Telecomunicación). El equivalente a la UIT en Europa.

A nivel nacional, en España tenemos la Asociación Española de Normalización y Certificación, **AENOR**.

AENOR, entidad española, privada, independiente, sin ánimo de lucro, reconocida en los ámbitos nacional, comunitario e internacional, contribuye, mediante el desarrollo de las actividades de normalización y certificación (N+C), a mejorar la calidad en las empresas, sus productos y servicios, así como proteger el medio ambiente y, con ello, el bienestar de la sociedad.

Sus actividades son:

❑ *Elaborar normas técnicas españolas con la participación abierta a todas las partes interesadas y colaborar impulsando la aportación española en la elaboración de normas europeas e internacionales.*

❑ *Certificar productos, servicios y empresas (sistemas) confiriendo a los mismos un valor competitivo diferencial que contribuya a favorecer los intercambios comerciales y la cooperación internacional.*

Visitar la página web www.aenor.es y revisar en profundidad sus contenidos.

Los **gobiernos** también tienen un papel clave en los procesos de normalización. Destacan, en el ámbito gubernamental, el Ministerio de Comercio Británico **(OGC, Office of Government Commerce)** o el Departamento de Defensa del Gobierno de los Estados Unidos (DoD, **Department of Defense**). Realizan tres acciones:

❑ Financiación a través de subvenciones de la actividad de normalización.

❑ Desarrollo de iniciativas concretas.

❑ Exigencia del cumplimiento de la normativa, mediante la elaboración de la correspondiente legislación.

Otro agente fundamental es el **organismo de acreditación**. Su función consiste en certificar entidades certificadoras y los laboratorios de ensayo correspondientes. En España, esta labor la realiza ENAC (Entidad Nacional de Acreditación en España).

Objetivos de ENAC:

ENAC tiene como misión generar confianza en el mercado y en la sociedad en general en relación con la competencia técnica de los evaluadores de la conformidad acreditados, contribuyendo así a la seguridad y el bienestar de las personas, la calidad de los productos y servicios y la protección del medioambiente, y con ello al aumento de la competitividad de los productos y servicios españoles y a una disminución de los costes para la sociedad debidos a estas actividades.

Por último, nos encontramos con las **entidades certificadoras**.

Las entidades certificadoras, mediante procesos de evaluación independientes, emiten certificados que garantizan la implantación correcta de las normas

A nivel **individual**, hay dos tipos de profesionales que concretan las actividades de auditoría y diseño e implantaci**ón de las normas. Son los siguientes:**

❏ **Auditores**. Son los únicos profesionales que cuentan con la acreditación que permite realizar la auditoría que garantice la correcta implantación de la norma. Para alcanzar este título, deben contar con una formación específica y superar un examen a los efectos.

❏ **Consultores**. Asesoran a empresas y organizaciones que quieren obtener la certificación correspondiente, en el proceso de implantación, en la formación interna de sus trabajadores, etc. También deben contar con formación específica avalada por el correspondiente examen.

NORMALIZACIÓN	INTERNACIONALES	ISO
		IEC
		UIT
	EUROPEOS	CEN
		CENELEC
		ETSI
	NACIONALES	AENOR (en España)
		BSI (British Standard Institute. En el Reino Unido)

GOBIERNOS (DoD, OGC)

ACREDITACIÓN	INTERNACIONALES	IAF (INTERNATIONAL ACREDITATION FORUM)
		IQNet
	EUROPEOS	EA (EUROPEAN COOPERATION FOR ACREDITATION)
	NACIONALES	ENAC (En España)
		UKAS (United Kingdom, Accreditation System. En el Reino Unido)

ENTIDADES CERTIFICADORAS

AUDITORES	CONSULTORES

Esquema de los tipos de organización y profesionales que intervienen desde el diseño hasta la implantación de normas.

1.3. Las normas más representativas en tecnologías de la información

Hay una amplia variedad de normas centradas en las tecnologías de la información, pero nos vamos a referir únicamente a las principales, o a aquellas que se centran en gestionar los servicios de carácter tecnológico. Las elegidas son las siguientes:

❑ La norma ISO /IEC 20000. Orientada a la prestación de servicios en el marco de un sistema de gestión de los servicios, siguiendo el ciclo PDCA: Plan, Do, Check, Act (planificar, hacer, verificar y actuar), determinado en las normas ISO 9000, base de la gestión de los sistemas de la calidad.

❑ ITIL. *Information Technology Infrastructure Library* o librería informativa sobre infraestructura tecnológica. Es un conjunt o de documentos que recogen buenas prácticas en la gestión de los servicios de las tecnologías de la información.

❑ COBIT. *Control objectives for information and related technology* u objetivos de control de la información y la tecnología relacionada. Conjunto de buenas prácticas orientadas a la auditoría de los sistemas de información, creada en 1996 por el ISACA y el ITGI.[1]

❑ ISO/IEC 27002. Código de buenas prácticas para la gestión de la seguridad de la información.

En el ámbito nacional y ya en el contexto legislativo, la Ley Orgánica 3/2018, de 5 de diciembre, de Protección de Datos Personales y garantía de los derechos digitales.

2. Norma ISO 27002. Código de buenas prácticas para la gestión de la seguridad de la información

Un poco de historia, a fin de situar la norma que vamos a estudiar en su marco de referencia.

La norma ISO/IEC 27002 se incluye dentro de la serie ISO/IEC 2700X, que recoge diversas normas de seguridad en el ámbito digital y electrónico. A continuación, comentamos brevemente el objeto de las normas de esta serie que nos afecta:

---

[1] ISACA.Information Systems Audit and Control Association. www.isaca.org
ITGI.IT Gobernance Institute. www.itgi.org.

❑ **ISO/IEC 27000:** Actualmente se encuentra en su tercera versión desde el año 2014. Contiene la descripción general y vocabulario válidos para toda la serie 27000. Se puede utilizar para contar con una visión más completa de la serie y la relación entre los diferentes elementos que la conforman. Además, establece el vocabulario estándar para los sistemas de gestión de seguridad de la información (SGSI).

❑ **UNE-ISO/IEC 27001:2007:** Es la norma internacional que especifica los requisitos para la implantación de un SGSI. Adopta un enfoque de gestión de riesgos y promueve la mejora continua de los procesos. Su última revisión data de 2013. Su equivalencia en España es la norma UNE-ISO/IEC 27001:2014.

Respecto a versiones anteriores, destaca su mayor flexibilidad para la elección de metodologías de trabajo para el análisis de riesgos y mejoras. Propone partir del análisis de riesgos para determinar los controles necesarios y compararlos con los 114 existentes en su Anexo A, en lugar de identificar primero los activos, las amenazas y sus vulnerabilidades.

❑ **ISO 27002:2013** (anteriormente denominada ISO 17799). Es una guía internacional de buenas prácticas que define los objetivos de control y controles recomendables en cuanto a seguridad de la información con 14 dominios, 35 objetivos de control y 114 controles.

La norma ISO/IEC 27002 en su versión actual, la de 2013, es un estándar que contiene un código de buenas prácticas a seguir en el ámbito de la seguridad de la información. Su equivalencia en España es la norma UNE-ISO/IEC 27002:2015.

No es el objeto de este apartado describir de forma completa la norma, pero sí introducir brevemente los contenidos de cada uno de sus secciones, a fin de que el alumno obtenga una visión panorámica de las buenas prácticas a seguir para implantar un SGSI correctamente y mantenerlo en el tiempo.

2.1. Introducción

La información es uno de los activos más importantes que cualquier organización puede poseer.

La base de datos de clientes, los precios de la competencia, los aspectos legislativos que determinan la operativa a seguir, el propio conocimiento que obra en poder de los trabajadores, etc., son componentes fundamentales del éxito de cualquier organización.

Así, las condiciones de alojamiento y acceso de la información deben establecerse atendiendo a criterios de la máxima seguridad, tanto en el ámbito físico, como en el lógico. Entre los riesgos físicos, destacan:

- ❏ Robos de los soportes.

- ❏ Averías del hardware.

- ❏ Incendios de los equipos.

- ❏ Inundación de las zonas donde los equipos se encuentran alojados.

- ❏ *Sabotaje de los dispositivos.*

En cuanto a los riesgos "lógicos", podemos indicar:

- ❏ Fugas de información debido a accesos no permitidos.

- ❏ Inyección en los sistemas de código malicioso.

- ❏ Suplantación de identidades.

- ❏ Denegación de Servicio.

- ❏ Borrado accidental de datos por parte de los usuarios.

- ❏ Otros.

En cuanto a los requisitos de seguridad, tendremos en cuenta tres elementos:

- ❏ La evaluación de los riesgos de la propia organización, que dependerán de sus propios objetivos de negocio. Así, se podrán identificar las amenazas, su vulnerabilidad y la probabilidad de que sucedan.

Es preferible que el fichero de clientes de una empresa esté alojado en un servidor con acceso restringido que en las agendas manuales de cada comercial.

- ❏ Los requisitos legales y contractuales que deberá satisfacer la entidad.

Un hospital debe mantener la información de sus pacientes en condiciones de máxima confidencialidad, pues la historia clínica de cualquier persona pertenece al ámbito de su más estricta intimidad.

❑ Los principios, objetivos y requisitos que la propia organización establece para tratar la información.

El departamento de compras de una empresa se reunirá frecuentemente con proveedores y, para evitar fugas de información sobre presupuestos, ofertas, etc., decide almacenar los documentos en un archivo especial cerrado con llave y hacer una copia escaneada de tales documentos, para su disponibilidad fuera de las oficinas.

- **Objeto y campo de aplicación**

En este apartado, se describe la razón de ser de la norma.

La norma 27002 cubre todos los aspectos relativos a la seguridad de la información, que son los siguientes:

❑ *Identificación de los riesgos potenciales.*

❑ *Diseño de las medidas.*

❑ *Implantación de las medidas.*

❑ *Mantenimiento y administración del sistema de control.*

❑ *Mejoras en la gestión de la seguridad de la información.*

Su objeto último es orientar en la elaboración y diseño de las medidas y su implantación, así como en el mantenimiento de todo el sistema de seguridad creado.

Por último, pretende involucrar a las diferentes áreas de gestión en las actividades de seguridad a realizar, a fin de crear un clima de confianza y colaboración.

En la adopción de un sistema de seguridad de la información, es tan importante la elaboración de una batería de medidas eficaces, como la colaboración en su diseño desde el inicio del proyecto de todas las partes involucradas.

Así, si queremos evitar que el departamento comercial tenga su "base de datos" en la agenda de cada comercial, deberemos garantizarle, por ejemplo, el acceso a sus contactos desde cualquier dispositivo y lugar geográfico donde se encuentre.

Para ello, diseñaremos una aplicación que tenga en cuenta el acceso desde tabletas o teléfonos móviles inteligentes, que cuente con las correspondientes medidas de seguridad de acceso.

- **Términos y definiciones**

En este apartado, la norma define detalladamente cada uno de los términos que se utilizarán a lo largo de todo su contenido.

A continuación, recogemos las más relevantes:

Recursos de tratamiento de la información. *Cualquier sistema, servicio o infraestructura de tratamiento de la información.*

Seguridad de la información. *La preservación de la confidencialidad, integridad, disponibilidad de la información, pudiendo, además abarcar otras propiedades, como la autenticidad, la responsabilidad la fiabilidad y el no repudio.*

Evento de seguridad de la información. *La ocurrencia detectada en un estado de un sistema, servicio o red que indica una posible violación de la política de seguridad de la información, un fallo en las salvaguardas o una situación desconocida hasta el momento y que puede ser relevante para la seguridad.*

Incidente de seguridad de la información. *Un único evento o una serie de ellos, inesperados o no deseados, que tienen una probabilidad significativa de comprometer las operaciones empresariales y de amenazar la seguridad de la información.*

- **Estructura de la norma**

En este apartado se describe la composición de la norma, que consta de 14 dominios principales y 35 objetivos de control. Dentro de cada sección se especifican los objetivos de los distintos controles para la seguridad de la información. Para cada uno de los controles se indica, además, una guía para su implantación. Existen 114 controles entre todas las secciones. Eso sí, queda a criterio de cada organización los que realmente serán aplicables de acuerdo a sus propias necesidades.

A su vez, estos 35 objetivos de control se desglosan en un total de 114 controles, según se detalla en la página web:

www.iso27002.es.

*Visita la página web **www.iso27002.es** y revisa el esquema que muestra los controles de seguridad, sus objetivos, métricas asociadas así como enlaces a soluciones recomendadas.*

• Evaluación y tratamiento del riesgo

Este apartado recoge indicaciones sobre cómo evaluar y tratar los riesgos de seguridad de la información, de forma sistemática y efectiva.

*La **evaluación de riesgos** se realiza mediante la determinación del valor de dos variables:*

❑ *La magnitud de la pérdida o daño posible (L).*

❑ *La probabilidad de que ocurra el daño (P).*

Si el resultado es de un riesgo elevado (gran magnitud de la perdida y probabilidad media o elevada), el tratamiento de los riesgos contemplará medidas de máximo rigor para reducir bien la magnitud del daño, bien su probabilidad.

• Política de Seguridad

El objetivo de este capítulo es proporcionar la guía y apoyo de la Dirección para la seguridad de la información en relación a los requisitos del negocio y a las leyes y regulaciones relevantes.

La Dirección de la organización debe establecer una política clara y en línea con los objetivos del negocio y demostrar su apoyo y compromiso con la seguridad de la información mediante la publicación y mantenimiento de una política de seguridad de la información para toda la organización.

La política de seguridad debe recogerse en todo caso, en un Documento de Seguridad que, una vez aprobado por el órgano de dirección pertinente – Comité de Dirección, equipo directivo, Consejo de Administración,...- , deberá ser distribuido y publicado a fin de que todos los trabajadores tengan acceso al mismo.

*En todo momento se adoptará un **enfoque multidisciplinar de la seguridad de la información,** lo que supone en la práctica la cooperación y la colaboración de directores, usuarios, administradores, diseñadores de aplicaciones, auditores y el equipo de seguridad con expertos en áreas como la gestión de riesgos que pueden ser contratados de forma específica para acompañar a la organización en el proceso de implantación de la norma.*

• Aspectos organizativos

El objeto de este capítulo es indicar cómo gestionar la seguridad de la información, tanto a nivel interno, como en cuanto a su acceso desde el exterior.

Para ello, se establece una estructura de gestión, dotada de recursos técnicos con la cualificación precisa, a fin de iniciar y controlar la implantación de la seguridad de la información dentro de la organización.

Esta estructura, en cumplimiento de la política de seguridad aprobada, asignará los roles de seguridad, coordinará y revisará la implantación de la seguridad en toda la organización, conforme indique el Documento de Seguridad aprobado.

• Gestión de activos

*Se entiende como **activo** de una organización de cualquier tipo, a cualquier bien tangible o intangible que posee la organización – ya sea empresa, administración pública o entidad sin ánimo de lucro - o persona física. Por extensión, se denomina también **activo** al conjunto de los activos de una empresa. En sí, es lo que una empresa posee.*

Desde una perspectiva económica, se entiende que un activo es cualquier bien o derecho que tendrá un beneficio económico futuro.

Desde la perspectiva de la norma, el objetivo será, por tanto, garantizar la protección adecuada de los activos de la organización, y en particular, de la información que obre en poder de la entidad, que debe ser considerada también como un activo.

Pensemos en todos los documentos digitales que permiten la fabricación de cualquier producto. Pueden ser:

❑ *Planos.*

❑ *Instrucciones de fabricación.*

❑ *Detalle de sus componentes.*

❑ *Relación de proveedores que los suministran.*

❑ *...*

Todos esos documentos —información, al fin y al cabo— son a su vez, activos de la empresa.

La información deberá ser clasificada, en función de los siguientes criterios:

❑ Grado de sensibilidad y criticidad para la organización.

❑ Requisitos legales.

❑ Necesidad de uso.

❑ Prioridad de acceso.

❑ Grado de protección.

Por otra parte, los activos estarán correctamente inventariados e identificados en un documento fichero elaborado a los efectos.

Deberá identificarse igualmente al propietario de cada activo así como sus funciones y responsabilidades en materia de uso aceptable de la información, acceso a la misma, autorización de acceso a terceras partes, etc.

• Seguridad ligada a los Recursos Humanos

Este apartado es especialmente sensible, y la norma ISO 27002 le dedica especial atención. Gran parte de los incidentes de seguridad que sufren las empresas proceden del **uso inadecuado de la información** por parte de sus empleados y, en especial, por parte de aquellos que, por el motivo que sea, se encuentran descontentos con su entidad.

Las medidas en materia de seguridad de la información deben definirse en la descripción de cada puesto de trabajo, mediante la descripción adecuada de las funciones, tareas y responsabilidades, así como los términos y condiciones del empleo.

Los procesos de selección de personal para puestos especialmente sensibles, deberán contemplar la investigación de los candidatos a fin de garantizar su idoneidad en términos de seguridad de la información. Esto es también aplicable a contratistas, proveedores, profesionales externos, etc.

Así mismo, los empleados, contratistas y usuarios de terceras partes de los servicios de procesamiento de la información firmarán un anexo a su contrato que recogerá sus obligaciones, compromisos, funciones y responsabilidades en materia de seguridad de la información.

Por tanto, el objetivo de este capítulo de la norma es asegurar que los empleados, contratistas y usuarios de terceras partes entiendan sus responsabilidades y estén capacitados para realizar las funciones que desarrollen en condiciones de máxima seguridad de la información a su cargo. En última instancia, se trata de reducir el riesgo de robo, fraude y mal uso de la información, así como de las instalaciones y medios físicos donde esta se aloja.

• Seguridad física y del entorno

El objeto de este capítulo es **prevenir** el acceso físico no autorizado, daños o intromisiones en las instalaciones y a la información de la organización.

Los dispositivos, recursos y medios físicos dedicados al acceso, alojamiento y mantenimiento de la información, estarán situados en áreas seguras y controladas, debiendo contar con perímetros de seguridad correctamente establecidos mediante barreras de seguridad y controles de acceso adecuados.

Si bien la norma parece centrarse en el Centro de Proceso de Datos, hay muchas otras áreas vulnerables a considerar, p. ej., armarios de cableado, "servidores departamentales" y archivos de documentos físicos (recordemos que la norma no solo se refiere a asegurar la información en formato digital).

Visitas y accesos autorizados al interior de cualquier empresa.

¿Hasta dónde podría llegar el repartidor de pizza o el mensajero sin ser parado, identificado y acompañado? ¿Qué podrían ver, llevarse o escuchar mientras están dentro?

Algunas organizaciones usan tarjetas de identificación de colores para indicar las áreas accesibles por los visitantes (p. ej., azul para la 1ª planta, verde para la 3ª, etc.; ahora, si ves a alguien con una identificación verde en la 4° planta, deberás detenerlo).

Por tanto, deberá controlarse la entrada y salida de personas de la organización.

Un apartado especialmente sensible **es la retirada del acceso de empleados que ya no forman parte de la empresa.** Deberán devolver cualquier tipo de acreditación física que se les entregue, por ejemplo tarjetas de acceso, y también deberá notificarse al departamento de Sistemas para que cancele sus cuentas de usuario o, al menos, las desactive. Así se evitará el acceso a la información desde el exterior.

Ejemplo de acceso controlado mediante lector de tarjetas electrónicas.

Todo el proceso de retirada de credenciales deberá registrarse en los ficheros correspondientes.

• Gestión de comunicaciones y operaciones

Este capítulo trata del funcionamiento adecuado de los dispositivos y medios físicos que posibilitan el tratamiento de la información.

La elaboración de tales procedimientos supone el **desarrollo de instrucciones específicas de operación,** que detallan claramente quién es responsable de cada uno de los pasos a seguir, y la elaboración de procedimientos de respuesta ante incidencias.

El principio en el que se basa es en la necesidad de establecer responsabilidades y procedimientos para la gestión y operación de todos los recursos, dispositivos y medios físicos necesarios para el tratamiento de la información.

Una práctica útil a fin de evitar malos usos deliberados o por negligencia, es la **segregación de tareas y la duplicidad de roles**.

Entre los procedimientos operativos a describir, destacan los siguientes:

❑ Copias de respaldo.

❑ Requisitos de planificación de cada tarea.

❑ Instrucciones para manejo de errores, incidencias y, en general, condiciones excepcionales que puedan suceder durante la ejecución estándar del trabajo.

❑ Contactos para soporte, tanto internos como externos.

❑   Procedimientos de recuperación, arranque y reinicio del sistema, en el caso de caída del mismo.

❑   Gestión de los registros de las actuaciones.

Este capítulo también se refiere al intercambio de información con terceras partes —clientes, proveedores, acreedores, etc—- a través de los distintos mecanismos existentes: correo electrónico, fax, etc., siempre desde la perspectiva de dar una seguridad integral a la información de la entidad.

• Control de acceso

Las medidas que permiten el cumplimiento de los objetivos del capítulo son, entre otras, las siguientes:

❑   **Control de los accesos a la información**, asegurando los accesos a los usuarios autorizados e impidiendo los accesos no autorizados. Esto supone la definición de niveles de acceso, la gestión de contraseñas, el control de la relación de usuarios activos, etc.

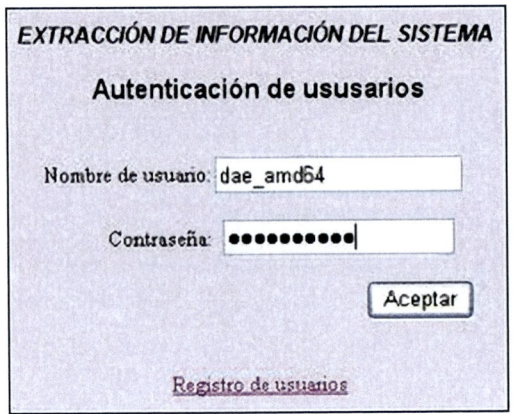

Ejemplo de autentificación sencilla.

❑   **Control de accesos a la red y a los recursos físicos**, mediante el uso de interfaces —firewalls y otros sistemas similares— entre la red propia y las redes públicas —en particular, el acceso a internet—, utilizando, por ejemplo, redes privadas virtuales (VPN) que proveen de un grado de encriptación suficiente como para garantizar comunicaciones seguras, una vez los usuarios se han autentificado.

❑   **Descripción de las responsabilidades de los usuarios** en el uso de la información.

❑   **Control de comunicaciones remotas y accesos móviles.**

❑ **Inclusión en los procesos de negocio de las medidas de seguridad** pertinentes para garantizar la protección de la información.

❑ **Recursos de tratamiento de la información y los procesos de negocio** en base a las necesidades de seguridad y de negocio de la organización.

❑ **Control del cumplimiento efectivo de las políticas de distribución** de la información y de autorizaciones.

Por otra parte, los propietarios de activos de información que son responsables ante la dirección de la protección de "sus" activos deberán tener la capacidad de definir y/o aprobar las reglas de control de acceso y otros controles de seguridad, a **fin de garantizar la flexibilidad del sistema y su multidisciplinariedad**.

En caso de incidencia, deberá quedar perfectamente registrado el causante de la misma, fecha y hora, información afectada, posibles motivos, y se indicará igualmente qué medidas se tomarán para evitar que vuelva a suceder.

*El objetivo de este capítulo es simple: **detallar las medidas a tomar para controlar el acceso a la información, sobre la base de los requisitos y necesidades del negocio y de la seguridad**.*

Contemplará en todo caso, las políticas referidas a la distribución de la información.

• Adquisición, desarrollo y mantenimiento de los sistemas de información

Autentificar. *Acreditar que un hecho o un documento es auténtico. Autenticar.*

Un correcto diseño e implantación de los sistemas de información que sustentan los procesos de negocio es fundamental para garantizar la seguridad del sistema**. Los requisitos de seguridad se deberán identificar y consensuar antes de iniciar el desarrollo** y/o implantación de los distintos elementos del sistema de información.

Los requisitos de seguridad se incluirán en la fase de recogida de requisitos de un proyecto y se justificarán, aprobarán por las partes implicadas y documentarán por el equipo responsable del proyecto como una parte más del proceso de creación / añadido de un nuevo elemento un sistema de información.

Uno de los criterios clave de éxito de éste apartado de la norma, es el consenso que debe alcanzarse sobre los requisitos de seguridad. Para ello, deben identificarse correctamente las áreas de la organización —denominadas partes implicadas— que se verán afectadas de forma directa o indirecta por la implantación del nuevo elemento del sistema de información.

*Si una organización decide implantar una aplicación que facilite la gestión de las relaciones con sus clientes (denominada CRM o **Customer Relationship Management**), tendrá que tener en cuenta la opinión del departamento comercial —quien usará la aplicación—, pero también del departamento de marketing— quienes diseñan las promociones y campañas- y, por supuesto, del departamento financiero —las ventas deben contabilizarse adecuadamente—.*

Sistemas de información. *Dentro de los sistemas de información se incluyen los sistemas operativos, infraestructuras, aplicaciones de negocio, aplicaciones estándar o de uso generalizado, servicios y aplicaciones desarrolladas por los usuarios.*

En cuanto a los requisitos de seguridad, este capítulo establece, entre otros, los siguientes aspectos:

❑ La necesidad, o no, de encriptación de los datos.

❑ Políticas de acceso a los ficheros del sistema.

❑ Seguridad en los accesos a las aplicaciones del sistema.

 ◆ Validaciones de claves.

 ◆ Control de errores en el acceso.

❑ Seguridad en los procesos de desarrollo y soporte.

• Gestión de incidentes de seguridad de la información

El objeto de este apartado es garantizar que cualquier incidente que afecte a la seguridad de información es transmitido adecuadamente a las instancias correspondientes, a fin de tomar las medidas correctivas adecuadas.

Para ello, se deben crear los correspondientes mecanismos y procedimientos de comunicación, que especificarán a quién comunicar, cuándo comunicar, qué y cómo.

Igualmente, la entidad habilitará un área de soporte que centralizará las incidencias que se transmitan y se encargará de derivar a los servicios correspondientes la incidencia reportada para su resolución dentro de los plazos que el Contrato de Nivel de Servicio —suelen denominarse por sus siglas en inglés, **Service Level Agreement**, o SLA— establezca para cada tipo de incidencia.

La gestión de incidentes deberá contemplar, también, el cierre de cada incidencia mediante la supervisión de su gestión. El objeto de este apartado es garantizar que la incidencia no solo ha sido comunicada, sino resuelta de la forma prevista, en tiempo y forma.

• Gestión de la continuidad del negocio

Continuidad de negocio. *Se entiende como continuidad de negocio el conjunto de procedimientos de cualquier organización, encaminados a recuperar y restaurar las funciones críticas total o parcialmente en el menor plazo posible tras cualquier interrupción no deseada en la prestación de los servicios.*

Por su criticidad para cualquier organización, los sistemas de información forman parte central de cualquier plan de continuidad de negocio.

La gestión de la continuidad del negocio debería incluir adicionalmente al proceso de evaluación, controles para la identificación y reducción de riesgos, limitar las consecuencias de incidencias dañinas y asegurar la reanudación a tiempo de las operaciones esenciales.

En este ámbito, el primer paso, por tanto, es identificar cuáles son los procesos críticos que afectan a la continuidad del negocio.

El segundo, es establecer controles preventivos, que dificulten o minimicen en la medida de lo posible, la aparición de eventos que afecten negativamente a los servicios críticos e imposibiliten, aunque sea de forma temporal, el desarrollo del negocio en condiciones normales.

Igualmente, se establecerán los mecanismos necesarios para, una vez detenidos los procesos de negocio, lanzar los mismos nuevamente sin pérdida de información alguna.

Sistemas de prevención de incidentes en bases de datos SQL. *Si las bases de datos no son sometidas a una serie de tareas de mantenimiento, el uso continuado de las mismas llevará a una caída del servicio que se concretará en tiempos cada vez más largos de acceso, ejecución errónea de consultas y, finalmente, caída permanente del servicio.*

Una base de datos SQL debe, al menos, compactarse una vez al mes, y regenerar sus índices con una periodicidad no inferior a la semanal ni superior a la mensual.

Tengamos en cuenta que una base de datos SQL puede alojar, sin grandes problemas, miles de millones de registros y tener un tamaño de varios TBytes.

1 TB = 103 GB = 106 MB = 109 kB = 1012 bytes o 1.000.000.000.000 bytes.

Sistemas de recuperación de incidentes en bases de datos SQL. *Si, a pesar de todo, se ha producido un incidente grave que ha afectado seriamente al contenido o al acceso a una base de datos, puede ser conveniente recuperar la información a partir de una* **copia de seguridad**.

Para garantizar que existe en todo momento una copia de seguridad viable de cualquier base de datos, se creará un procedimiento de generación de copias de seguridad y de verificación de las mismas, por ejemplo, usando un entorno de desarrollo distinto del entorno de producción, donde se compruebe periódicamente el buen estado de las bases de datos.

- **Cumplimiento**

El objeto de este capítulo es evitar cualquier incumplimiento legal, reglamentario u obligación contractual y de cualquier requisito de seguridad.

Es conveniente consultar con asesores legales suficientemente cualificados a fin de asegurar la correcta adaptación de las normas de seguridad a la legislación vigente.

Un apartado especialmente importante, es el cumplimiento de la legislación en materia de propiedad intelectual y, en particular, la protección de datos y la privacidad de la información de carácter personal, que veremos en el correspondiente apartado.

No existe norma ISO completa si no se incluye en alguno de sus capítulos un apartado relativo a la realización de auditorías. En el caso de la norma ISO/IEC 27002, es el apartado 15.3, donde se detalla qué se entiende por auditoría de los sistemas de información y cómo se despliega.

Auditoría de los sistemas de información. *Proceso de recogida, agrupamiento y evaluación de las evidencias, a fin de determinar si un Sistema de Información salvaguarda eficazmente el activo empresarial, mantiene la integridad de los datos, permite llevar a cabo eficazmente los fines de la organización y utiliza eficientemente los recursos de que dispone.*

3. Metodología ITIL. Librería de infraestructuras de las tecnologías de la información

Hoy en día, ITIL se considera como el enfoque de gestión más ampliamente aceptado por la comunidad de tecnólogos de todo el mundo.

Abarca desde la definición de la propia estrategia de gestión de las tecnologías de la información, hasta la gestión de las infraestructuras, por poner un ejemplo.

Su éxito se debe fundamentalmente a la calidad de las prácticas recomendadas y a la flexibilidad de aplicación y capacidad de adaptación a las necesidades de cualquier organización, ya esa pública o privada.

ITIL (Information Technology Infrastructure Library). *Al contrario que las normas ISO, ITIL no es una norma ni un documento único. ITIL es un conjunto de publicaciones que recogen las buenas prácticas en la gestión de los servicios de las tecnologías de la información.*

3.1.   ITIL Versión 1

Tanto la iniciativa en la elaboración y posterior desarrollo de ITIL la tomó, en los primeros años 80, el gobierno británico. Inicialmente, a través de la CCTA (Central Computer and Telecomunications Agency o Agencia para las Telecomunicaciones y Ordenadores Centrales) del gobierno británico. A continuación, fue la OGC (**Office of Gobernance Commerce** u Oficina de Comercio Gubernamental), organismo perteneciente al Ministerio de Hacienda del Reino Unido, quien ha continuado su desarrollo hasta la fecha.

Sin embargo, en un principio, las guías ITIL se denominaron **Government Information Technology Structure Method** (GITM o Métodos de la Estructura de la Información del Gobierno), y no fue hasta mediados de los 80 que pasaron a denominarse con su nombre actual y a ser considerada no como una norma, sino como guías o buenas prácticas a seguir en la gestión de las tecnologías de la información existentes en aquel período, casi exclusivamente **mainframes**.

A su vez, las GITM se basaban fundamentalmente en el libro de IBM *"A management system for the information business: organizational analysis"* —Un sistema de gestión para la información de los negocios—, cuyo autor es Edward A. Van Schaik.

Durante los años ochenta, **fueron creciendo de forma inconexa hasta alcanzar un total de 42 volúmenes**, de modo que, tanto su adquisición como su implantación acabaron siendo bastante costosas. Así mismo, se orientaban únicamente a aspectos tecnológicos de los **mainframe**[2], dejando de lado los servicios.

Mainframe modelo IBM 704.

3.2. ITIL Versión 2

No fue hasta mediados de los noventa, cuando comenzó a aumentar su popularidad, que se realizó una profunda revisión de las guías ITIL **en su versión 2, agrupándolas y resumiéndolas en un total de 8 temas o categorías lógicas**, que facilitaban su comprensión e implantación.

La versión 2 presenta también una **clara evolución hacia procesos y servicios**, y ha tomado como base para su creación las normas ISO/IEC 20000. En total, comprende los siguientes libros, agrupados en dos categorías principales: Gestión de Servicios y Otras guías operativas:

---

[2] **Mainframe:** también conocido como ordenador central. Equipos empleados principalmente por grandes organizaciones empresariales y gubernamental para aplicaciones críticas, procesamiento de grandes volúmenes de datos para procesos de carácter administrativo, tales como censos, estadísticas de la industria y de los consumidores, la planificación de recursos empresariales y procesamiento de transacciones. El término se refería originalmente a los armarios grandes que albergaban a la unidad central de procesamiento y la memoria principal de las primeras computadoras. Coparon el mercado informático hasta mediados de los años 80, momento en que la penetración del ordenador personal marcó su declive. Aun así, siguen siendo utilizados en algunos sectores, convenientemente evolucionados.

Gestión de servicios:

❑　Mejores prácticas para la **provisión de servicio**.

❑　Mejores prácticas para el **soporte de servicio**.

Otras guías operativas:

❑　Gestión de la infraestructura de tecnologías de la información.

❑　Gestión de la seguridad.

❑　Perspectiva de negocio.

❑　Gestión de aplicaciones.

❑　Gestión de activos de software.

Así mismo, se publicó un libro orientado a facilitar la implantación de los servicios y su gestión, denominado **"Planeando implementar la Gestión de Servicios"**.

Por último, y poco tiempo antes de elaborar la versión 3 de ITIL, apareció una guía con recomendaciones para departamentos de TIC de empresas de menor tamaño, denominado **"Implementación de ITIL a pequeña escala"**.

Los dos más aceptados y utilizados son los dos primeros, cuyo contenido, por su importancia, describimos brevemente:

• Mejores prácticas para la provisión de servicio

El libro de Provisión de Servicio analiza los requisitos de servicio que debe ofrecer el proveedor tecnologías de la información —tanto interno como externo a la organización—, de manera que se haga un aprovechamiento correcto de dichas tecnologías, permitiendo una aportación eficaz a los procesos de negocio de la empresa. El libro contiene los siguientes apartados:

❑　Gestión del nivel de servicio.

❑　Gestión financiera de servicios de las tecnologías de la información.

❑　Gestión de la capacidad.

❑　Gestión de la continuidad del servicio de las tecnologías de la información.

❑　Gestión de la disponibilidad del servicio.

• Mejores prácticas para el soporte del servicio

Su objetivo es garantizar que los usuarios de las tecnologías de la información tengan un acceso eficaz a los servicios que soportan las funciones de negocio. Los temas que se tratan en el libro son:

❑   Servicio de atención al cliente.

❑   Gestión del Incidente.

❑   Gestión del Problema.

❑   Gestión de Configuración.

❑   Gestión del Cambio.

❑   Gestión de la Entrega del servicio.

En la ilustración de la página siguiente se ilustra claramente el posicionamiento orientado a servicios y procesos de la versión 2, situando en el extremo izquierdo al "negocio" o, más en general, el objetivo último de la organización, y a la derecha la tecnología.

Entre medias, se encuentran los procesos ITIL, propiciando que la tecnología sea realmente útil para el propósito de la empresa que, recordemos, no es tener la mejor tecnología, sino la que mejor se adapte a las necesidades, recursos y objetivos de la organización.

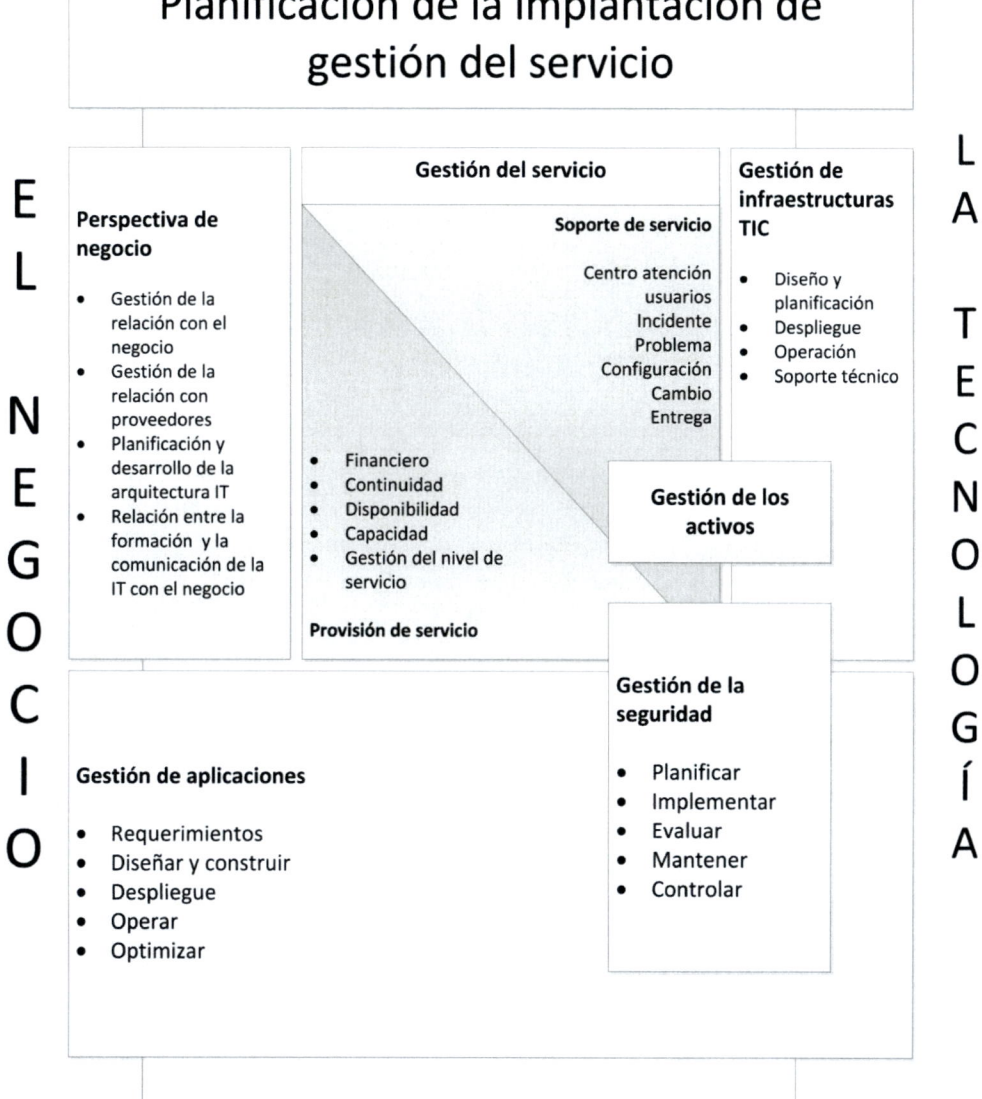

Fuente. Libro ITIL Soporte de Servicio publicado por OGC.

3.3. ITIL Versión 3

Esta versión, aparecida en 2007, continúa el proceso de integración de la tecnología con el negocio ya iniciado en la versión 2.

Logotipo de ITIL versión 3.

Aun respetando los procesos de soporte y provisión de servicio definidos en la versión anterior, reorganiza por completo el contenido en torno al ciclo completo de creación de servicios, **también conocido como ciclo de vida del servicio**.

Por esta razón, no se recomienda el uso de ITIL versión 3 a aquellas empresas que no están completamente consolidadas, pues la perspectiva temporal de esta versión es a muy largo plazo y exige una total definición de los productos/servicios ofrecidos por la empresa u organización.

No es en absoluto recomendable que una empresa utilice ITIL versión 3 hasta que no haya consolidado su oferta al mercado. Esto es totalmente lógico: si estamos modificando las características de nuestros productos o servicios, es probable que no estén definidos todavía los requisitos del servicio en materia de tecnologías de la información.

Las fases del ciclo de vida del servicio se corresponden con los 5 libros de ITIL versión 3, y son las siguientes:

❑ **Estrategia del negocio**. Este libro pretende "alinear" el negocio y la tecnología, buscando que cada ámbito aporte lo mejor de sí mismo. Se centra en el cliente –destinatario del producto o servicio que generará el negocio- . Vincula los objetivos de la empresa con los requisitos y los principios de gestión de los servicios de las tecnologías de la información.

❑ **Diseño del servicio.** Facilita la elaboración de políticas, arquitecturas de sistemas y la creación de la documentación necesaria para crear soluciones TIC[3] adecuadas a las necesidades establecidas por el negocio —los requisitos—.

❑ **Transición del servicio.** Este libro orienta sobre cómo plantear los inevitables cambios que deberán acometerse en los servicios TIC en la medida que las demandas del mercado obliguen a adaptar el producto/servicio de la empresa.

❑ **Operación del servicio.** Este libro detalla las actividades necesarias para garantizar la mejor calidad en la prestación efectiva del servicio, con un enfoque en el día a día.

---

[3] *TIC: tecnologías de la información y las comunicaciones.*

❑ **Mejora continua del servicio.** Este libro, por último, permite identificar cuáles son los procesos que facilitan la identificación e introducción de mejoras en el servicio de gestión de las TIC.

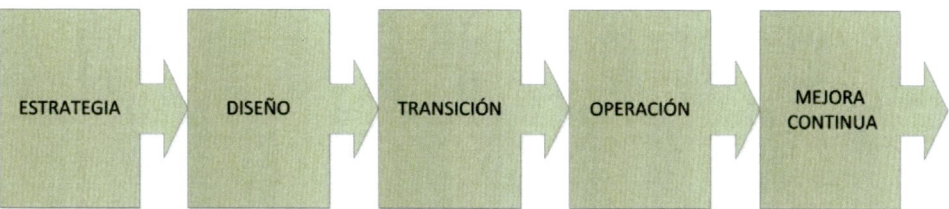

Estrategia del servicio

- Generación de la estrategia
- Gestión financiera de las tecnologías de la información
- Gestión de la demanda
- Gestión del portfolio de servicios

Mejora continua del servicio

- El proceso de mejora en 7 etapas
- Informes del servicio
- Medición del servicio
- Reforma de inversión para la mejora
- Preguntas al negocio para la mejora
- Gestión de nivel de servicio

Diseño del servicio

- Diseño de servicios nuevos o modificados
- Gestión del catálogo de servicios
- Gestión de la capacidad
- Gestión del nivel de servicio
- Gestión de la disponibilidad
- Gestión de la continuidad del servicio TI
- Gestión de la seguridad de la información
- Gestión de suministradores

ITIL v 3

Transición del servicio

- Planificación y soporte de la transición
- Gestión de cambios
- Gestión de la configuración y de activos del servicio
- Gestión de versiones y despliegues
- Validación y pruebas del servicio
- Evaluación
- Gestión del conocimiento

Operación del servicio

- Procesos:
- Gestión de eventos
- Gestión de incidencias
- Gestión de peticiones
- Gestión de problemas
- Gestión de accesos
- Funciones:
- Centro de servicio al usuario
- Gestión técnica
- Gestión de operaciones TI
- Gestión de aplicaciones

Conjunto y temática de procesos tratados en ITIL v3. Fuente: Libros ITIL v3. OGC.

En el cuadro adjunto aparecen relacionados los procesos y temáticas que aborda ITIL v3.

Para finalizar el apartado, en la tabla siguiente, incluimos una breve descripción evolutiva de ITIL, recogiendo el número de volúmenes así como sus cambios evolutivos.

	ITIL v1	ITIL v2	ITIL v3
Orientación	Exclusivamente tecnológico. Entorno mainframe	intermediario entre negocio y tecnología	enfoque estratégico de la prestación de servicios a largo plazo
Volúmenes	41	8	5

Evolución de ITIL.

3.4. Certificación ITIL

Para garantizar que los profesionales que se encuentran al cargo de la gestión de los servicios de las tecnologías de la información tienen la capacitación y competencias suficientes, las organizaciones que crearon ITIL en sus inicios fundaron los estándares de calificación ITIL.

*La gestión de los estándares de calificación ITIL la realiza el ITIL **Certification Management Board** (ICMB), o **Comisión para la gestión de las certificaciones ITIL**.*

A su vez, el ICMB está compuesto por el OGC, a itSMF International (IT Service Management Forum o fórum para la gestión de los servicios IT), y los dos Institutos examinadores que existen en la actualidad:

❑ *EXIN. Con sede en Holanda.*

❑ *ISEB. Con sede en el Reino Unido.*

Hay tres niveles de certificación ITL:

1. ***Foundation Certificate* (certificado básico):** certifica que el profesional posee un conocimiento básico de ITIL en gestión de servicios de tecnologías de la información y que comprende la terminología propia de ITIL.

2. ***Practitioner's Certificate* (certificado de responsable):** acredita la capacidad de su poseedor de la capacidad técnica para diseñar procesos de administración de departamentos de tecnologías de la información y planificar las actividades comprendidas en los procesos identificados.

Pin de certificación de ITIL Foundation.

3. **Manager's Certificate (certificado de director):** su poseedor tiene sólidos conocimientos en todas las materias relacionadas con la administración de departamentos de tecnologías de la información, y lo habilita para dirigir la implantación de soluciones basadas en ITIL.

En el marco del proceso evolutivo que supone ITIL versión 3, aparecida en junio de 2007, el esquema de certificaciones sufrió ligeros cambios, creándose certificaciones "intermedias", respecto de las existentes en la versión 2. Aun así, se mantienen 3 niveles, que son los siguientes:

1. **Basic Level. Nivel básico.** Equivalente a ITIL Foundation en ITIL v2.

2. **Management and Capability Level. Gestor y suficiencia.** Equivalente a los niveles Practitioner y Manager en ITIL v2.

3. **Advanced Level. Nivel avanzado.** Creada en ITIL v3, sin equivalente en ITIL v2.

*Por otra parte, si bien no es posible certificar una organización o sistema de gestión como «conforme a ITIL», una organización que haya implementado las guías de ITIL sobre **Gestión de los Servicios de TI puede obtener la acreditación en la norma ISO/IEC 20000.***

La aparición de la serie ISO/IEC 20000 en 2007, ha supuesto la creación a nivel mundial, por primera vez, de una certificación reconocida internacionalmente de un sistema de gestión del servicio de las tecnologías de la información.

3.5. Relación entre ISO/IEC 20000 e ITIL

Para finalizar este apartado, parece oportuno comentar la relación existente entre la norma ISO/IEC 20000 y las publicaciones ITIL.

Ambos marcos de referencia tienen mucho en común. Cubren los mismos objetivos, la gestión del servicio de las tecnologías de la información, se utilizan internacionalmente y existe una formación gestionada por instituciones de carácter privado, pero de amplio reconocimiento en el sector.

Aun así, si bien la norma ISO/IEC 20000 respeta el modelo ITIL, buscando aprovechar el camino ya recorrido por dicho modelo, con el afán de evitar costes de transición innecesarios a las empresas que ya habían adoptado el único modelo hasta entonces existente, existen algunas diferencias. Destacamos las siguientes:

❑   La más importante se refiere al tratamiento de la gestión del nivel de servicio. En el caso de ITIL, su alcance es mucho mayor y la organización que establece ISO/IEC 20000 es más manejable, al separar las funciones de la gestión del nivel de servicio en cuatro procesos diferenciados:

1. Definición, cumplimiento y seguimiento de los acuerdos de nivel de servicio *(Service Level Agreement, o SLA).*

2. La generación de informes de nivel de servicio.

3. El proceso de relaciones de negocio con el cliente, ya sea externo o interno —cualquier otro área que utilice los servicios de las tecnologías de la información—.

4. Planificación e implantación de nuevos servicios o de servicios modificados.

❏ La norma ISO/IEC 20000 unifica los procesos de continuidad de servicio y de gestión de disponibilidad, al ser bastante similares.

❏ ISO/IEC 20000 trata la gestión económica en términos de presupuestos y costes de las tecnologías de la información. No aplica el cobro por servicio, contemplado en ITIL.

❏ ITIL v3 incluye la seguridad como un proceso, mientras que la norma ISO/IEC 20000 hace referencia a la norma ISO/IEC 27001.

❏ ITIL diferencia entre tres tipos de capacidad: del recurso, del servicio y del negocio. Mientras que ISO/IEC 20000 no lo hace así.

❏ ITIL v3 gestiona los activos —hardware, software, …— de manera unificada, mientras que ISO/IEC 20000 separa los activos software, de forma similar a como lo hacía ITIL v2.

❏ ISO/IEC 20000 no describe funciones de las tecnologías de la información, mientras que ITIL v3 identifica hasta cuatro áreas.

❏ ISO/IEC 20000 describe de forma separada el proceso planificación e implementación de nuevos servicios o servicios modificados. No así ITIL, a pesar de la importancia del proceso.

4. Ley Orgánica de Protección de datos personales y garantía de los derechos digitales

4.1. Introducción. El derecho a la protección de datos

La protección de datos es un derecho fundamental de todas las personas que se traduce en la potestad de control sobre el uso que se hace de sus datos personales. Es un derecho inalienable de todos los ciudadanos del mundo, si bien en determinadas sociedades, por múltiples factores este derecho se ve vulnerado.

En aquellos países que en las últimas décadas han tenido un mayor desarrollo tecnológico se ha producido un aumento vertiginoso en el tratamiento automatizado de los datos de carácter personal, que no ha venido acompañado desde un primer momento de unas normas que regularan el tratamiento de estos.

¿Quién no se ha preguntado alguna vez si aquellos que tratan sus datos personales no tendrán demasiada información sobre su vida privada? Es necesario que exista un control sobre nuestros datos personales para que podamos sentirnos protegidos.

Por tanto, se está haciendo un esfuerzo bastante considerable por parte de la legislación para velar por los derechos de los ciudadanos y alcanzar una regulación plena, para que las empresas y organizaciones cumplan sus deberes y obligaciones en relación a la protección de datos de carácter personal, y de esta manera se evite un uso inadecuado.

Este esfuerzo ha cristalizado, tanto en el ámbito de la Unión Europea como en el Estado Español, hasta la fecha, en la siguiente Legislación:

❑ Artículo 18.4 de la Constitución Española.

❑ Reglamento (UE) 2016/679 (RGPD/GDPR).

❑ Ley Orgánica 3/2018, de Protección de Datos Personales y garantía de los derechos digitales (LOPDGDD).

❑ Ley 34/2002, de Servicios de la Sociedad de la Información y del Comercio Electrónico (LSSICE).

❑ Ley 41/2002, de autonomía del paciente.

En nuestro caso, dada su relevancia, nos centraremos en la Ley Orgánica de Protección de Datos de Carácter personal, LOPDGDD.

En nuestro caso, dada su relevancia, nos centraremos en la Ley Orgánica de Protección de Datos de Carácter personal y en el Real Decreto 1720/2007.

4.2. Ámbito de aplicación

Toda esta legislación se aplica a los **datos personales**, definidos como cualquier información sobre una persona física identificada o identificable, y a su **tratamiento**, ya sea **automatizado o no automatizado** (por ejemplo, en soporte papel), siempre que formen parte de un fichero o estén destinados a formar parte de uno.

El Reglamento General de Protección de Datos (RGPD) y la Ley Orgánica 3/2018 son de aplicación tanto en el **sector público** como en el **sector privado**, y tienen un **ámbito territorial amplio**, que abarca distintos supuestos:

❏ Cuando el tratamiento sea realizado **en el marco de las actividades de un establecimiento del responsable o del encargado del tratamiento** situado en territorio español, con independencia de si el tratamiento tiene lugar en la Unión Europea o no.

❏ Cuando el responsable o encargado del tratamiento **no esté establecido en la Unión Europea**, pero las actividades de tratamiento estén relacionadas con:

❏ La o**ferta de bienes o servicios** a interesados que se encuentren en el territorio de la Unión, **con independencia de que se exija o no un pago**.

❏ La **observación del comportamiento** de interesados que tenga lugar dentro de la Unión (por ejemplo, mediante análisis de navegación web, geolocalización, etc.).

❏ Cuando se utilicen **medios situados en territorio español** para el tratamiento de datos, salvo que tales medios se utilicen únicamente con fines de tránsito técnico.

Además, esta legislación será aplicable a los tratamientos realizados por **autoridades públicas y organismos oficiales**, así como a los realizados por **personas físicas o jurídicas privadas**, siempre que estén comprendidos dentro del marco regulado.

Se debe tener presente que la normativa **establece sanciones importantes** para quienes vulneren la legislación en materia de protección de datos, especialmente cuando afecten a derechos fundamentales como el derecho a la intimidad, a la privacidad o a la protección de la información personal.

4.3. Conceptos fundamentales de la protección de datos

 *El Reglamento General de Protección de Datos (RGPD) define como **dato personal** toda información sobre una persona física identificada o identificable.*

Una persona física se considera identificable cuando puede ser identificada, directa o indirectamente, en particular mediante un identificador como un nombre, un número de identificación, datos de localización, un identificador en línea o uno o varios elementos propios de la identidad física, fisiológica, genética, psíquica, económica, cultural o social de dicha persona. Esta definición es amplia, e incluye desde datos básicos como nombre y apellidos, hasta información más sensible como el estado de salud, datos biométricos, creencias religiosas o la orientación sexual.

Un dato personal puede identificar a una persona por sí mismo, o hacerlo cuando se combina con otros datos disponibles.

El RGPD introduce la figura de las **categorías especiales de datos personales**, también llamados **datos sensibles**, cuya protección es reforzada por el riesgo potencial para los derechos y libertades de las personas. Están prohibidos por defecto salvo que se cumplan condiciones específicas de legitimación. Se consideran categorías especiales los datos que revelen:

❑ El origen étnico o racial.

❑ Las opiniones políticas.

❑ Las convicciones religiosas o filosóficas.

❑ La afiliación sindical.

❑ Los datos genéticos.

❑ Los datos biométricos dirigidos a identificar de manera unívoca a una persona física.

❑ Los datos relativos a la salud, que se consideran: "los datos personales relativos a la salud física o mental de una persona física, incluida la prestación de servicios de atención sanitaria, que revelen información sobre su estado de salud". También se incluyen los datos genéticos y biométricos que permiten identificar de manera única a una persona, y datos como el grado de discapacidad.

❑ Los datos relativos a la vida sexual o a la orientación sexual de una persona.

El nivel de protección aplicable depende del tipo de tratamiento, el volumen de datos tratados, la naturaleza de los datos y los riesgos que pueden generar para los derechos y libertades de los interesados. Los responsables del tratamiento deben realizar, cuando proceda, una evaluación de impacto relativa a la protección de datos (EIPD) en tratamientos de alto riesgo.

*El RGPD define **tratamiento** como: "cualquier operación o conjunto de operaciones realizadas sobre datos personales o sobre conjuntos de datos personales, ya sea por procedimientos automatizados o no".*

Esto incluye, entre otros: la recogida, grabación, organización, conservación, codificación, consulta, utilización, comunicación por transmisión, difusión o cualquier otra forma de habilitación de acceso, limitación y La supresión o destrucción.

En consecuencia, cualquier manejo de datos personales, por mínimo que sea, constituye un tratamiento, y está sujeto a las obligaciones establecidas en el RGPD y la LOPDGDD.

El concepto tradicional de **fichero** ha sido sustituido por el de c**onjunto estructurado de datos personales**, accesible conforme a criterios determinados, con independencia del formato (papel, digital, audiovisual, etc.). Por ejemplo, una base de datos informática, un archivo físico ordenado alfabéticamente o un sistema de almacenamiento de correos electrónicos.

4.4. Figuras implicadas en el tratamiento de datos

Tratamiento de datos personales: "cualquier operación o conjunto de operaciones realizadas sobre datos personales, ya sea por procedimientos automatizados o no".

Esto incluye, entre otras, la recogida, registro, organización, estructuración, conservación, modificación, extracción, consulta, utilización, comunicación, difusión, limitación, supresión o destrucción. Dada la amplitud del concepto, se reconocen distintas figuras o roles implicados en el tratamiento de datos personales:

❑   **Responsable del tratamiento.** Persona física o jurídica, autoridad pública, servicio u otro organismo que determina los fines y medios del tratamiento de datos personales. Es quien toma las decisiones sobre para qué se recogen los datos y cómo se van a tratar. Puede actuar solo o conjuntamente con otros (responsables conjuntos).

❑   **Encargado del tratamiento.** Persona física o jurídica, autoridad pública, servicio u otro organismo que trata datos personales por cuenta del responsable del tratamiento. Actúa conforme a las instrucciones documentadas del responsable. La relación entre ambos debe formalizarse mediante un contrato u otro acto jurídico vinculante, conforme al artículo 28 del RGPD.

❏ **Interesado (titular de los datos).** Persona física cuyos datos personales son objeto de tratamiento. El RGPD y la LOPDGDD reconocen al interesado una serie de derechos en relación con el tratamiento de sus datos personales.

❏ **Derechos del interesado** (anteriores derechos ARCO). Los antiguos derechos ARCO (Acceso, Rectificación, Cancelación y Oposición) han sido ampliados en el RGPD y la LOPDGDD. Los derechos actuales son:

◆ Derecho de acceso.

◆ Derecho de rectificación.

◆ Derecho de supresión ("derecho al olvido").

◆ Derecho a la limitación del tratamiento.

◆ Derecho a la portabilidad de los datos.

◆ Derecho de oposición.

◆ Derecho a no ser objeto de decisiones automatizadas.

◆ Derechos digitales, como el derecho a la desconexión digital o el testamento digital.

❏ **Cesión o comunicación de datos.** Toda comunicación de datos personales a un tercero, distinto del interesado, del responsable o del encargado del tratamiento. El RGPD exige que esta cesión tenga una base jurídica legítima (por ejemplo, el consentimiento o una obligación legal).

❏ **Tercero.** Persona física o jurídica, autoridad pública, servicio u organismo distinto del interesado, del responsable, del encargado y de las personas autorizadas para tratar los datos bajo la autoridad directa del responsable o del encargado.

❏ **Usuario autorizado.** Se refiere a aquellas personas bajo la autoridad del responsable o del encargado que tienen acceso a datos personales y los tratan siguiendo instrucciones, como empleados o colaboradores. El RGPD obliga a garantizar que solo el personal autorizado acceda a los datos, en virtud del principio de confidencialidad (art. 5.1.f).

❏ **Fuentes accesibles al público.** La LOPDGDD, en su artículo 7, define las fuentes accesibles al público como: "aquellos ficheros cuya consulta puede ser realizada por cualquier persona, sin más exigencia que, en su caso, el abono de una contraprestación". Incluyen, entre otros: el censo promocional, los repertorios telefónicos, las listas de personas pertenecientes a grupos profesionales, los diarios y boletines oficiales o los medios de comunicación.

❑ **Dato anonimizado** (antes "dato disociado"). El RGPD no utiliza el término "dato disociado" como la antigua LOPD, pero sí distingue entre:

♦ Dato anonimizado: información que no permite identificar a una persona física de manera irreversible. No se considera dato personal y queda fuera del ámbito del RGPD.

♦ Dato seudonimizado: datos que no pueden atribuirse a una persona sin información adicional. Sí son datos personales, aunque su tratamiento es menos intrusivo.

❑ **Delegado de protección de datos** (DPO). Persona encargada de informar y asesorar al responsable o encargado del tratamiento, así como de supervisar el cumplimiento de la normativa de protección de datos. Su designación es obligatoria en determinados casos (art. 37 RGPD), como en:

♦ Autoridades y organismos públicos.

♦ Entidades que realizan observación habitual y sistemática de interesados a gran escala.

♦ Tratamiento de categorías especiales de datos a gran escala.

4.5. Principios fundamentales

La normativa actual establece una serie de principios rectores que deben cumplirse en todo tratamiento de datos personales. Se recogen en el artículo 5 del RGPD y son los siguientes:

❑ **Principio de licitud, lealtad y transparencia.** Los datos personales deben ser tratados de manera lícita, leal y transparente en relación con el interesado. El tratamiento debe estar basado en una de las bases jurídicas previstas en el artículo 6 del RGPD (como el consentimiento, la ejecución de un contrato, obligación legal, interés vital, interés público o interés legítimo). Asimismo, se debe informar claramente al interesado sobre el tratamiento de sus datos, conforme al principio de transparencia.

❑ **Principio de limitación de la finalidad.** Los datos personales deben recogerse con fines determinados, explícitos y legítimos, y no ser tratados ulteriormente de manera incompatible con dichos fines. Por ejemplo, si se recogen datos para gestionar una solicitud de empleo, no se pueden usar esos mismos datos con fines publicitarios, salvo que se haya informado y obtenido consentimiento para ello.

❑ **Principio de minimización de datos.** Solo deben tratarse los datos personales que sean adecuados, pertinentes y limitados a lo necesario en relación con los fines para los que son tratados. Se prohíbe el tratamiento de datos excesivos o innecesarios.

❑ **Principio de exactitud.** Los datos personales deben ser exactos y, si fuera necesario, actualizados. Se deben tomar todas las medidas razonables para que se suprimán o rectifiquen sin dilación los datos inexactos con respecto a los fines del tratamiento.

❏ **Principio de limitación del plazo de conservación.** Los datos personales deben conservarse durante no más tiempo del necesario para los fines del tratamiento. Una vez cumplida la finalidad, los datos deben ser suprimidos o anonimizados, salvo obligación legal de conservación.

❏ **Principio de integridad y confidencialidad (seguridad).** Los datos deben ser tratados de forma que se garantice su seguridad, incluida la protección contra el tratamiento no autorizado o ilícito, la pérdida, destrucción o daño accidental, mediante la aplicación de medidas técnicas y organizativas apropiadas. Este principio está directamente relacionado con el principio de seguridad y el deber de confidencialidad.

❏ **Principio de responsabilidad proactiva.** El responsable del tratamiento debe ser capaz de demostrar que cumple con todos los principios anteriores y ha adoptado las medidas necesarias para garantizarlo (art. 5.2 del RGPD). Este principio implica una gestión activa de la protección de datos, incluyendo la evaluación de riesgos, la documentación de decisiones, y la implantación de políticas y controles efectivos.

4.6. Comunicación de datos y acceso por cuenta de terceros

El RGPD no habla expresamente de "cesión", sino de comunicación de datos a terceros. Esta solo puede realizarse si se dispone de una base jurídica válida (como el consentimiento, obligación legal, etc.).

El responsable debe informar al interesado sobre los destinatarios o categorías de destinatarios a quienes se comunicarán los datos.

Cuando un tercero trata datos por cuenta del responsable, sin ser usuario ni interesado, se considera encargado del tratamiento.

La relación entre responsable y encargado debe estar regulada por un contrato u otro acto jurídico (art. 28 RGPD), que debe incluir:

❏ Que el encargado solo tratará los datos conforme a las instrucciones del responsable.

❏ La obligación de confidencialidad.

❏ Las medidas técnicas y organizativas apropiadas para garantizar la seguridad.

❏ La asistencia al responsable en el ejercicio de los derechos de los interesados.

❏ La eliminación o devolución de los datos tras finalizar la prestación.

4.7.   Deber de confidencialidad

El artículo 5.1.f del RGPD establece que los datos deben ser tratados de forma que se garantice su confidencialidad. La obligación de confidencialidad afecta al responsable, al encargado y a todo el personal con acceso a los datos, y se mantiene incluso una vez finalizada la relación laboral o profesional.

4.8.   Derechos de las personas físicas

El RGPD y la LOPDGDD amplían los anteriores derechos ARCO. Los derechos reconocidos actualmente son:

1.   Derecho de acceso. A obtener confirmación sobre si se están tratando datos personales que le conciernen y acceder a ellos.

2.   Derecho de rectificación. A corregir datos inexactos o incompletos.

3.   Derecho de supresión (derecho al olvido). A solicitar la eliminación de sus datos cuando ya no sean necesarios, se haya retirado el consentimiento, o se hayan tratado ilícitamente.

4.   Derecho a la limitación del tratamiento. A solicitar que se restrinja el tratamiento de sus datos en determinados supuestos.

5.   Derecho a la portabilidad. A recibir sus datos en un formato estructurado, de uso común y lectura mecánica, y transmitirlos a otro responsable.

6.   Derecho de oposición. A oponerse al tratamiento de sus datos por motivos relacionados con su situación particular, especialmente en tratamientos basados en el interés legítimo o con fines de marketing directo.

7.   Derecho a no ser objeto de decisiones automatizadas. Incluye la elaboración de perfiles que produzcan efectos jurídicos o significativamente similares sobre el interesado.

La Ley Orgánica 3/2018 reconoce, además:

❑   Derecho a la tutela de la Agencia Española de Protección de Datos (AEPD).

❑   Derecho a indemnización por los daños y perjuicios causados por el tratamiento ilícito de datos.

❑   Derechos digitales, como el derecho a la neutralidad de Internet, la desconexión digital en el ámbito laboral, el testamento digital, entre otros.

4.9.　Medidas de seguridad

Según el artículo 32 del RGPD, el responsable y el encargado del tratamiento deben aplicar medidas técnicas y organizativas apropiadas para **garantizar un nivel de seguridad adecuado al riesgo**, considerando:

❑　Estado de la técnica y costes de aplicación.

❑　Naturaleza, alcance, contexto y finalidades del tratamiento.

❑　Probabilidad y gravedad de los riesgos para los derechos y libertades de las personas.

De manera que se identifiquen los activos (sistemas, soportes, etc.), se analicen los riesgos asociados a esos activos, se evalúe el impacto potencial sobre los derechos de las personas y se seleccionen medidas **proporcionales** al nivel de riesgo.

Algunas medidas mínimas previstas en el RGPD (art. 32) son:

❑　Seudonimización y cifrado de datos personales.

❑　Garantizar la confidencialidad, integridad, disponibilidad y resiliencia permanentes de sistemas y servicios.

❑　Capacidad de restaurar rápidamente el acceso y la disponibilidad tras un incidente.

❑　Evaluaciones periódicas de la eficacia de las medidas implantadas.

*Medidas de seguridad **técnicas**: antivirus, EDR, firewalls, proxies, VPNs, DLP; protección de correo contra phishing y spam; gestión de actualizaciones y vulnerabilidades; cifrado de ficheros, dispositivos y comunicaciones; seudonimización, donde proceda; controles de acceso, contraseñas robustas, gestión de roles; políticas claras para copias de seguridad, borrado seguro, destrucción de datos.*

*Medidas de seguridad **organizativas**: formación y concienciación del personal; políticas de uso de dispositivos corporativos o personales (BYOD); protocolos para gestión de incidentes y brechas de seguridad; políticas de borrado/ destrucción segura; auditorías internas periódicas; designación de Delegado de Protección de Datos (DPD); registro de actividades de tratamiento y gestión documental; procedimientos para gestión de proveedores y encargados.*

En caso de violación de seguridad que afecte datos personales, debe notificarse a la AEPD en un plazo máximo de 72 horas desde su conocimiento, salvo que sea improbable que esa violación suponga un riesgo para las personas. Si la violación implica un riesgo elevado,

también debe comunicarse a los afectados, salvo excepciones, como el uso de cifrado efectivo o si la notificación supone un esfuerzo desproporcionado.

4.10. Buenas prácticas para el personal

Todo empleado/a con acceso a datos personales, ya sea en formato digital o físico, debe cumplir con las normas vigentes en materia de protección de datos. Este conjunto de recomendaciones y obligaciones debe formar parte de las políticas internas de la organización.

❑ **Categorías de personal**

♦ **Administradores de sistemas:** responsables de gestionar y mantener infraestructuras y sistemas. Poseen acceso privilegiado, por lo que su labor debe estar fuertemente regulada y documentada.

♦ **Usuarios habituales:** personal que accede a datos personales en el desempeño normal de sus funciones. Su acceso debe estar controlado y limitado según el principio de necesidad.

♦ **Delegado de Protección de Datos (DPD / DPO):** obligatorio en ciertos casos según RGPD y LOPDGDD (como tratamientos a gran escala o datos sensibles). Sus funciones son informar y asesorar, supervisar el cumplimiento normativo y servir de enlace con la AEPD.

❑ **Formación y concienciación.** De forma regular, formación específica para cada puesto sobre:

♦ Principios de protección de datos (licitud, minimización, transparencia...).

♦ Obligaciones corporativas y medidas de seguridad.

♦ Procedimientos ante incidencias y brechas de seguridad.

También fomentar una cultura de **responsabilidad proactiva**, donde el cumplimiento normativo sea parte del día a día.

❑ **Deber de información y uso adecuado de datos.** Informar siempre al interesado en el momento de recogida de datos, ya sea mediante formularios o de forma verbal, asegurando que el interesado entiende quién trata sus datos, con qué finalidad y cuáles son sus derechos. El uso de datos debe limitarse al propósito determinado; cualquier uso secundario requiere base jurídica adecuada y transparencia.

❑ **Acceso y confidencialidad.** Acceso restringido según cargos y necesidades. Los sistemas deben configurar los permisos y roles adecuadamente, garantizando que solo personal autorizado puede acceder a los datos. En dispositivos de trabajo:

  ◆ Asegurar que las pantallas no sean visibles para terceros.

  ◆ Bloquear sesión o pantalla al ausentarse del puesto.

  ◆ Gestionar impresiones impidiendo que documentos sensibles queden expuestos.

  Para la documentación en papel:

  ◆ Guardar en armarios o ubicaciones seguras.

  ◆ Registrar el acceso si se trata de datos sensibles.

❑ **Contraseñas y autenticación.** Utilizar contraseñas robustas y únicas; mantener su confidencialidad, y no compartirlas en ninguna circunstancia.

❑ **Uso seguro de correo electrónico e Internet.** El correo corporativo puede ser revisado para garantizar el cumplimiento normativo; no abrir ficheros ajenos de procedencia desconocida sin previa comprobación por antivirus; el uso de internet debe limitarse a fines laborales; evitar chats o descargas no autorizadas que puedan comprometer la seguridad.

❑ **Gestión de incidencias y brechas de seguridad.** Cualquier incidente (pérdida, robo, acceso no autorizado) debe reportarse **inmediatamente** al DPO o responsable interno. En caso de brechas de seguridad, deben notificarse a la AEPD en un plazo máximo de **72 horas**.

❑ **Protección y destrucción de datos.** Destruir de manera segura los datos que ya no sean necesarios: usar destructoras de papel o borrado seguro en medios electrónicos. Controlar y registrar las copias realizadas, evitando duplicaciones innecesarias.

❑ **Registro y documentación interna.** Mantener actualizado el **Registro de Actividades de Tratamiento** (RAT) — obligatorio — describiendo los tratamientos, finalidades, responsables, medidas de seguridad, plazos de conservación, etc. También documentar formaciones, incidencias, auditorías internas, cambios en protocolos y cualquier actividad relevante para demostrar cumplimiento normativo.

4.11. Órgano de control

La **Agencia Española de Protección de Datos (AEPD)** es la autoridad administrativa independiente encargada de **velar por el cumplimiento** del RGPD y la LOPDGDD en España. Dispone de **personalidad jurídica propia**, y **actúa con independencia** de las Administraciones

Públicas. Además, representa a España en órganos europeos de protección de datos y participa activamente en el Comité Europeo de Protección de Datos.

❑ **Funciones generales**

♦ Vigilar la aplicación efectiva del RGPD y la LOPDGDD.

♦ Promover la sensibilización ciudadana y profesional sobre protección de datos, con especial atención a menores y responsables de tratamiento.

♦ Asesorar a Parlamento, Gobierno y administraciones en materia legislativa y normativa.

♦ Elaborar y aprobar herramientas clave como cláusulas contractuales tipo, códigos de conducta, y mecanismos de certificación.

❑ **Funciones correctivas**

♦ Emitir advertencias y apercibimientos.

♦ Exigir el ejercicio de derechos ante incumplimientos.

♦ Ordenar rectificaciones, supresiones o limitaciones de tratamiento.

♦ Suspender tratamientos o flujos de datos internacionales.

♦ Retirar certificaciones.

♦ Imponer sanciones administrativas conforme al RGPD y la LOPDGDD.

❑ **Otras funciones**

♦ Proteger los derechos de consumidores en comunicaciones electrónicas (spam), recibiendo notificaciones de brechas de seguridad en telecomunicaciones.

♦ Cooperar internacionalmente y representar a España en foros europeos e internacionales.

4.12. Infracciones y sanciones

Según la LOPDGDD, las infracciones se clasifican en tres niveles, con sus plazos de prescripción correspondientes y los rangos de sanciones, tomando como base la gravedad de la infracción:

❑ **Leves:** hasta 40.000 €.

❑ **Graves:** entre 40.001 € y 300.000 €.

❑ **Muy graves:** a partir de 300.001 €, y pueden alcanzar hasta 20 millones de euros o el 4 % del volumen de negocio anual, optándose por la cuantía mayor.

El RGPD añade rangos de multas más elevados para determinados incumplimientos estructurales:

❑ Hasta **10 millones de euros** o el **2 % del volumen de negocio**, para infracciones consideradas graves.

❑ Hasta **20 millones de euros** o el **4 % del volumen de negocio**, para infracciones muy graves del RGPD.

Al calcular la cuantía de la sanción, la AEPD considera criterios como: naturaleza, gravedad y duración de la infracción; número de afectados y daños causados; intencionalidad, negligencia o repetición; categoría de datos implicados; colaboración y medidas mitigadoras adoptadas.

Infracciones leves: falta de transparencia o información incorrecta al interesado; no atender solicitudes de derechos del interesado (como acceso o rectificación).

Infracciones graves: no aplicar medidas de seguridad adecuadas; no designar responsable, encargado o no cumplir con el Registro de Actividades de Tratamiento; tratar datos de menores sin consentimiento.

Infracciones muy graves: usar los datos con fines distintos o violar el deber de confidencialidad; impedir inspecciones de la AEPD; transferencias internacionales sin las garantías exigidas.

5. Normativas más frecuentemente utilizadas para la gestión de la seguridad física

Las normas, recomendaciones y buenas prácticas relativas a la seguridad física se recogen en la norma ISO/IEC 27002 y en el Anexo A de la norma ISO 27001.

Sobre la norma ISO/IEC 27002 ya hemos comentado en el apartado 1.c.9, sin entrar en detalles, cuál es su alcance y objetivos.

En este apartado, por tanto, recogeremos las recomendaciones de forma más precisa.

En primer lugar, se diferencian dos tipos de medidas:

❑ Las que afectan a áreas seguras.

❑ Las que se encargan de la seguridad de los equipos.

5.1. Medidas vinculadas a áreas seguras

Su objetivo es evitar el acceso físico no autorizado, la realización de daños o intromisiones en las instalaciones y, en última instancia, el acceso a la información de la organización.

Dispone la conveniencia de situar los recursos de tratamiento de la información crítica en zonas seguras, protegidas por perímetros de seguridad claramente establecidos mediante barreras de seguridad y controles de acceso.

En todo caso, el grado de protección deberá ser proporcional a los riesgos identificados.

Se contemplan los siguientes ámbitos de actuación, en cuanto a áreas a asegurar, indicando en cada uno de ellos el detalle de medidas a contemplar:

❑ **Perímetro de seguridad física.** Se emplazarán perímetros de seguridad (barreras, puertas con control de acceso, puestos de control...) a fin de proteger las áreas que contienen tanto los activos como la información que éstos contienen o tratan.

❑ **Controles físicos de entrada**. A fin de asegurar el acceso únicamente de personal autorizado, se dotarán las instalaciones de controles de entrada adecuados.

❑ **Seguridad de oficinas, despachos y recursos.** Se aplicarán medidas de seguridad física para oficinas, despachos e instalaciones, que pueden incluir, por ejemplo, la presencia física de profesionales de seguridad.

❑ **Protección contra amenazas externas y del entorno.** Se implementarán medidas de protección contra incendios, inundaciones, terremotos, etc., y otros desastres provocados por el hombre, como sabotajes, vandalismos, etc.

❑ **El trabajo en áreas seguras.** Se establecerán las directrices correspondientes para trabajar en estas áreas.

❑ **Áreas aisladas de carga y descarga.** Se deberán establecer los controles adecuados a fin de impedir accesos no autorizados a través de estas zonas. Así mismo, se aislarán de las zonas que contengan los activos que contengan información crítica.

5.2. Medidas vinculadas a la protección de los equipos

El objetivo de estas medidas es evitar cualquier pérdida, robo o deterioro de los activos que contienen, procesan o permiten el acceso a la información, a fin de evitar la interrupción de las actividades de la organización que precisen del acceso a tales datos.

La protección deberá contemplar tanto amenazas físicas —robo, sabotaje...— como riesgos del entorno —cortocircuitos eléctricos, cese del suministro de energía, incendios...—.

Los elementos contemplados en este apartado de la norma son los siguientes:

❏ **Emplazamiento y protección de equipos.** Los equipos se alojarán en espacios que reduzcan sensiblemente los riesgos derivados de amenazas ambientales y accesos no autorizados.

❏ **Instalaciones de suministro energético.** El equipamiento deberá estar a salvo de fallos de alimentación y todo tipo de anomalías que puedan surgir en el suministro energético.

❏ **Seguridad del cableado.** El cableado deberá protegerse de daños o accesos no autorizados.

❏ **Mantenimiento de los equipos.** Se deberá asegurar la disponibilidad e integridad de los equipos mediante su correcto mantenimiento.

❏ **Seguridad de los equipos fuera de las instalaciones.** Se establecerán medidas específicas para aquellos equipos que se utilicen fuera de las instalaciones —por ejemplo, teléfonos inteligentes, portátiles, tabletas, etc.—.

❏ **Reutilización o retirada segura de equipos.** Antes de la finalización de su uso, se deberá asegurar que toda la información sensible que alojaran, ha sido borrada o sobre escrita.

❏ **Retirada de materiales propiedad de la empresa.** Ningún recurso o activo se sacará de la entidad sin autorización previa.

La clave es realizar un correcto análisis de riesgos en un principio. A partir de ahí, determinaremos las medidas a tomar, que deberán ser proporcionales a los riesgos detectados.

Resumen

En esta unidad hemos revisado las normas y estándares, cuyo objetivo es prestar el servicio tecnológico que mejor ayuda a la consecución de los objetivos de la empresa, al menor coste posible, impidiendo accesos no autorizados a la información ni fugas o pérdidas de la misma, y de forma estable y predecible en el tiempo.

Las normas que han obtenido, con el tiempo, el mayor reconocimiento, tanto por parte de los profesionales como por parte de las empresas que los contratan. Tales normas son la norma ISO/UNE/EN 27002 e ITIL, respectivamente.

Autoevaluación de Unidad 1
Enunciados

- -

1. Indica cuál de estas entidades no está vinculada al ámbito de elaboración de normas internacionales:

a) Las Comunidades Autónomas.
b) Universidades.
c) European Committee for Electrotechnical Standardization (CENELEC).
d) European Telecommunications Standards Institute (ETSI).

2. Indica cuál de estas afirmaciones no es correcta:

a) Hay entidades que generan normativas, los gobiernos las financian y exigen su cumplimiento y otras entidades acreditan entidades certificadoras.
b) ENAC es un organismo de acreditación del Ministerio de Comercio Británico.
c) Los auditores son los únicos profesionales que permiten garantizar la correcta implantación de una norma.
d) Todas son correctas.

3. COBIT es un conjunto de buenas prácticas orientadas a la auditoría de los sistemas de información:

a) Verdadero.
b) Falso.

4. ITIL sigue paso a paso el ciclo PDCA:

a) Verdadero.
b) Falso.

5. ISO/IEC 20000 fue creada en 1996 por el ISACA, y es un conjunto de buenas prácticas orientadas a la auditoría de los sistemas de información:

a) Verdadero.
b) Falso.

6. Indica cuál de estas afirmaciones es incorrecta:

a) Los precios de la competencia no son información propiamente dicha, pues no la almacenamos en nuestros servidores.
b) La suplantación de identidades es un riesgo lógico que debe evitarse con las medidas adecuadas.
c) La evaluación de los riesgos es el primer requisito de seguridad que hay que tener en cuenta.
d) La seguridad de la información es la preservación de la confidencialidad, integridad, disponibilidad de la información, pudiendo, además abarcar otras propiedades, como la autenticidad, la responsabilidad la fiabilidad y el no repudio.

7. Indica cuál de estas afirmaciones es correcta:

a) ISO 27002:2013 contempla un total de 38 objetivos de control de seguridad en sus 15 dominios.
b) ISO 27002:2013 desglosa sus 39 objetivos de control en 134 controles.
c) ISO 27002:2013 desglosa sus 35 objetivos de control en un total de 114 controles.
d) Ninguna es correcta.

8. La evaluación del riesgo se realiza mediante el cálculo del valor de dos variables: el daño posible y su probabilidad:

a) Verdadero.
b) Falso.

9. La política de seguridad se debería recoger en un documento de seguridad aprobado por el órgano de dirección pertinente, pero no es imprescindible que los trabajadores tengan acceso al mismo:

a) Verdadero.
b) Falso.

10. Indica cuál de estas afirmaciones es correcta:

a) Se entiende como activo de una organización de cualquier tipo, a cualquier bien tangible o intangible que posee la organización —ya sea empresa, Administración Pública o entidad sin ánimo de lucro— o persona física.

b) Las medidas en materia de seguridad de la información deben definirse en la descripción de cada puesto de trabajo, mediante la descripción adecuada de las funciones, tareas y responsabilidades, así como los términos y condiciones del empleo.

c) La elaboración de copias de respaldo es un elemento que se recoge en la norma ISO/IEC 27002:2013.

d) Todas son correctas.

Autoevaluación de Unidad 1
Soluciones

---

1. *a)* Las Comunidades Autónomas.

> **Explicación:** Los entornos de normalización y certificación son muy variados e intervienen numerosos actores. En el ámbito internacional, por ejemplo contamos con el Instituto Europeo de Normas de Telecomunicación, ETSI. En Europa existe el Comité Europeo de Normalización Electrotécnica, CENELEC. Además, algunas universidades también participan en la elaboración, como la Carnegie Mellon. Sin embargo, no es competencia de las Comunidades Autónomas la elaboración de normas internacionales.

2. *b)* ENAC es un organismo de acreditación del Ministerio de Comercio Británico.

> **Explicación:** La variedad existente en los entornos de normalización y certificación incluye la existencia de entidades generadoras que son financiadas y controladas por entidades gubernamentales. Asimismo, existen otras entidades que se dedican a certificar, por ejemplo ENAC en territorio español. A nivel individual, son los auditores los profesionales que cuentan con la acreditación para realizar auditorías que garanticen la correcta implantación de una norma.

3. *a)* Verdadero.

> **Explicación:** COBIT (Control Objectives for Information and related Technology) es una guía de mejores prácticas presentada como un entorno de trabajo (framework) y dirigida al control y a la supervisión de las tecnologías de la información. Ofrece una serie de recursos que pueden servidor de modelo de referencia para la gestión TIC.

4. *b)* Falso.

> *Explicación:* El ciclo (Plan, Do, Check and Act) está muy presente en la norma ISO/IEC 20000. La metodología ITIL (Information Technology Infraestructure Library) propone un ciclo de 6 etapas que, aunque se derivan del ciclo PDCA, no puede considerarse que lo siga paso a paso. Por ello, la afirmación de la opción B es falsa y es la respuesta correcta para este ejercicio.

5. *b)* Falso.

> *Explicación:* La norma ISO/IEC 20000 está orientada a la prestación de servicios en el marco de un sistema de gestión de servicios siguiendo el ciclo PDCA. Fue publicada por la International Organization for Standardization (ISO) y por la International Electrotechnical Commission (IEC) el 14 de diciembre de 2005.

6. *a)* Los precios de la competencia no son información propiamente dicha, pues no la almacenamos en nuestros servidores.

> *Explicación:* La información es uno de los activos más importantes que cualquier organización puede poseer. Por ello, su seguridad ha de preservar características como confidencialidad, disponibilidad o integridad, sin perjuicio de considerar otros factores como autenticidad, fiabilidad o el no repudio. Las organizaciones han de realizar una evaluación de los riesgos ante una situación de alerta de seguridad como, por ejemplo, una suplantación de identidad. Una correcta elección de medidas podrá evitar esta y otras circunstancias. Por ello, las opciones B, C y D son correctas y no serían válidas para responder al enunciado del ejercicio. Los precios de la competencia sí son información relevante que podemos almacenar en cualquier formato y entorno tecnológico.

7. *c)* *ISO 27002:2013 desglosa sus 35 objetivos de control en un total de 114 controles.*

> *Explicación: La norma ISO/IEC 27002:2013 es una guía de buenas prácticas que define los objetivos de control y controles recomendables en cuanto a seguridad de la información con 14 dominios, 35 objetivos de control y 114 controles.*

8. *a)* *Verdadero.*

> *Explicación: Uno de los elementos que han de tenerse en cuenta a la hora de establecer requisitos de seguridad es la evaluación del riesgo. Esta se realiza mediante la determinación del valor de dos variables: la magnitud de la pérdida o daño posible y la probabilidad de que ocurra dicho daño.*

9. *b)* *Falso.*

> *Explicación: Es la dirección de una organización quien debe establecer una política de seguridad clara y en línea con los objetivos del negocio y mostrar su apoyo y compromiso con la seguridad de la información. La política de seguridad debe recogerse, en todo caso, en un documento de seguridad aprobado por el órgano de dirección pertinente y deberá ser distribuido y publicado a fin de que todos los trabajadores tengan acceso al mismo.*

10. *d)* *Todas son correctas.*

> *Explicación: Para una Organización, un activo es cualquier bien tangible o intangible que posea, ya sea empresa, administración pública o entidad sin ánimo de lucro. También es válido para una persona física. Si este bien es la información, es preciso definir medidas en materia de seguridad en cada puesto de trabajo, describiendo de forma adecuada las funciones, tareas y responsabilidades. Una de las medidas más importantes para proteger la información es la realización de copias de respaldo, como se recoge en la norma ISO/IEC 27002:2013.*

UNIDAD DIDÁCTICA 2

Análisis de los procesos de sistemas

Objetivos

- ▣ Conocer el papel que juegan los procesos en el diseño de las soluciones tecnológicas.

- ▣ Dominar alguna técnica para identificar los procesos de negocio de cualquier empresa u organización.

- ▣ Conocer algunas herramientas que integran los procesos de negocio en los sistemas de información.

- ▣ Adquirir una visión inicial sobre los procesos electrónicos y el tratamiento electrónico de datos.

Contenido

1. Identificación de procesos de negocio soportados por sistemas de información.

2. Características fundamentales de los procesos electrónicos

3. Determinación de los sistemas de información que soportan los procesos de negocio y los activos y servicios utilizados por los mismos

4. Análisis de las funcionalidades de sistema operativo para la monitorización de los procesos y servicios

5. Técnicas utilizadas para la gestión del consumo de recursos

Resumen

1. Identificación de procesos de negocio soportados por sistemas de información.

1.1. Qué es un proceso

*Podemos considerar como un **proceso** al conjunto de actividades que emplean recursos y que se gestionan a fin de transformar una serie de elementos de entrada hasta alcanzar unos resultados previamente definidos. Es habitual, por otra parte, que el resultado de un proceso sea la entrada del siguiente.*

En primer lugar, es conveniente, por razones didácticas, que revisemos detenidamente el concepto de **proceso**.

En la actualidad, la gestión por procesos es una metodología habitualmente utilizada en todo tipo de empresas productivas y de servicios, pues pone el énfasis en el producto/servicio entregado al cliente –ya sea interno o externo– y no tanto en la actividad en sí.

De esta manera, se establecen numerosos indicadores de control de procesos que nos informan en tiempo real del estado de la producción/prestación de servicio y de las posibles desviaciones detectadas.

A su vez, estas desviaciones sirven no solamente para eliminar productos no conformes, sino también para mejorar el proceso productivo en su conjunto, desde una perspectiva de mejora continua.

Acudiendo al sentido etimológico del término, **proceso** proviene de la palabra latina processus, que describe la acción de avanzar o ir hacia adelante, a través de una serie de etapas más o menos conocidas, necesarias para completar una acción.

Desde una perspectiva muy general, **proceso es toda transformación de entradas** –ya sean materias primas o datos en un estado determinado –**en una serie de salidas,** ya sean terminadas –bienes o servicios– ya sean intermedias– stocks intermedios de producto que se encuentra a la espera de manipulación en alguna fase concreta, o versiones beta de software, por poner dos ejemplos.

Todo ello, con el uso de una **serie de recursos tanto físicos** –materias primas, energía, agua…– **como tecnológicos** –es el caso que nos ocupa– o **humanos**, en un **plazo** determinado.

A su vez, no se entiende como proceso una serie de actividades o tareas que no tengan un objetivo perfectamente establecido.

Para que una organización cualquiera funcione con eficacia, establecerá una gracantidad de actividades que se relacionarán entre sí de distintas formas.

El concepto de proceso puede extenderse más allá, resultando en un enfoque de gestión, que dará la máxima importancia a:

❏ La comprensión total de los requisitos a cumplir.

❏ El cumplimiento de tales requisitos.

❏ La necesidad de crear procesos que aporten valor en la cadena de creación del producto / servicio.

❏ La obtención de resultados concretos.

❏ La medición objetiva de los resultados de cada proceso –intermedios o finales– mediante una batería de indicadores que refleje correctamente los resultados obtenidos y su aportación en términos de cumplimiento de los objetivos.

❏ La mejora continua del propio proceso productivo como consecuencia de una adecuada lectura de los indicadores.

Así, tendremos unos principios básicos que debemos respetar en la definición y ejecución de un proceso para que sea efectivo:

❏ Un proceso tiene clientes –internos o externos–.

❏ Un proceso tiene un objetivo concreto.

❏ Un proceso tiene un responsable único.

❏ Sus actividades y tareas cruzan "fronteras" entre distintas unidades o áreas funcionales de la organización.

❏ Un proceso utiliza recursos, sus actividades la realizan unos roles y suelen requerir herramientas que los soporten.

Todo esto es de total validez en el mundo tecnológico.

Para comprender mejor estos elementos, capitales para elaborar un buen sistema de gestión de servicios informáticos, veamos el siguiente ejemplo:

❑ *Una organización cualquiera define un sistema de copias de seguridad, para lo que deberá tener en cuenta, entre otras cosas:*

✱ *El volumen de datos.*

✱ *El tipo de datos a almacenar.*

✱ *La ubicación geográfica de los dispositivos.*

✱ *La necesidad de disponer de las copias de seguridad – no es lo mismo trabajar en un pc de escritorio que en un portátil estando de viaje, por ejemplo-.*

✱ *La elaboración de las instrucciones para realizar correctamente la copia de seguridad.*

✱ *La verificación de la validez de las copias realizadas.*

✱ *Los medios donde realizar las copias. Si debemos copiar ficheros audiovisuales de gran tamaño, preferiblemente usaremos discos duros para backup de, al menos, 1Tb.*

✱ *La planificación de las copias de seguridad.*

✱ *La identificación de las personas responsables.*

✱ *Etc.*

Como se puede ver en el ejemplo, una actividad en principio sencilla, como es realizar copias de seguridad, una vez analizada –no en su totalidad– se convierte en un proceso de cierta complejidad en el que tenemos:

❑ Recursos:

♦ Personas responsables.

♦ Dispositivos donde realizar las copias.

♦ Red de acceso a los datos.

❑ Plazos:

♦ Planificación de las actividades de copia.

❑ Entradas:

♦ Los datos a copiar.

♦ Los dispositivos origen de los datos.

❑   Salidas:

♦   Ficheros de copia en correcto estado.

❑   Procedimientos o instrucciones detallados para la realización de la copia:

♦   Que tendrán en cuenta los distintos dispositivos origen (teléfonos móviles, tabletas, portátiles,…).

♦   Los tipos de fichero a grabar.

♦   Las características del software de copia a utilizar.

 *Un proceso describe lo que hay que hacer, un procedimiento indica cómo se debe hacer.*

1.2. Procesos, procedimientos e instrucciones de trabajo

Una vez definido un proceso, puede ser necesario realizar uno o varios procedimientos que permitan su ejecución. Un procedimiento es el detalle de cómo aplicar parte de un proceso. Despliega las actividades y tareas que forman el proceso e incluye una descripción detallada de cada una.

Así mismo, es frecuente complementar los procedimientos con **instrucciones de trabajo**, cuyo objetivo es describir hasta el último detalle las tareas descritas en los procedimientos.

Tanto los procesos como los procedimientos y las instrucciones de trabajo tienen como finalidad primordial ser utilizadas por el personal en la realización cotidiana de su trabajo.

Como regla general, se detallarán con mayor profundidad aquellos procesos que:

❑   Involucren mucho personal.

❑   Incluyan un conjunto de tareas, actividades y subprocesos complejos.

❑   Necesiten una automatización muy minuciosa.

Normalmente, los procesos que requieren de un mayor nivel de detalle y tienen un flujo extenso son:

❑   La gestión de los incidentes.

❑   La gestión de los cambios.

❑   La gestión de la entrega.

❑   La gestión de proveedores.

Suele requerirse, también, bajar a nivel procedimental en:

❑   La propia operación.

❑   La gestión del evento.

❑   La gestión del acceso.

1.3.   Creación de objetivos

Para que un proceso sea eficaz, deben estar claramente establecidos los requisitos a cumplir y los objetivos a conseguir.

Una adecuada formulación de objetivos no es tarea sencilla. Si queremos que sean correctamente entendidos por todas las personas involucradas en su consecución, deberemos atender a las siguientes características, que **comprenden la definición correcta de un objetivo**:

❑   Un objetivo debe estar establecido con **fecha de cumplimiento** para que se tenga una previsión aproximada de cuándo estará cumplido.

❑   Un objetivo debe ser **relevante**. La transformación de entradas y salidas debe tener un resultado significativo.

❑   Un objetivo debe ser **específico**, de manera que su definición no dé lugar a distintas interpretaciones.

❑   Un objetivo debe ser **medible**.

❑   Un objetivo debe ser **alcanzable** con los recursos disponibles.

Una regla nemotécnica muy sencilla es equiparar estos elementos con la CREMA de la manera siguiente:

C. Con fecha de cumplimiento.

R. Relevante.

E. Específico.

M. Medible.

A. Alcanzable.

Así mismo, es conveniente que en el momento de establecer los objetivos a cumplir por los procesos, se sigan las siguientes pautas.

❑ **Deben ser adecuados:** pertinentes, relevantes y oportunos. En suma, relacionados directamente con lo que esas actividades hacen, y facilitarán entradas claras a las siguientes fases del proceso.

❑ **Definidos en términos de resultado final:** es mejor hablar de "% de días de disponibilidad de servicio" que de "todo el mundo podrá acceder al servidor".

❑ **Específico:** cada objetivo tiene una finalidad única. Un objetivo responde a un único fin. Si hay más fines, hay más objetivos.

❑ **Medible:** si un objetivo se formula correctamente, daremos el primer paso para que sea medible, es decir, para que se pueda saber si se consigue. No es lo mismo decir, "la velocidad de la red debe ser elevada" que "al menos proporcionaremos 50 Mbps por usuario a través de la Wifi".

❑ **Breves y comprensibles:** los requisitos deben ser totalmente comprendidos por todas las partes involucradas en su logro. De manera que la descripción de los objetivos deberá poderse entender por cualquier persona.

❑ **Deben poderse conseguir:** difíciles pero posibles. Es absurdo pretender que podamos hacer streaming en buenas condiciones de visibilidad si tenemos un ancho de banda máximo de 200 bps, por ejemplo. Mejor concentrarse en aumentar el ancho de banda.

❑ **Deben contener un plan de acción:** marcamos plazos y establecemos, implícitamente, las actividades a realizar, comprendidas en el proceso.

❑ **Determinados conjuntamente:** con implicación de todos en la obtención de metas comunes. Los requisitos de los procesos deben establecerse entre los clientes del mismo, ya sean internos o externos, y entre quienes deben llevarlos a cabo. Es la mejor forma de establecer procesos eficaces.

❑ **Coordinados entre sí:** los requisitos de un proceso no deben ir contra otros requisitos del mismo. Si no, tendremos procesos de imposible cumplimiento. Pensemos en alguien que establezca un requisito para la elaboración de una pantalla consistente en que sea, a la vez, portátil y de 32 pulgadas. Es absurdo. Sin embargo, sí tiene sentido establecer un objetivo que pretenda conseguir una pantalla en la que se vean imágenes con la misma nitidez que en una pantalla de 32 pulgadas. De esa pretensión salen productos como las consolas portátiles, por ejemplo.

1.4. Creación de indicadores

 **Indicador:** *un indicador es un signo tangible de que algo se ha conseguido o realizado.*

Como se ha apuntado anteriormente, para comprobar la eficacia de un proceso, debemos comparar los objetivos establecidos con los resultados realmente obtenidos. De esta manera sabremos si nuestro producto o servicio cumple con los requisitos establecidos con anterioridad.

Sin embargo, **para hacer una correcta medición de los resultados y poder compararlos, por tanto, con los objetivos, debemos establecer previamente una serie de indicadores que nos informen adecuadamente del grado de cumplimiento que estamos obteniendo**.

Para **construir un indicador**, debemos observar los siguientes pasos:

❑ Establecer el objetivo, siguiendo los criterios CREMA.

❑ Determinar la fórmula de cálculo.

❑ Establecer el método para recoger los datos.

❑ Una vez recogidos, aplicar la fórmula.

❑ Obtener el resultado.

De esta forma, podemos decir que el **resultado = datos / objetivo**.

 **Ej.**

Para construir un indicador que nos informe sobre el grado de cumplimiento de disponibilidad de servicio del servidor de correo electrónico, haremos lo siguiente:

❑ *Establecer el objetivo. Por ejemplo, 99,5% de disponibilidad durante un año. Medido en horas.*

❑ *La fórmula de cálculo será muy sencilla. Total de horas del año*99,5% será el objetivo, es decir, el denominador, y el número de horas realmente disponibles, el numerador. El número de horas disponibles será el resultado de restar del número de horas del año, el número de horas de caída del sistema. El año tiene un total de 365*24= 8.760 horas. El objetivo es, por tanto, 8.760*99,5%= 8.716,2 horas. Es decir, si el servidor funciona al menos 8.716,2 horas, el objetivo estará cumplido.*

❑ *Supongamos que ha habido diez incidencias en un año, de cuatro horas cada una. En total, cuarenta horas. Estos son los datos.*

❑ *El porcentaje de cumplimiento ha sido (8.760-40)/8716,2. Es decir, un 99,9564%. Por tanto, el objetivo se ha cumplido.*

No obstante, construir un indicador fiable no es tarea sencilla. Si queremos construir un indicador fiable, hay que tener en cuenta los siguientes puntos:

❑ **Tipo de indicador**

♦ **Cuantitativo.** Las cantidades pueden ser cifras absolutas de cualquier cosa: acciones, dinero, usuarios, quejas, horas de formación, etc. Pero también pueden ser cifras relativas: % de ahorro, quejas futuras en relación al nivel anterior, horas de formación por empleado, etc. En este segundo caso, se denominan **tasas**.

♦ **Cualitativo.** Cuando se establece como objetivo una determinada cualidad, que no puede medirse en cantidades, plazos o similares, puede confeccionarse una escala de grados, definiendo lo más claramente posible cada grado. Conviene que la definición logre el acuerdo de todos. Por ejemplo, la coordinación o el trabajo en equipo puede medirse a través de indicadores indirectos, pero también estableciendo una escala de cuatro o cinco grados y describiendo qué significa cada uno.

♦ **El tiempo** puede servir de indicador como un plazo para concluir una acción o para establecer cantidades por unidad de tiempo. Ejemplo de lo primero: fijar el primer trimestre como plazo para implantar una aplicación informática que permita realizar e-malings. Ejemplo de lo segundo: establecer dos entrevistas semestrales como indicador del funcionamiento efectivo de un sistema de evaluación del desempeño.

♦ **El coste**, que es un indicador cuantificable, es un tipo de medida que se usa con frecuencia: reducir los gastos, mantenerse dentro de los presupuestos, realizar algo sin que supere un coste determinado, etc.

❑ **Calidad del indicador**

♦ **Capacidad de medir efectivamente los resultados.** Resulta obvio que, ante todo, debe permitir la medición inequívoca del resultado obtenido. Contra lo que pueda parecer, no siempre es posible.

♦ **Facilidad de implantación.** Por ejemplo: para medir la cobertura de prensa a menudo se miden los centímetros cuadrados o los minutos que totalizan las menciones obtenidas. Esto no será posible si no se hace un seguimiento exhaustivo de la prensa, normalmente a través de una empresa especializada cuyos servicios tal vez no podamos pagar.

♦ **Sencillez de interpretación.** Consideremos un indicador que pretenda medir el grado de los partidos políticos a una petición que vamos a presentar al Gobierno. Podemos utilizar como indicadores de éxito los siguientes: cuántos y qué partidos, qué estructuras o cargos dentro de ellos, cuándo y dónde prestarían su apoyo.

*De forma resumida, podremos decir que un **indicador es eficaz, es decir, representa de manera adecuada el resultado en relación al objetivo,** cuando es:*

❑ ***Medible.*** *Es decir, se puede medir.*

❑ ***Representativo.*** *Ofrece una imagen de una parte del total, que es similar a la que ofrecería el mismo análisis del conjunto en su totalidad. Por tanto, lo que se pueda decir de la parte, se puede decir del todo.*

❑ ***Fiable.*** *Ofrece datos creíbles, sin error apreciable o, en todo caso, predecible. Por ejemplo, cualquier indicador cuyo margen de error se sitúe por debajo del 5%, será un indicador fiable.*

❑ ***Factible.*** *Que se puede obtener sin hacer una inversión en recursos desproporcionada.*

A fin de valorar, de forma práctica, la validez de un indicador, podemos seguir los pasos indicados en la tabla siguiente:

CALIDAD DEL INDICADOR	QUÉ HACER CON EL INDICADOR
Es mensurable, representativo, fiable y factible.	Usarlo.
Mensurable, fiable y factible, pero no suficientemente representativo.	Usarlo y buscar otros indicadores que le apoyen.
Mensurable, representativo y factible, pero no muy fiable.	¿Es lo suficientemente fiable como para usarlo si se hicieran públicas sus deficiencias? Si no, no usarlo.
Mensurable, representativo y fiable, pero no factible.	¿Puede otro indicador o conjunto de indicadores representar el objetivo de un modo razonable? Si la respuesta es afirmativa, cambiarlo. Si la respuesta es negativa, reconsiderar si es factible.
CALIDAD DEL INDICADOR	QUÉ HACER CON EL INDICADOR
Es mensurable y factible, pero no suficientemente representativo y no es muy fiable.	¿Es lo suficientemente fiable como para usarlo si se hicieran públicas sus deficiencias? En caso afirmativo, usarlo buscar información de respaldo para obtener información más fiable. En caso negativo, prescindir de él.
El indicador es factible, únicamente.	Olvidarlo.

Criterios de calidad de un indicador

1.5. Procesos de negocio y sistemas de información

La informatización de los procesos de negocio ha sufrido un profundo proceso de aceleración en las últimas dos décadas.

Si a finales del siglo XX se mecanizaban –ese era el término utilizado– procesos de negocio que se componían fundamentalmente de un gran volumen de tareas repetitivas, hoy en día cualquier proceso que genere datos y suponga un flujo de información hacia otras áreas de la organización o hacia el exterior de esta, puede ser informatizado.

Si entendemos por proceso de negocio cualquier actividad que añada valor a sus entradas –en la línea con la definición de proceso que hemos ido utilizando– y consideramos que cualquier proceso tendrá como entrada información procedente de procesos anteriores, podremos concluir que en la actualidad todo proceso de negocio es susceptible de ser informatizado al menos en lo que a generación, almacenamiento y transferencia de información se refiere.

Es evidente que cuando una organización crea productos tangibles, por ejemplo una fábrica de automóviles, todo soporte informático se vinculará exclusivamente al tratamiento de la información generada en el proceso de fabricación, no a la fabricación en sí. Sin embargo, todos los datos que definen la fabricación de un nuevo vehículo podrán transmitirse mediante sistemas de información apropiados.

En el caso de la fabricación de un vehículo, todas sus características – color, número de puertas, extras incluidos, destino, etc– son datos que podrán ser tratados como tales y que determinarán la propia operación de fabricación.

Hoy en día, por tanto, es más útil una visión de la gestión de los sistemas de información como una prestación de servicios –Servicios de Tecnologías de la Información o tecnologías de la información– que como un área más que tiene su propia "producción" separada del resto.

Es decir, mediante este enfoque permitimos que el cliente se centre en sus objetivos y se desentienda de la gestión de los activos informáticos precisos para su ejecución, quedando a cargo del área de tecnologías de la información la gestión de estos.

En líneas generales, cuando hablamos del interior de la organización, los servicios tecnologías de la información considerados suelen ser los siguientes:

❑   Provisión del puesto de trabajo. Ordenador conectado, operativo y soportado.

❑   El correo electrónico.

❑   El sitio web.

❑   La intranet.

❑   El ERP –*Enterprise Resource Planning*– de la empresa, es decir, la aplicación que procesa los flujos económicos, de stocks, financieros, etc., de la empresa.

❑   El alojamiento de aplicaciones o portales web.

❑   El servicio de facturación.

❑ El servicio de gestión del conocimiento.

❑ El servicio de colaboración –*instant messaging, …*–.

> **D.** *Según ITIL v3, servicio se define como un medio de entregar valor a los clientes facilitando los resultados que los clientes quieren lograr sin la necesidad de que tengan la propiedad de los activos necesarios ni la responsabilidad de los riesgos asociados.*

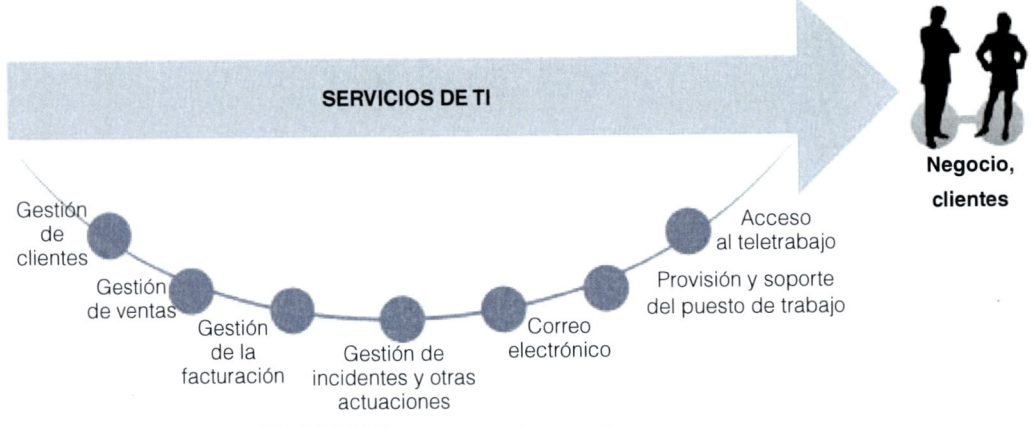

SERVICIOS TI y procesos de negocio

La realidad es que la organización de los servicios tecnologías de la información dependen mucho de cada organización, aunque cualquier servicio de tecnologías de la información se construye sobre un equipamiento de hardware, un software de base, un sistema de comunicaciones y precisa de una arquitectura que relaciona sus componentes y los dimensiona en función de una serie de parámetros, un soporte técnico y una gestión que garantice su continuidad en el tiempo.

En cuanto al dimensionamiento, dependerá, a grandes rasgos, de:

❑ Número de usuarios y roles.

❑ Tráfico de datos estimado, en particular, cantidades máximas.

❑ Volumen de datos generado.

❑ Tipos de componentes software requeridos. Por ejemplo, si habrá bases de datos, de qué tipo, si se relacionan entre sí, etc.

❑ Sensibilidad de la información almacenada.

❑ Tipos de acceso.

2. Características fundamentales de los procesos electrónicos

2.1. Procesamiento de datos

 *El objeto último del **procesamiento de datos** no es otro que **la generación de información**, es decir, el incremento, por medio de diferentes procesos, del valor estratégico y/o económico contenido en los datos, posibilitando así la toma de decisiones sobre diversos temas, por parte de los niveles correspondientes de una organización dada (empresa, estado, etc.) o bien, incluso en el personal.*

El **procesamiento de datos no está subordinado a un medio específico**, ya que puede ser realizado con medios manuales, electromecánicos y/o electrónicos, con mayor o menor grado de automatización.

Veamos, por tanto, la definición de los elementos que forman parte del procesamiento de datos:

❑   **Dato**. Todo aquello que posibilita una representación formalizada de hechos o ideas expuesta en forma tal que permita su comunicación, interpretación y procesamiento por distintos medios, manuales o no.

❑   La **información** es el resultado del procesamiento de los datos.

❑   El **conocimiento** consiste en asociar la información a alguna estructura preexistente de entendimiento.

❑   **Procesamiento o tratamiento de datos.** Procesar de datos significa realizar con éstos, una o más operaciones (procesos) para obtener un producto determinado (información).

Entre las tareas más habituales en el procesamiento de datos, tenemos:

♦   **Recolección:** consiste reunir los datos necesarios para generar el producto buscado.

♦   **Depuración o validación:** consiste en detectar y eliminar aquellos datos inconsistentes a los fines perseguidos.

♦ **Almacenamiento:** se refiere a la acción de guardar los datos correctos, en algún medio de almacenamiento durante todo el tiempo que se requiera hasta su utilización posterior, sin que se degraden.

♦ **Acceso y recuperación:** implica llegar al lugar donde está almacenado el o los datos necesitados, leerlos y transferir una copia de los mismos a otro destino.

♦ **Cálculos:** comprende la realización de todo tipo de operaciones matemáticas con los datos.

♦ **Comparaciones:** permiten descubrir semejanzas y diferencias entre los datos.

2.2. Procesamiento electrónico de datos

Si bien el procesamiento de datos puede ejecutarse con medios manuales o de otro tipo, no cabe duda que, **el tratamiento de los datos de forma electrónica** presenta una serie de ventajas de tal magnitud que, en la práctica, ha sustituido casi por completo al tratamiento manual de la información.

Procesamiento electrónico de datos. Se refiere a la utilización de métodos automáticos soportados por sistemas informáticos compuestos de hardware y software, para procesar datos de todo tipo.

Si bien las operaciones elementales pueden ser relativamente simples, el procesamiento electrónico de datos posibilita el tratamiento de volúmenes ingentes de datos con estructuras previamente definidas.

Ejemplos cotidianos de tales operaciones:

❏ *Las actualizaciones de valores aplicados a un inventario.*

❏ *Las transacciones bancarias.*

❏ *La actualización de archivos maestros de clientes.*

❏ *La reserva y venta de entradas en el sistema de reservas de una compañía aérea.*

❏ *La facturación de los servicios prestados.*

3. Determinación de los sistemas de información que soportan los procesos de negocio y los activos y servicios utilizados por los mismos

3.1. Introducción

Tradicionalmente, las tecnologías de la información y las áreas funcionales que las han llevado a cabo han sido vistas como un soporte interno, como un coste de la organización, y no se han cuidado otros criterios de valoración como su eficacia, rentabilidad, su calidad del servicio o el retorno de la inversión que generaban.

En la actualidad, sin embargo, en un contexto en el que los cambios en las actividades de las organizaciones son constantes y suceden, además, a una gran velocidad, es fundamental que los sistemas de información estén correctamente organizados y alineados con los objetivos y la estrategia de la empresa.

Así, para determinar qué sistemas de información soportarán los procesos de negocio y cuáles son los activos que los compondrán, así como cuáles son los servicios que deberán prestarse a la organización, es fundamental realizar una correcta planificación e implementación de los sistemas de información y del grado de servicio que se requerirá de ellos.

3.2. El ciclo PDCA, ITIL y la determinación de los sistemas de información necesarios

El ciclo PDCA representa una forma de organizar los cambios y las acciones de mejora en las organizaciones, independientemente de qué tipo de cambio o mejora se trate.

Es una estructuración muy sencilla en 4 pasos y enfatiza la necesidad de, además de planificar e implementar las mejoras, conviene comprobar el resultado, si debe corregirse algo y qué hacer para subsanar las deficiencias detectadas.

Su importancia –y la razón por la cual le dedicamos un apartado en este manual– radica en que es una de las bases de cualquier norma internacional ISO, se utiliza como referencia en ITIL y, en suma, es una técnica fundamental en la gestión de cualquier tipo de servicio y, en particular, es de aplicación en los servicios de sistemas de información.

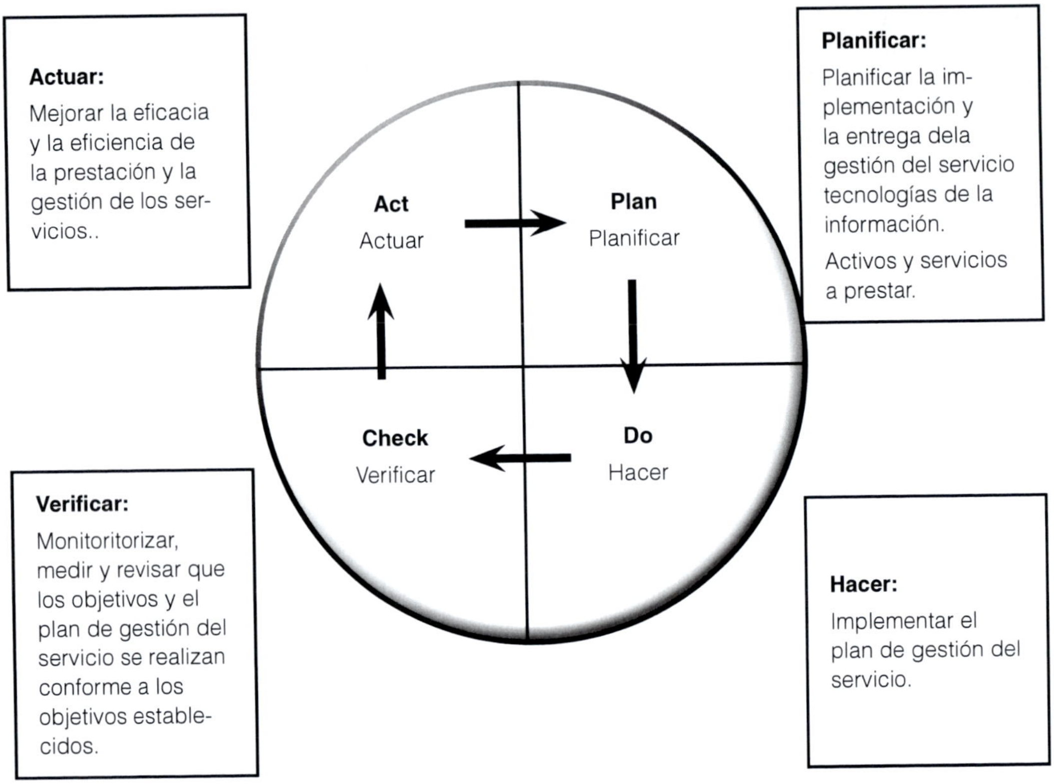

Actuar:

Mejorar la eficacia y la eficiencia de la prestación y la gestión de los servicios..

Act
Actuar

Plan
Planificar

Check
Verificar

Do
Hacer

Planificar:

Planificar la implementación y la entrega dela gestión del servicio tecnologías de la información.

Activos y servicios a prestar.

Verificar:

Monitoritorizar, medir y revisar que los objetivos y el plan de gestión del servicio se realizan conforme a los objetivos establecidos.

Hacer:

Implementar el plan de gestión del servicio.

Ciclo PDCA aplicado a la implantación del sistema de gestión de TI.

La idea inicial del ciclo PDCA fue desarrollado en los años treinta del pasado siglo por Walter Shewhart, estadístico de los Laboratorios Bell de los Estados Unidos y, posteriormente, promocionado por un discípulo suyo, W. Edwards Deming, quien propuso que los procesos deben analizarse y medirse para identificar las causas de las desviaciones que los productos sufren en cuanto a los requisitos de los clientes.

Deming recomienda que los procesos de negocio se integren en un bucle realimentado de mejora continua para poder identificar y modificar, en su caso, las partes del proceso que necesitan mejorarse.

En el marco de la prestación de servicios IT y del diseño de sistemas de información, Las ITIL v2, en el libro Planning to Implement Service Management, – planificación la implementación de la gestión de servicios–, propone un ciclo de seis etapas derivado del PDCA. Son las siguientes:

❑ ¿Cuál es la Visión? En esta etapa se determinan los objetivos de negocio de la organización.

❑ ¿Dónde estamos ahora? Pretende establecer mediante una evaluación de la situación actual, el estado real de los sistemas de información.

❑ ¿Dónde queremos estar? En esta etapa se establecen unos objetivos medibles.

❑ ¿Cómo hacemos para llegar? En esta etapa se establece el plan de acción para la implementación o la mejora de los procesos de las tecnologías de la información.

❑ ¿Cómo comprobamos que hemos alcanzado los objetivos? Comprobación de los resultados obtenidos mediante los indicadores creados.

❑ ¿Cómo mantenemos lo alcanzado? En esta etapa se pretenden consolidar los logros ya obtenidos.

3.3. Las claves de la implantación: procesos, herramientas y personas

Los elementos clave en la planificación e implantación efectiva de un sistema de información y su posterior gestión son:

❑ Los procesos.

❑ Las herramientas que los soportan.

❑ Las personas que los llevan a cabo.

3.3.1. Los procesos. Formas de hacer

A la hora de determina la arquitectura de nuestro sistema de información, debemos definir previamente, a partir de los procesos de negocio ya existentes, cuáles son los procesos que se van a informatizar, cómo se descomponen en subprocesos, actividades y cómo podemos detallarlos en procedimientos.

Lo más adecuado es que los propios procesos de negocio integren en su propia definición y en cascada – es decir, en sus subprocesos, actividades y procedimientos– las herramientas informáticas que se emplearán. Así nos aseguraremos:

❑ Que las tecnologías de la información están totalmente integradas en los procesos de negocio.

❏ Que cuando mejoren los procesos de negocio, adaptaremos la tecnología que los posibilitan.

❏ Que la propia gestión de los servicios de las tecnologías de la información está totalmente integrada en el sistema de Gestión de la Calidad de la organización.

La determinación de los sistemas de información precisos así como sus procesos –así como de los activos que los componen y los servicios que se prestan– se realiza en la fase Plan y su propia definición en la fase Do.

3.3.2. Las herramientas que controlan la prestación de los procesos

Las herramientas de gestión de las tecnologías de la información son esenciales a fin de proporcionar la agilidad necesaria en la organización, para asegurar que se siguen los procedimientos establecidos y para monitorizar que los servicios se prestan conforme a las especificaciones establecidas.

Por tanto, una correcta selección de las herramientas de gestión, más allá de las que pueda incorporar el propio sistema operativo, se considera esencial para llevar a cabo un correcto seguimiento del desempeño de los servicios de las tecnologías de la información desplegados.

Esta selección deberá tener en cuenta los siguientes **factores:**

❏ **Precios de licencias**. Aunque hay un importante catálogo de software libre, muchas herramientas tienen un coste significativo.

❏ **Complejidad necesaria.** En función de la diversidad de servicios a cubrir, del volumen, del tipo de usuarios, seguridad requerida en los accesos, disponibilidad geográfica de la información, etc., las herramientas serán más o menos complejas.

❏ **Parametrización de las herramientas.** No basta con adquirirlas e instalarlas, hay un proceso de parametrización vinculado directamente con la complejidad del sistema diseñado y con los indicadores que queremos analizar.

❏ **Soporte y formación.** Es posible que el personal al cargo de tales aplicaciones requiera de soporte avanzado que deberá ser provisto por el proveedor de la herramienta, así como un período de formación en su uso.

 *Podemos decir que tanto la elección y compra como la implantación de las herramientas de control del nivel de servicio que realmente presta nuestro Sistema de Información es una labor compleja que puede ser considerada como un proyecto en sí mismo.*

En cuanto al **tipo de herramientas** a implantar, en una primera fase, debemos considerar las siguientes:

❑ **Soporte documental del sistema de gestión.** Es necesario disponer de un gestor de documentos que permita el control de versiones y el acceso web. No obstante, comenzar con un área compartida de ficheros en el servidor puede ser suficiente, si se le dota de acceso remoto. Aplicaciones sobre las que construir este gestor hay muchas, pero podemos destacar Lotus Notes o Microsoft SharePoint.

❑ **Herramienta de diseño de procesos.** El diseño de procesos –que es de lo que hablamos en este apartado– tiene sus propias reglas y procedimientos, que deben ser seguidos escrupulosamente para evitar que cada uno "haga la guerra por su cuenta". Por tanto, incorporar una herramienta homologada en el área de sistemas y seguir una determinada nomenclatura es algo totalmente necesario. Para empezar, el uso de herramientas como Microsoft Visio puede ser suficiente.

❑ **Herramienta de gestión de proyectos.** Deberá permitir implantar la metodología de gestión de proyectos que queramos seguir. Debemos tener en cuenta que la implementación de la gestión del servicio es en sí compleja, y contará con numerosos proyectos que transcurran en paralelo. Contar, por tanto, con una herramienta que permita tanto la planificación a alto nivel como su seguimiento detallado, se antoja imprescindible. En un inicio, el uso de Microsoft Project es suficiente, aunque en entornos ITIL se emplea la metodología Prince2 – no soportada por Project–.

❑ **Un blog.** Donde registraremos diariamente las acciones en ejecución y sus actas. Una vez implementada la gestión del servicio, este blog puede utilizarse en la herramienta interna de soporte para la comunicación de cualquier proyecto tecnológico.

Sin entrar a indicar las herramientas – proveedores, marcas o aplicaciones– sí nos parece relevante, a fin de ayudar a entender mejor la complejidad de lo que estamos tratando, hacer una relación de las herramientas de gestión de tecnologías de la información que, idealmente, se pueden incorporar. Por supuesto, cada organización escogerá aquellas herramientas que le sean realmente de utilidad. Son las siguientes:

❑ Gestión de contactos en el centro de atención al usuario.

❑ Gestión de incidentes o ticketing.

❑ Autorregistro web de incidentes y peticiones de usuarios.

❑ Autorresolución de incidentes por los usuarios.

❑ Gestión de la configuración de dispositivos y software. Incluye la base de datos de configuraciones (CMDB).

❑ Gestión de inventarios y activos software y hardware.

- Autodescubrimiento de activos: ordenadores personales, elementos de red, de servidores, usuarios, etc.

- Gestión del cambio.

- Soporte a la biblioteca definitiva de software (DSL).

- Gestión del nivel de servicio. Proveerán de una visión dinámica del estado de cada servicio y sus componentes – los sistemas operativos de servidor suelen incorporar una gran cantidad de herramientas de estas características–.

- Portal para la publicación de informes web, estáticos o dinámicos.

- Soporte a la base de datos de capacidad (CDB).

- Control y registro de costes. Puede ser una adaptación del ERP corporativo.

- Análisis de tendencias. Recogen información de nivel de servicio en tiempo real y hacen predicciones, que permiten identificar los picos de demanda y los recursos necesarios para satisfacerlos.

- Gestor documental del sistema de gestión de calidad en las tecnologías de la información (SGCTI).

- Diseño de procesos.

- Gestión de proyectos.

- Blog y boletín de comunicación.

- Gestión de perfiles profesionales, en coordinación con el área de Recursos Humanos.

- Plataforma de monitorización y consola central de eventos.

De forma simplificada, si estamos montando un departamento de Sistemas y debemos elegir qué elementos incorporar primero a la hora de gestionar los servicios, el equipamiento mínimo de herramientas sería el siguiente:

- Gestor documental para alojar el SGCTI.

- Gestión de incidentes.

- La CMDB.

- La DSL si realizamos desarrollos.

- Portal para publicación de informes.

En términos de **costes**, indicar que contra lo que se puede pensar, las licencias de software no suelen representar más del 30% del presupuesto del proyecto de implementación de herramientas de gestión. El 70% se reparte entre la propia implantación, la formación, la gestión del cambio y el hardware que deberá adquirirse.

Igualmente, para los presupuestos del área de ejercicios siguientes, deberá tenerse en cuenta el mantenimiento de los equipos –hardware y software–, el coste de operación de las herramientas y el coste de los cambios a realizar.

Hay, esencialmente, tres tipos de costes de mantenimiento a contemplar:

❑ ***Mantenimiento de hardware y software.*** Costes por licencia y equipo.

❑ ***Mantenimiento evolutivo.*** Comprende los cambios en el diseño de las herramientas para incorporar nuevas necesidades funcionales no previstas en su desarrollo inicial por no ser precisas.

❑ ***Mantenimiento correctivo.*** Se corresponde con las mejoras realizadas por errores o deficiencias en el diseño de la implementación. Por ejemplo, la adquisición de una herramienta adicional pues la comprada inicialmente no incluía una serie de necesidades existentes, no detectadas en el diseño del proyecto de implementación de las herramientas de gestión del servicio.

4. Análisis de las funcionalidades de sistema operativo para la monitorización de los procesos y servicios

Los sistemas de monitorización y administración deben tener en cuenta en todo caso:

❑ El número de usuarios que accederá al sistema, ya sea de forma recurrente – es decir, a la vez– ya sea en accesos diferidos – este número coincide con el total de usuarios del sistema–.

❑ El tráfico medio y los picos de tráfico de información, a fin de adecuar los sistemas de comunicaciones a la demanda real.

❑ El tipo de dispositivo desde el cual los usuarios acceden. En poco tiempo, hemos pasado de un acceso vía ordenador de escritorio casi exclusivamente, a accesos en remoto desde ordenadores portátiles, estaciones de trabajo remotas, teléfonos móviles o tabletas.

❑ Los derechos de acceso de los usuarios a las distintas aplicaciones, definidos no solo en función de sus responsabilidades, sino también en función del tipo de dispositivo. Así por ejemplo, un usuario que podrá modificar o eliminar contenido desde su portátil, si accede desde su teléfono móvil solamente podrá realizar consultas de información.

*La **monitorización de sistemas** tiene como objetivo supervisar continuamente los distintos recursos y servicios de la organización para garantizar el nivel de disponibilidad requerido, establecido de acuerdo con un SLA –Service Level Agreement o Contrato de nivel de servicio– y, en caso de incidente, alertar a los administradores del sistema para que solucionen la incidencia lo antes posible.*

En resumen, podemos decir que los objetivos de la monitorización de sistemas son los siguientes:

◈ *Asegurar que el nivel de disponibilidad establecido se proporciona según los estándares establecidos en el SLA.*

◈ *Facilitar la supervisión y el análisis de la disponibilidad para asegurar que los niveles de servicio establecidos se cumplen.*

◈ *Supervisar en tiempo real y de forma continuada la disponibilidad de los servicios y alertar a los administradores de cualquier fallo en los sistemas de manera inmediata y automatizada.*

◈ *Reducir al máximo el tiempo de identificación de las causas de los incidentes, para permitir su resolución de la forma más rápida posible.*

En términos de monitorización, vamos a prestar especial atención a aquellos aspectos que aportan información sobre la calidad del servicio que realmente estamos prestando. Son los siguientes:

❑ **Latencia.** Mide el tiempo transcurrido entre la realización de una petición y el comienzo de la visualización o ejecución de los resultados. Se mide en unidades de tiempo (segundos, milisegundos…)

❑ **Rendimiento.** Demanda de trabajo capaz de ser procesada satisfactoriamente por un sistema por unidad de tiempo. Se mide en bits por segundo, Kbytes por hora, Mbytes por día, etc.

❑ **Utilización.** La utilización mide la fracción de un componente o servicio que estamos usando realmente. Es uno de los parámetros más comprometidos. Los administradores de sistemas tienden a "sentirse cómodos" si la utilización es baja, pero esto limita el rendimiento. Tampoco podemos maximizar la utilización porque corremos el riesgo de bloquear el sistema ante un aumento inesperado de carga. En última instancia, muchos componentes (utilización de CPU, por ejemplo) ofrecen sus mejores prestaciones cuando trabajan en torno al 70-80% de su utilización, presentando peor comportamiento por encima de esta cifra.

❑　**Eficiencia.** Se define habitualmente como el cociente entre rendimiento y utilización.

El objetivo de los administradores de sistemas ha de ser disminuir la **latencia** y aumentar los otros tres parámetros: **rendimiento, utilización y eficiencia.**

El objetivo de la monitorización no es otro que mantener, entendida en un sentido amplio, una satisfacción elevada en la percepción del cliente sobre cómo se responde a sus necesidades y el grado de cumplimiento de los requisitos recogidos, como ya hemos comentado anteriormente, en el SLA.

Desde la perspectiva del cliente, ya sea interno o externo, son tres los parámetros que determinan su percepción de la calidad del servicio:

❑　Tiempo de respuesta en el acceso.

❑　Probabilidad de error, rechazo o pérdida de las operaciones realizadas.

❑　Caídas o interrupciones de servicio.

Habida cuenta de los distintos enfoques de monitorización que ofrecen los principales sistemas operativos de servidor, hemos decidido incluir las propuestas que realizan tanto Microsoft como Linux.

4.1.　Monitorización de procesos y servicios en Microsoft

Todo el proceso de monitorización en los servidores actuales de Microsoft (Windows Server 2016, 2019 y 2022) se realiza, principalmente, desde la herramienta Server Manager, accesible desde el menú Inicio o a través de interfaces web como Windows Admin Center. Server Manager es una consola de administración integral que permite supervisar el estado del servidor, gestionar roles y características, y ejecutar tareas clave para mantener la productividad y estabilidad del entorno.

Además, herramientas adicionales como Performance Monitor y Event Viewer complementan las funcionalidades de Server Manager, permitiendo realizar una supervisión más profunda del rendimiento del sistema, servicios y recursos críticos.

Server Manager permite realizar, desde una única herramienta, una amplia variedad de tareas administrativas, lo que simplifica y agiliza el trabajo de los administradores. A continuación, se incluye una relación no exhaustiva de las tareas que permite llevar a cabo:

❏ Ver y administrar los roles y características instalados en el servidor.

❏ Ejecutar tareas de gestión y mantenimiento vinculadas al ciclo de vida operativo del servidor, como el arranque o parada de servicios, la administración de cuentas de usuario locales o el monitoreo de la actividad del sistema.

❏ Llevar a cabo tareas administrativas relacionadas con los roles instalados, como Servicios de Archivos, Hyper-V, Servicios de Escritorio Remoto o Servicios de Red.

❏ Conocer en todo momento el estado general del servidor, identificar eventos críticos mediante el Visor de eventos (Event Viewer), y analizar y resolver incidencias relacionadas con la configuración, el hardware o el rendimiento.

❏ Instalar o quitar roles, servicios de rol y características utilizando tanto la interfaz gráfica como herramientas de línea de comandos (como PowerShell o DISM).

❏ Supervisar el uso de recursos del sistema (CPU, memoria, red, disco) mediante herramientas de monitorización en tiempo real como Performance Monitor o Resource Monitor.

❏ Conectar y administrar varios servidores desde una única consola, incluyendo servidores físicos y máquinas virtuales, gracias a la integración con Windows Admin Center.

Asimismo, estas herramientas incluyen gráficos interactivos y paneles de control que facilitan el acceso a información detallada sobre el uso de recursos del sistema y el estado de los componentes del servidor en tiempo real, lo que permite tomar decisiones informadas para garantizar la continuidad del servicio.

4.2. Monitorización de procesos y servicios en Linux

Para conocer el comportamiento del sistema y su robustez en términos de capacidad de respuesta ante las demandas de los usuarios, necesitamos obtener información sobre las prestaciones de los diferentes subsistemas que lo componen.

En Linux se dispone, por un lado, de toda una serie de comandos que proporcionan datos sobre el rendimiento del hardware y del propio sistema operativo y, por otro, de una aplicación cliente-servidor que registra los eventos que suceden en el equipo (**syslog**).

Según el tipo de información que presentan, los comandos se pueden clasificar en:

❏ **Procesos.** Muestran información sobre los procesos que se están ejecutando en el sistema.

❏ **Almacenamiento.** Proporcionan información sobre la entrada y salida al subsistema de almacenamiento.

❑ **Memoria.** Proporcionan información sobre el espacio de memoria real y swap.

❑ **Red.** Facilitan estadísticas de uso de las interfaces de red.

❑ **Polivalentes.** Muestran información sobre distintos subsistemas del equipo.

Tabla de comandos Linux ordenados por tipo de información generada

Procesos/CPU	Almacenamiento	Memoria	Red	Polivalentes
mpstat	Iostat	free	Ping	Vmstat
uptime	Df	memstat	Traceroute	Sar
Ps	Du		Time	Top
mpstat			Netstat	
			Ntop	

A continuación, comentamos brevemente tales comandos:

❑ **vmstat (Virtual Memory Statistic)**

A pesar de su nombre, esta orden ofrece mucho más que un análisis de la memoria del sistema. **Vmstat** nos permite obtener datos del estado de los procesos, la utilización de la CPU, la utilización de memoria, el tráfico en los discos, etc. Su sintaxis es la siguiente.

❑ **vmstat <opciones> <intervalo de medición> <n° de muestras>**

Ej.

Ejemplo de uso de Vmstat:

usuario@usuarioPC:~$ vmstat *procs ----------memory---------- ---swap-- ---- -io---- -system-- ----cpu---- r b swpd free buff cache si so bi bo in cs us sy id wa 4 0 44148 15236 19356 158004 2 5 55 27 48 116 2 3 94 1*

❑ **sar (System Activity Reporter)**

Es, al igual que **Vmstat**, una orden polivalente que nos permite obtener datos sobre datos de disco, utilización de CPU, utilización de memoria, etc. Su sintaxis es la siguiente:

❑ **sar <opciones> <intervalo de medición> <n° de mediciones>**

❑ **top**

La orden **top** ofrece una perspectiva a la vez panorámica y precisa de la "salud" de un sistema UNIX. Se trata de una herramienta de libre distribución que, dada su gran utilidad y sencillez, está disponible en la mayoría de las plataformas.

❑ **mpstat (Multi Processor Statistics)**

En sistemas multiprocesador, muestra un informe de actividad desglosado por procesador. La ejecución va acompañada, al igual que otras órdenes similares, del intervalo de medición y el número de muestras tomadas.

❑ **uptime**

Muestra un breve resumen del estado del sistema. Un ejemplo de la salida de esta orden es la siguiente:

❑ **usuario@usuarioPC:~$ uptime**

23:00:08 up 2:09, 2 users, load average: 0.24, 0.05, 0.03

Los tres últimos datos mostrados son la carga media (load average) del sistema en los últimos periodos de 1, 5 y 10 minutos respectivamente. La carga media del sistema se mide realizando la media de los procesos en cola de espera del procesador y es un dato muy significativo del estado del sistema.

Más información útil proporcionada por este comando: el tiempo transcurrido desde la última vez que se reinició el sistema y el número de usuarios conectados en este momento.

 *Como dato anecdótico, si un sistema mantiene **su carga media del último minuto** permanentemente por encima de 4 veces su número de procesadores, presenta claros síntomas de sobrecarga.*

❑ **ps (Process Status)**

Muestra información sobre los procesos activos, su estado y otras medidas como el porcentaje de tiempo de procesador invertido, la memoria que consumen, tiempo acumulado de ejecución, propietario, etc.

❑ **iostat (Input/Output Statistics)**

Aunque podríamos calificarlo también como una orden polivalente (sirve para obtener estadísticas de i/o, actividad en los terminales y dispositivos y actividad en la CPU) se emplea fundamentalmente para obtener datos sobre la utilización de los discos mediante la opción -xnp.

❑ **df (Disk Free)**

Visualiza información sobre la cantidad de espacio libre en el disco.

❑ **du (Disk Usage)**

Sirve para obtener el tamaño de los ficheros. La opción más interesante es -ka, la cual muestra el tamaño en kbytes de todos los ficheros y directorios de forma recursiva desde el directorio de ejecución de la orden.

❑ **ping**

La utilidad ping envía paquetes ICMP con eco al host deseado. Al final de la ejecución obtendremos una breve estadística de resultados.

❑ **traceroute**

Nos proporciona información sobre la latencia del sistema, pero en este caso desglosada por cada uno de los 'saltos' que siguen nuestros paquetes TCP/IP.

❑ **time**

Este comando también proporciona información sobre la latencia de la red. Nos ofrece, entre otras cosas, el tiempo entre la ejecución de una orden y su finalización.

❑ **netstat (Network Status)**

Herramienta de uso muy generalizado que sirve para diagnosticar problemas en la red y/o monitorizar la actividad en la misma. En la ejecución se presenta una línea por cada interfaz de red disponible. Brevemente, el significado de algunos de los distintos campos es el siguiente:

◆ Name. Nombre del interfaz de red. Ipkts. Número de paquetes recibidos.

◆ Ierrs. Número de errores en los paquetes recibidos.

◆ Opkts. Número de paquetes totales transmitidos.

◆ Oerrs. Número de errores en los paquetes transmitidos.

◆ Collis. Número de colisiones

◆ Queue. Paquetes perdidos

Algunos de los parámetros más útiles para netstat son los siguientes:

Parámetro	Descripción
-a	Muestra información de todos los sockets.
-p	Muestra el PID del programa que está utilizando un socket.
-n	Muestra IPs en lugar de nombres DNS y los números de puerto.
-s	Muestra estadísticas de red (para ver estadísticas a tiempo real se puede utilizar ifstat).
-c	Muestra el estado de la red de manera continua.
-r	muestra la tabla de ruteo, es exactamente la misma información que proporciona route.

❑ **ntop**

Esta herramienta monitoriza la actividad general en la red, aunque no está tan extendida como top.

❑ **memstat (Memory Statistic)**

Comando que genera estadísticas sobre la medición de la utilización de la memoria que pueden visualizarse con la herramienta memstat.

❑ **free**

Permite ver un resumen del estado de la memoria de la máquina.

5. Técnicas utilizadas para la gestión del consumo de recursos

Una vez se detecta un mal funcionamiento del sistema, bien a través del uso de las herramientas comentadas, bien mediante el aviso de un usuario, el administrador debe poner en marcha el procedimiento de **diagnóstico, detección y resolución** de la incidencia, a fin de restaurar la situación previa a la aparición del incidente.

La información generada por todas estas herramientas nos permitirá identificar aquellos procesos, usuarios, aplicaciones o dispositivos que están realizando un uso excesivo de disco, memoria, ancho de banda, dispositivos de gestión de red, como switches o routers, etc.

Una vez identificado cuál es el elemento del sistema que está sobrecargado –fase de diagnóstico–, el administrador del sistema deberá identificar qué agente está ocasionando dicho problema –fase de detección– y tomar las medidas oportunas a fin de restaurar la situación–fase de resolución– y eliminar el cuello de botella cuyos efectos pueden llegar a ser muy dañinos para el funcionamiento del sistema en su conjunto.

La resolución del problema puede venir dada por la desactivación de un dispositivo que esté funcionando incorrectamente, la detención, incluso eliminación, de un proceso o una petición del sistema –por ejemplo, una impresión de un volumen de páginas muy elevado–, el cierre de sesión de un usuario, o la parada y reinicio de un dispositivo o servicio.

Con el desarrollo de este epígrafe hemos conseguido analizar los planes de implantación de la organización para identificar los elementos del sistema implicados y los niveles de seguridad a implementar.

Resumen

En esta unidad hemos revisado detenidamente el concepto de **proceso**.

Después hemos pasado a profundizar en las características de los procesos electrónicos, sus activos, sus servicios y su monitorización.

Y hemos acabado con las técnicas utilizadas para la gestión del consumo de recursos.

Autoevaluación de Unidad 2
Enunciados

---

1. El concepto de proceso da la máxima importancia a:

a) La comprensión y el cumplimiento de los requisitos a cumplir.
b) La necesidad de crear procesos que aporten valor en la cadena de creación del producto / servicio.
c) La obtención de objetivos concretos.
d) Son correctas a) y b).

2. Alguno de estos elementos de un proceso no es una entrada:

a) Datos.
b) Materias primas a transformar.
c) Personas responsables.
d) Ninguna es correcta.

3. ¿Cuál es la información incorrecta?:

a) Un proceso describe lo que hay que hacer, un procedimiento indica cómo se debe hacer.
b) Un proceso tiene clientes —internos o externos—.
c) Las actividades y tareas de un proceso están perfectamente incluidas en un solo departamento.
d) Todas son correctas.

4. Un objetivo debe cumplir las siguientes características:

a) Con fecha de cumplimiento, importante, específico, medible, ambicioso.
b) Con fecha de cumplimiento, relevante, general, medible, alcanzable.
c) Con fecha de cumplimiento, relevante, específico, medible, alcanzable.
d) Ninguna es correcta.

5. ¿Cuál de estos elementos no caracteriza la calidad de un indicador?:

a) Sencillo.
b) Representativo.
c) Fiable.
d) Factible.

6. ¿Cuál de estas afirmaciones es correcta?:

a) Mediante el enfoque por procesos aplicado a los sistemas de información permitimos que el cliente se centre en sus objetivos y se desentienda de la gestión de los activos informáticos precisos para su ejecución.
b) Es más útil una visión de la gestión de los sistemas de información como una prestación de servicios que como un área más que tiene su propia "producción" separada del resto.
c) En la actualidad, todo proceso de negocio es susceptible de ser informatizado al menos en lo que a generación, almacenamiento y transferencia de información se refiere.
d) Todas son correctas.

7. El dimensionamiento de un sistema dependerá de... Identifica la opción incorrecta:

a) Número de usuarios y roles.
b) Tráfico de datos estimado, en particular, cantidades máximas.
c) Volumen de datos generado.
d) Visión de la tecnología predominante entre los usuarios del sistema.

8. ¿Cuál es la afirmación incorrecta?:

a) El objeto último del procesamiento de datos no es otro que la generación de información.
b) Dato es todo aquello que posibilita una representación formalizada de hechos o ideas expuesta en forma tal que permita su comunicación, interpretación y procesamiento por distintos medios, manuales o no.
c) El procesamiento de datos está siempre subordinado a un medio específico.
d) Procesar datos significa realizar con estos, una o más operaciones (procesos) para obtener un producto determinado (información).

9. ¿Cuál tarea es incorrecta en el marco de las tareas habituales en el procesamiento de datos?:

a) Acceso y recuperación.
b) Depuración o saneamiento.
c) Recolección.
d) Comparaciones.

10. El ciclo PDCA se corresponde con:

a) Planificar, Diseñar, Controlar y Actuar.
b) Planificar, Diseñar, Corregir y Actuar.
c) Planificar, Hacer, Verificar y Actuar.
d) Ninguna es correcta.

Autoevaluación de Unidad 2
Soluciones

- -

1. *d) Son correctas a) y b).*

> **Explicación:** *Un proceso suele implicar la transformación de unos elementos de entrada hasta alcanzar unos resultados previamente definidos. El concepto de proceso puede extenderse más allá, resultando en un enfoque de gestión que dará máxima importancia, entre otros, a la comprensión total de los requisitos a cumplir, a la obtención de resultados concretos o a la necesidad de crear procesos que aporten valor. No obstante, un proceso ha de tener un objetivo concreto para resultar efectivo. Por ello, la afirmación de la opción C es incorrecta, por lo que la opción D es la válida para este ejercicio.*

2. *c) Personas responsables.*

> **Explicación:** *Desde una perspectiva muy general, un proceso es toda transformación de entradas, ya sean datos o materias primas en un estado determinado, en una serie de salidas, ya sean bienes o servicios terminados o stocks intermedios de producto o versiones beta de software. Sin embargo, las Personas Responsables se consideran como recursos, no como una entrada.*

3. *c) Las actividades y tareas de un proceso están perfectamente incluidas en un solo departamento.*

> *Explicación: Un proceso describe lo que hay que hacer e indica el procedimiento de cómo hay que realizarlo. Además, existen unos principios básicos que han de respetarse en la definición y ejecución de un proceso para que sea efectivo. Entre ellos se encuentran que un proceso tiene clientes (internos o externos). Sin embargo, no es común que las tareas y actividades de un proceso se ciñan exclusivamente a un único departamento.*

4. *c)* Con fecha de cumplimiento, relevante, específico, medible, alcanzable.

> *Explicación: Para que un proceso sea eficaz deben estar claramente establecidos los objetivos a conseguir. Un objetivo ha de contar con varias características para ser considerado como tal, entre otras que ha de ser relevante, específico, medible y alcanzable, además de ser establecido con fecha de cumplimiento.*

5. *a)* Sencillo.

> *Explicación: Un indicador es un signo tangible de que algo se ha conseguido o realizado. Construir un indicador eficaz no es sencillo, es preciso considerar que sea representativo, fiable, factible y medible.*

6. *d)* Todas son correctas.

> *Explicación: La informatización de los procesos de negocio se ha acelerado notablemente en las últimas décadas, de tal forma que actualmente todo proceso de negocio puede informatizarse si se considera la generación, el almacenamiento y su transformación. Este enfoque permite que el cliente se centre en sus objetivos de negocio, desentendiéndose de la gestión de los activos informático. De esta forma, la gestión de los sistemas de información suele verse más como una prestación de servicios, en lugar de un área clásica con su producción separada.*

7. *d)* Visión de la tecnología predominante entre los usuarios del sistema.

> *Explicación: El dimensionamiento de los sistemas de tecnologías de información varía mucho en cada organización y dependen de varios factores. A grandes rasgos dependerá del número de usuarios y sus roles, del tráfico de datos estimado, del volumen de datos estimados, del tipo de componentes software requeridos, de la sensibilidad de la información almacenada o de los tipos de acceso. No tendrá incidencia en este aspecto la visión de la tecnología predominante entre los usuarios del sistema.*

8. *c)* El procesamiento de datos está siempre subordinado a un medio específico.

> *Explicación: Un dato es una representación formalizada de hechos o ideas expuesta en forma que permita su comunicación, interpretación y procesamiento por distintos medios. El procesamiento de datos consiste en realizar con estos una o más operaciones para obtener un producto determinado. El objeto último del procesamiento de datos no es otro que la generación de información. El procesamiento de datos no está subordinado a un medio específico.*

9. *b)* Depuración o saneamiento.

> *Explicación: Entre las tareas más habituales en el procesamiento de datos se encuentran la recolección, la depuración o validación, el almacenamiento, el acceso y recuperación, los cálculos y las comparaciones. El saneamiento no es un sinónimo válido para depuración en este ámbito.*

10. *c) Planificar, Hacer, Verificar y Actuar.*

> *Explicación: Para determinar qué sistemas de información soportarán los procesos de negocio y cuáles son los activos que los compondrán es fundamental realizar una correcta planificación e implementación de dichos sistemas y del grado de servicio que se requerirá de ellos. El ciclo PDCA representa una formar de organizar los cambios y las acciones de mejora en las organizaciones. Lo realiza en 4 pasos: Planificar (P), Hacer (D), Verificar (C) y Actuar (A).*

Demostración de sistemas de almacenamiento

Objetivos

- ☒ Conocer los distintos tipos de dispositivos de almacenamiento utilizados en las empresas.

- ☒ Conocer los distintos sistemas de archivo de los principales sistemas operativos disponibles.

- ☒ Diseñar la arquitectura de almacenamiento más adaptada a las necesidades de su empresa.

Contenido

1. **Tipos de dispositivos de almacenamiento más frecuentes**

   1.1. Memoria principal

   1.2. Memoria secundaria

2. **Características de los sistemas de archivo disponibles**

   2.1. Rutas y nombres de archivo

   2.2. Características de los sistemas de archivos

3. **Organización y estructura general de almacenamiento**

   3.1. Archivos, registros lógicos y registros físicos

   3.2. Registros

   3.3. Organización de ficheros

   3.4. Identificación de archivos

   3.5. Operaciones desde el sistema operativo

4. **Herramientas del sistema para gestión de dispositivos de almacenamiento**

   4.1. Procesos por capas

   4.2. Windows

   4.3. Linux

Resumen

1. Tipos de dispositivos de almacenamiento más frecuentes

1.1. Memoria principal

 **Memoria (RAE):** *facultad psíquica por medio de la cual se retiene y recuerda el pasado.*

Para la filosofía antigua, la memoria también fue un importante motivo de estudio, en particular, Aristóteles nos dice que:

 *"La memoria es una facultad que espontánea y naturalmente pone ante la mente lo pasado, ese proceso se llama reminiscencia (anamnesis) cuando hace eso por medio de la investigación propia de la razón".*

En términos informáticos, el término **memoria** se utiliza para nombrar a la capacidad que poseen diversos tipos de dispositivos para retener y presentar información.

- **Memoria principal en la arquitectura de Von Neumann**

 **Memoria principal:** *es la encargada de alojar el programa que se va a ejecutar, así como los datos que este va a manipular.*

Según este modelo, todo programa que se vaya a ejecutar debe estar alojado previamente en lo que Von Neumann denominaba **memoria principal**. Los fundamentos de la arquitectura de Von Neumann son:

❑ En la memoria del ordenador se alojan a la vez datos e instrucciones.

❑ Cualquier parte de la memoria es accesible mediante la asignación de una dirección de memoria a cada posición de esta.

❑ La ejecución de un programa se realiza secuencialmente, encadenando una instrucción con la siguiente.

La CPU –**Central Process Unit** o procesador– irá tomando desde la memoria principal cada instrucción del programa y, seguidamente, la ejecutará.

La comunicación entre la memoria y la CPU se realiza a través del bus de direcciones.

Una vez lanzamos la ejecución de un programa, este se envía desde el disco duro, donde se encuentra almacenado tras su instalación, a la memoria principal.

La CPU leerá en la memoria principal cada instrucción a ejecutar, de la manera siguiente:

❑   La CPU envía una señal a fin de acceder a la dirección indicada por el contador del programa.

❑   El contenido de esta posición de memoria, una instrucción, se envía al registro de instrucción de la CPU.

❑   Se decodifica la instrucción.

❑   Se obtienen los datos necesarios para ejecutar la instrucción, accediendo nueva- mente a la memoria principal.

❑   Se ejecuta la instrucción.

❑   Se almacena el resultado.

• Composición de la memoria principal

Una memoria puede utilizar dos tipos de componentes: biestables y condensadores.

Un **biestable** es el circuito secuencial más pequeño posible. Un **circuito secuencial** es aquel cuyo valor de salida depende de las entradas pero también de los valores de las salidas anteriores.

Un biestable es capaz de almacenar un bit, la mínima cantidad de información disponible mientras haya flujo de corriente eléctrica.

Se componen de puertas lógicas cuyas entradas se "entrelazan" con sus salidas. Hay dos tipos:

❑   **Biestables asíncronos**. Los cambios se producen en cuanto cambien las entradas.

❑   **Biestables síncronos**. Los cambios se producen en función de los ciclos de reloj.

La otra tecnología utilizada en la creación de memorias se basa en el uso de **condensado- res** y un **transistor de tipo MOS**. Se consiguen memorias más pequeñas y económicas, aunque requieren un refresco cada cierto intervalo de tiempo para mantener el valor almacenado.

El condensador determina el valor del bit en cada momento, dependiendo de si tiene carga o no.

• Jerarquía de la memoria

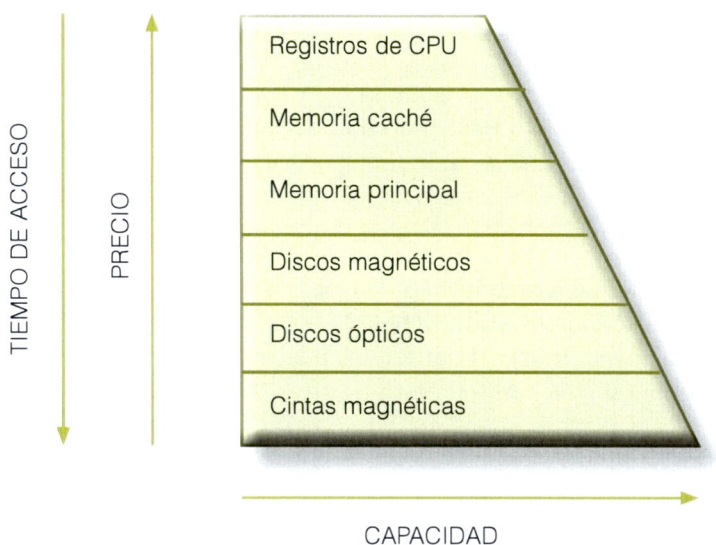

CAPACIDAD

En un ordenador podemos distinguir distintos tipos de memorias, cada una con un fin concreto y distinto del resto. Presentan la siguiente jerarquía, visible en la ilustración.

Se ve claramente la jerarquía existente entre tiempo de acceso y precio. Cuanto mayor sea el tiempo de acceso a un dato en la memoria, menor será el precio y mayor la capacidad.

Las memorias de jerarquías más altas suelen elaborarse con biestables, mientras que el resto emplean bien condensadores, bien otro tipo de tecnología, como las empleadas en discos magnéticos, ópticos, memorias sólidas, etc.

Las memorias se clasifican en dos tipos:

❑ **Internas**. Son los registros de la CPU, la memoria caché y la memoria principal. Bien están incluidas en algún componente interno, bien son memorias que no gestiona ni controla el usuario, sino el propio ordenador.

❑ **Externas**. El resto. Son memorias de almacenamiento masivo donde el usuario aloja la información que considera oportuno.

Revisando detalladamente cada una de ellas, podemos comentar lo siguiente:

❑ **Registros de la CPU o nivel 0**. Almacenan un solo bit, están formados por biestables que se agrupan en conjuntos de 8 bits. Es el tipo de memoria más veloz (tiempos de acceso entre 0,25 ns y 0,5 ns) y almacenan la menor cantidad de información posible.

❑ **Memoria caché o nivel 1**. Conocidas como L1, L2 o L3 en la actualidad. De poca capacidad, tiempos de acceso de hasta 10 ns y muy caras.

❑ **Memoria principal o RAM o nivel 2**. Almacena las instrucciones que se están ejecutando en un instante dado. Tiempos de acceso entre 30 ns y 200 ns, bastante rápidas, por tanto. Se organizan en grupos de bits y se conocen como **celdas o palabras**.

❑ **Discos magnéticos o nivel 3**. Primer nivel de memoria externa. Unidad de almacenamiento masivo, con tiempos de acceso más elevados, pero de mayor capacidad y menor precio. Alcanzan capacidades de almacenamiento de TeraBytes o PetaBytes.

❑ **Otros dispositivos o nivel 4**. En esta categoría se incluyen DVD, CD-ROM, Blue-Ray, etc. Capacidades de almacenamiento muy grandes.

- **Características de las memorias**

Los conceptos siguientes son de uso habitual a la hora de equipar un ordenador con los distintos tipos de memorias existentes, de modo que es obligado su conocimiento.

❑ **Ciclo de reloj o velocidad de bus.** En las memorias SDRAM, síncronas, este concepto caracteriza su velocidad, medida en Megahercios o MHz. A mayor frecuencia, mayor número de operaciones de lectura/escritura en la memoria se realizarán.

❑ **Velocidad efectiva o MHz efectivos.** Los ciclos de reloj que marcan los tiempos para la realización de operaciones se dividen en flancos de subida y bajada, que se pueden apreciar en la siguiente ilustración. Hay memorias que utilizan todo el ciclo –el intervalo de tiempo que hay entre "flecha y flecha" de la ilustración– para una operación de lectura o escritura, y otras utilizan uno de los flancos, de modo que emplean el otro para realizar una nueva operación. De esta forma, si la velocidad de reloj de una memoria es de 233 MHz, si aprovecha ambos flancos la velocidad se multiplica por dos, siendo esta la **velocidad efectiva o MHz efectivos**.

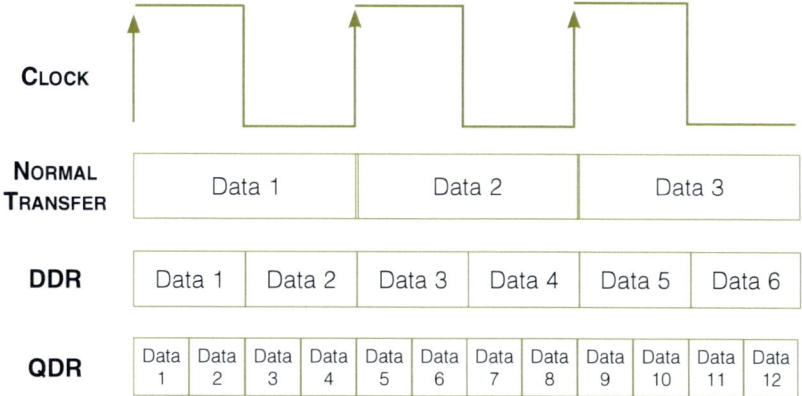

❑ **Ancho de banda**. Esta característica hace referencia al número de palabras transferidas entre la memoria principal y la CPU en una unidad de tiempo, normalmente medida en MB/s.

❑ **Capacidad**. Cantidad de información que puede almacenar. Como unidad de medida se utiliza el byte (8 bits). En la actualidad, los módulos de memoria tienen capacidades del orden de magnitud del GigaByte (230 bytes).

❑ **Tiempo de acceso**. Tiempo máximo que se tarda en leer o escribir una posición de memoria.

❑ **Latencia CAS**. Tiempo transcurrido desde que se pide un dato hasta que se transfiere el primer bit. Característica de gran importancia, pues en algunos procesos puede llegar a ser determinante, **Voltaje**. Todo módulo de memoria funciona mediante el flujo constante de energía eléctrica. A mayor voltaje, mayor consumo, mayor disipación de calor aunque, también, mayor rendimiento obtendremos.

Cuando comparemos memorias de igual velocidad, nos decantaremos por las que tengan menores valores de latencia.

- ## Tipos de memoria

  Atendiendo a la lectura y escritura, hay dos tipos de memoria principal o primaria:

  ❑ Memorias de solo lectura.

  ❑ Memorias de lectura y escritura.

Memorias de solo lectura. Son memorias que se escriben una sola vez y **en ausencia de electricidad no pierden los datos**. Se conocen de forma genérica como ROM –*Read Only Memory* o memoria de solo lectura–, aunque hay varios tipos:

❑ **ROM**. Son los tipos más antiguos. Se programan en el propio proceso de fabricación. Son muy económicas y se emplean para alojar el firmware del dispositivo.

 *Firmware: bloque de instrucciones almacenado en memorias ROM que establece el funcionamiento de los circuitos electrónicos del dispositivo, de modo que su función es controlar el hardware.*

❑ **PROM** *(Programmable Read-Only Memory)*. Son memorias de solo lectura **programables por el usuario una sola vez**, mediante el uso de una malla de fusibles que se "queman" una vez el programador ha creado el circuito concreto, que contiene las instrucciones de su código. Una vez los fusibles se han quemado, no se pueden sustituir y la memoria está "programada".

❑ **EPROM** *(Erasable Programmable Read-Only Memory)*. Son memorias de solo lectura que pueden borrarse – erasables– y volver a escribirse mediante los dispositivos correspondientes, bien eléctricos para escribirse bien a través de luz ultravioleta para ser borradas.

❑ **EEPROM** *(Electrically-Erasable Programmable Read-Only Memory)*. Este tipo de memoria de solo lectura puede ser borrado y escrito eléctricamente. Esto permite realizar borrados parciales de información.

❑ **Memorias de lectura y escritura**. Son memorias volátiles, es decir, pierden la información cada vez que desaparece el suministro eléctrico, pero pueden ser leídas y escritas tantas veces como sea necesario. Son conocidas popularmente como **memorias RAM**.

La otra característica que las define es el acceso aleatorio a las celdas que las componen, es decir, cada celda será escrita o leída en cualquier orden, independientemente de cuál fue la celda leída o escrita anteriormente.

Dos tipos:

❑ **SRAM** *(Static Random Access Memory)*. O memoria estática, utilizan **biestables** capaces de almacenar un bit cada uno, de modo que para almacenar un byte (8 bits) se precisa un grupo de 8 biestables.

El uso de biestables permite crear memorias más veloces, pero de mayor espacio y más caras que el siguiente tipo –DRAM–. Por tanto, suelen emplearse para construir memorias caché, que tienen menor tamaño.

❑ **DRAM** *(Dynamic Random Access Memory).* Se las conoce como memorias dinámicas dado que necesitan ser refrescadas continuamente.

Presentan ciertas ventajas respecto de las memorias SRAM, como el precio y el tamaño. En cambio, la necesidad de refresco hace que sean más lentas que las memorias SRAM. Se utilizan habitualmente como memorias RAM.

• Memorias DRAM

Dada su importancia, vamos a analizar con mayor detalle los distintos tipos de memorias DRAM, en particular los que se utilizan en la actualidad.

❑ **FPM** *(Fast Page Mode)* **o modo de paginado rápido.** Son memorias actualmente en desuso. Emitían una sola vez una señal RAS o indicadora de fila, y solamente se necesitaba la señal CAS –señal de solicitud de envío de bit– para la búsqueda del dato.

❑ **EDO** *(Extended Data Out)* **y BEDO.** Las memorias EDO fueron utilizadas en los primeros Pentium, son similares a las FPM, aunque tenían la ventaja de estar ajustadas de forma que podían iniciar un nuevo ciclo de acceso a memoria antes de haber finalizado el anterior.

Están desfasadas. Sus sucesoras, las memorias BEDO, aparecieron casi a la vez que las memorias SDRAM, que fuero las finalmente aceptadas.

❑ **SDRAM** *(Synchronous DRAM).* La memoria **SDRAM** es una memoria dinámica de acceso aleatorio DRAM que tiene una **interfaz síncrona**. Tradicionalmente, la memoria dinámica de acceso aleatorio DRAM tenía una interfaz asíncrona, lo que significaba que el cambio de estado de la memoria se efectúa un cierto tiempo (marcado por las características de la memoria) desde que cambian sus entradas.

En las SDRAM el cambio de estado tiene lugar en un momento señalado por una señal de reloj y, por lo tanto, está sincronizada con el bus de sistema del ordenador.

El reloj también permite controlar una máquina de estados finitos interna que controla la función de "pipeline" de las instrucciones de entrada. Esto permite que el chip tenga un patrón de operación más complejo que la DRAM asíncrona, que no tiene una interfaz de sincronización.

El método de **segmentación** (pipeline) significa que el chip puede aceptar una nueva instrucción antes de que haya terminado de procesar la anterior. En una escritura de datos, el comando "escribir" puede ser seguido inmediatamente por otra instrucción, sin esperar a que los datos se escriban en la matriz de memoria.

En una lectura, los datos solicitados aparecen después de un número fijo de pulsos de reloj tras la instrucción de lectura, durante los cuales se pueden enviar otras instrucciones adicionales. (Este retraso se llama **latencia** y es un parámetro importante a considerar cuando se compra una memoria SDRAM para un ordenador).

❏ **DDR SDRAM** *(Double Data Rate SDRAM)***.** En español **doble tasa de transferencia de datos**. Es una tecnología que permite a ciertos módulos de memoria, compuestos por memorias síncronas (SDRAM), la capacidad de transferir simultáneamente datos por dos canales distintos en un mismo ciclo de reloj. Los módulos DDR soportan una capacidad máxima de 1 GB (1 073 741 824 bytes).

Para su denominación, se utiliza también la nomenclatura PC-XXXX, donde XXXX representa, en este caso, el ancho de banda del módulo. Pueden transferir un volumen de información de 8 bytes en cada ciclo de reloj a las frecuencias descritas. Un ejemplo de cálculo para PC1600:

$$100 \text{ MHz x 2 datos por ciclo x 8 B} = 1600 \text{ MB/s} =$$
$$1\,600\,000\,000 \text{ bytes por segundo}$$

Muchas placas base permiten utilizar estas memorias en dos modos de trabajo distintos:

♦ *Single Memory Channel* **(canal simple de memoria):** todos los módulos de memoria intercambian información con el bus a través de un solo canal, para ello solo es necesario introducir todos los módulos DIMM en el mismo banco de slots.

♦ *Dual Memory Channel* **(canal doble de memoria):** se reparten los módulos de memoria entre los dos bancos de slots diferenciados en la placa base, y pueden intercambiar datos con el bus a través de dos canales simultáneos, uno para cada banco.

Las memorias DDR necesitan un voltaje menor a otras versiones para su buen funcionamiento y sus módulos incluyen un mayor número de conectores (184).

❏ **DDR2 SDRAM, DDR-II O DDR-2. DDR2** es una evolución de DDR SDRAM y forma parte de la familia SDRAM de tecnologías de memoria de acceso aleatorio.

Los módulos DDR2 son capaces de trabajar con 4 bits por ciclo, es decir 2 de ida y 2 de vuelta en un mismo ciclo, mejorando sustancialmente el ancho de banda potencial bajo la misma frecuencia de una DDR SDRAM tradicional (si una DDR a 200 MHz reales entregaba 400 MHz nominales, la DDR2 por esos mismos 200 MHz reales entrega 800 MHz nominales).

Este sistema funciona debido a que dentro de las memorias hay un pequeño **buffer**, donde se guarda la información para luego transmitirla fuera del módulo de memoria.

*Un **buffer** (o **búfer**). Es un espacio de memoria, en el que se almacenan datos para evitar que el programa o recurso que los requiere, ya sea hardware o software, se quede sin datos durante una transferencia.*

Este buffer, en el caso de la DDR convencional, trabajaba tomando los 2 bits para transmitirlos en 1 solo ciclo, lo que aumenta la frecuencia final. En las DDR2, el buffer almacena 4 bits para luego enviarlos, lo que a su vez redobla la frecuencia nominal sin necesidad de aumentar la frecuencia real de los módulos de memoria.

La **principal desventaja** de las memorias DDR2 es que presentan mayores latencias que las conseguidas con las DDR convencionales, lo que perjudicaba su rendimiento. Reducir la latencia en las DDR2 no es fácil, dado que el hecho de que el buffer de la memoria DDR2 pueda almacenar 4 bits para luego enviarlos es el causante de esta latencia mayor, pues se necesita mayor tiempo de "escucha" por parte del buffer y mayor tiempo de trabajo por parte de los módulos de memoria, para recopilar esos 4 bits antes de poder enviar la información.

Las memorias DDR2 SDRAM se suministran mediante módulos de memoria con 240 pines y una localización con una sola ranura. Una característica de estos módulos es su gran capacidad de transferencia, denominada **ancho de banda**, que es, en definitiva, la característica principal, es decir, la cantidad de datos transferidos por segundo, medidos en bytes o paquetes de 8 bits. En la tabla contigua se recogen las distintas configuraciones en las que se presenta la DDR2 SDRAM.

Configuraciones memoria DDR SDRAM

Nombre estándar	Velocidad del reloj	Tiempo entre señales	Velocidad del reloj de E/S	Datos transferidos por segundo	Nombre del módulo	Máxima capacidad de transferencia
DDR2-400	100 MHz	10 ns	200 MHz	400 millones	PC2-3200	3200 MB/s
DDR2-533	133 MHz	7,6 ns	266 MHz	533 millones	PC2-4200	4264 MB/s
DDR2-600	150 MHz	6,7 ns	300 MHz	600 millones	PC2-4800	4800 MB/s
DDR2-667	166 MHz	6 ns	333 MHz	667 Millones	PC2-5300	5336 MB/s
DDR2-800	200 MHz	5 ns	400 MHz	800 Millones	PC2-6400	6400 MB/s
DDR2-1000	250 MHz	3,75 ns	500 MHz	1000 Millones	PC2-8000	8000 MB/s
DDR2-1066	266 MHz	3,75 ns	533 MHz	1066 Millones	PC2-8500	8530 MB/s
DDR2-1150	286 MHz	3,5 ns	575 MHz	1150 Millones	PC2-9200	9200 MB/s
DDR2-1200	300 MHz	3,3 ns	600 MHz	1200 Millones	PC2-9600	9600 MB/s

Es importante diferenciar la **velocidad de reloj efectiva**, recogida en la nomenclatura que identifica a cada tipo de memoria, de **la velocidad física**.

❑　**DDR3 SDRAM, DDR-III O DDR-3.** Representa una nueva evolución sobre DDR2. Su principal ventaja respecto de la versión anterior es la capacidad de realizar transferencias de datos más rápido, con lo que se pueden obtener velocidades de transferencia y velocidades de bus más altas que las versiones DDR2 anteriores. Sin embargo, no hay una reducción en la latencia, la cual es proporcionalmente más alta.

Por otra parte, DDR3 permite usar circuitos integrados de 512 MiB a 8 GiB, lo que hace posible fabricar módulos de hasta 16 GiB. También proporciona significativas mejoras en el rendimiento en niveles de bajo voltaje, lo que lleva consigo una disminución global de consumo eléctrico.

Se prevé que la tecnología DDR3 puede ser dos veces más rápida que la DDR2 y el alto ancho de banda que promete ofrecer DDR3 es la mejor opción para la combinación de un sistema con procesadores dual-core, quad-core y hexaCore (2, 4 y 6 núcleos por microprocesador). Las tensiones más bajas del DDR3 (1,5 V frente 1,8 V de DDR2) ofrecen una solución térmica y energética más eficientes.

Velocidad física. *Se refiere al número de ciclos por segundo, y se mide en MHz (megahercios).*

Velocidad efectiva. *Dado que en cada ciclo se realizan dos operaciones, es exactamente el doble.*

Los estándares de memoria DDR3 actualmente en el mercado son los siguientes:

Estándares DDR3 en el mercado

Nombre estándar	Velocidad del reloj	Tiempo entre señales	Velocidad del reloj de E/S	Datos transferidos por segundo	Nombre del módulo	Máxima capacidad de transferencia
DDR3-1066	133 MHz	7,5 ns	533 MHz	1066 Millones	PC3-8500	8530 MB/s
DDR3-1200	150 MHz	6,7 ns	600 MHz	1200 Millones	PC3-9600	9600 MB/s
DDR3-1333	166 MHz	6 ns	667 MHz	1333 Millones	PC3-10600	10 664 MB/s
DDR3-1375	170 MHz	5,9 ns	688 MHz	1375 Millones	PC3-11000	11 000 MB/s
DDR3-1466	183 MHz	5,5 ns	733 MHz	1466 Millones	PC3-11700	11 700 MB/s

Nombre estándar	Velocidad del reloj	Tiempo entre señales	Velocidad del reloj de E/S	Datos transferidos por segundo	Nombre del módulo	Máxima capacidad de transferencia
DDR3-1600	200 MHz	5 ns	800 MHz	1600 Millones	PC3-12800	12 800 MB/s
DDR3-1866	233 MHz	4,3 ns	933 MHz	1866 Millones	PC3-14900	14 930 MB/s
DDR3-2000	250 MHz	4 ns	1000 MHz	2000 Millones	PC3-16000	16 000 MB/s
DDR3-2200	350 MHz	3,3 ns	1200 MHz	2200 Millones	PC3-18000	18 000 MB/s

❑ **DDR4 SDRAM.** Sus principales ventajas en comparación con DDR2 y DDR3 son una tasa más alta de frecuencias de reloj y de transferencias de datos (2133 a 4266 MT/s en comparación con DDR3 de 800M a 2133 MT/s).

La tensión es también menor a sus antecesoras (1,2 a 1,05 para DDR4 y 1,5 a 1,2 para DDR3).

DDR4 supone un cambio importante en la topología, pues se descartan los enfoques de doble y triple canal, ya que cada controlador de memoria está conectado a un módulo único.

❑ **XDR DRAM Y XDR2** *(eXtreme Data Rate Dynamic Random Access Memory)*. Su traducción al español **es acceso a memoria dinámico Aaleatorio a una tasa de transferencia de datos extrema**. Posee un ancho de bus reducido, de 16 o 32 bits, y alcanza velocidades de hasta 7,2GHz. El ancho de banda es de 28,8 GB/s por módulo. Se utilizan, por ejemplo, en PlayStation 3.

❑ **DDR5 SDRAM**

♦ La memoria principal en ordenadores de alto rendimiento, servidores y estaciones de trabajo.

♦ Velocidades actuales: 4800 a 8400 MT/s (y más en overclock).

♦ Alta eficiencia energética, gran ancho de banda y mayor densidad que DDR4.

❑ **LPDDR5X / LPDDR5T**

♦ Para móviles, ultrabooks y dispositivos integrados.

♦ Mayor velocidad que LPDDR4X y menor consumo.

❑ **HBM3 / HBM3E (High Bandwidth Memory)**

♦ Usada en IA, GPUs y supercomputación.

♦ Ofrece ancho de banda extremo (más de 1 TB/s por stack).

♦ Mucho más rápida que cualquier DDR o XDR.

❑ **GDDR6X**

♦ Memoria gráfica para GPUs de alto rendimiento (NVIDIA RTX 4000, por ejemplo).

♦ Alta velocidad para renderizado 3D y gaming avanzado.

• **Módulos de memoria**

Las memorias se comercializan, instalan y configuran en los ordenadores en **módulos de memoria.**

 **Módulo de memoria.** *Un módulo de memoria es un circuito impreso rectangular al que se sueldan los chips de memoria que lo componen.*

Los módulos de memoria se conectan a la placa base a través de una ranura denominada **banco o ranura de memoria**. A su vez, las líneas de circuito de cada uno de los módulos terminan en un **pin – conector del módulo**–, que posibilita el intercambio de información entre la placa y el módulo a través de la propia ranura, como se puede apreciar en la ilustración.

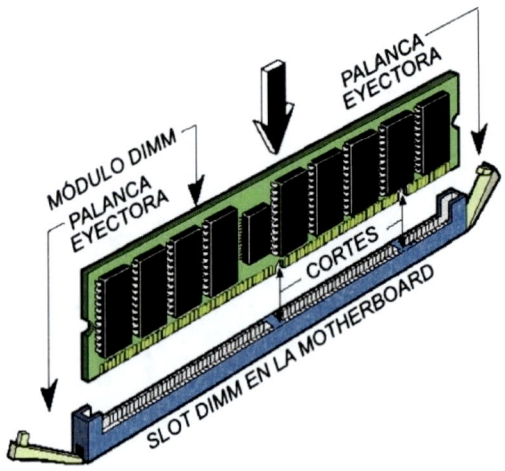

Conexión de los módulos de memoria a la placa base (mother board) a través de la ranura.

Los módulos de memoria tienen una muesca que impide su inserción incorrecta en la ranura. Hay tres tipos de módulos:

❑ Módulos SIMM.

❑ Módulos DIMM.

❑ Módulos RIMM.

Hay módulos específicos para servidores, ordenadores de escritorio y portátiles. Estos últimos son, en particular, de menor tamaño y se dividen, a su vez, en tres tipos de módulos:

❑ SO-DIMM.

❑ SO-RIMM.

❑ Micro-DIMM o MDIMM.

1.2. Memoria secundaria

Aunque en el apartado anterior hemos mencionado brevemente su existencia, entendemos como memorias secundarias a todos los componentes usados por el ordenador que almacenan grandes cantidades de información.

Se corresponden con las memorias externas, explicadas en el apartado anterior.

Son totalmente distintas tanto en funcionamiento como en tecnología aplicada de la RAM.

Sus características principales son:

❑ Gran capacidad de almacenamiento.

❑ No son volátiles, la información perdura sin suministro eléctrico.

❑ Tienen menor velocidad de transferencia que las memorias internas.

❑ Su relación precio/Mbyte es menor que en las memorias internas.

Esencialmente, hay tres tipos:

❑ Memorias magnéticas.

❑ Memorias ópticas.

❑ Memorias sólidas.

1.2.1. Memorias magnéticas

La escritura o lectura de un dato se realiza mediante el uso de un campo magnético, de donde deriva su nombre. Hay diversos tipos de memorias magnéticas, algunas ya en desuso. Destacamos las siguientes:

❑ Discos rígidos.

❑ Discos flexibles o disquetes.

❑ Discos magneto ópticos.

❑ Cintas magnéticas.

• Discos rígidos (HD)

Hoy en día, son imprescindibles. El uso de aplicaciones que emplean de manera muy intensiva grandes volúmenes de información, como aplicaciones multimedia, etc., hacen que los sistemas operativos actuales precisen por defecto de dispositivos con gran capacidad de almacenaje de datos.

Los **componentes** de un disco duro son los siguientes:

❑ Platos en donde se graban los datos.

❑ Cabezal de lectura/escritura.

❑ Motor que hace girar los platos.

❑ Electroimán que mueve el cabezal.

❑ Circuito electrónico de control, que incluye: interfaz con la computadora y memoria caché.

❑ Bolsita desecante (gel de sílice) para evitar la humedad.

❑ Caja, que ha de proteger de la suciedad, motivo por el cual suele traer algún filtro de aire.

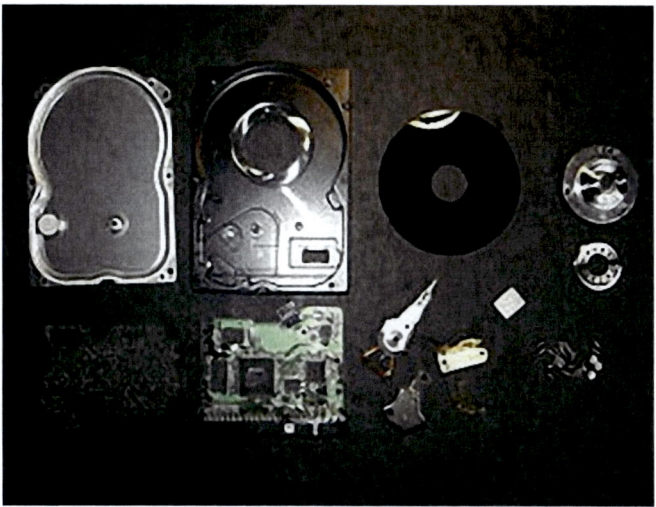

Componentes de un disco duro. De izquierda a derecha, fila superior: tapa, carcasa, plato, eje; fila inferior: espuma aislante, circuito impreso de control, cabezal de lectura / escritura, actuador e imán, tornillos.

Dentro de un disco duro hay uno o varios discos (de aluminio o cristal) concéntricos llamados **platos** (normalmente entre 2 y 4, aunque pueden ser hasta 6 o 7 según el modelo), y que giran todos a la vez sobre el mismo eje, al que están unidos.

El **cabezal** está formado por un conjunto de brazos paralelos a los platos, alineados verticalmente y que también se desplazan de forma simultánea, en cuya punta están las cabezas de lectura/escritura. Por norma general hay una cabeza de lectura/escritura para cada superficie de cada plato. Los cabezales pueden moverse hacia el interior o el exterior de los platos, lo cual combinado con la rotación de los mismos permite que los cabezales puedan alcanzar cualquier posición de la superficie de los platos.

Cada plato posee dos ojos, y es necesaria una cabeza de lectura/escritura para cada cara. Si se observa el esquema Cilindro-Cabeza-Sector de más abajo, a primera vista se ven 4 brazos, uno para cada plato. En realidad, cada uno de los brazos es doble, y contiene 2 cabezas: una para leer la cara superior del plato, y otra para leer la cara inferior. Por tanto, hay 8 cabezas para leer 4 platos, aunque por cuestiones comerciales, no siempre se usan todas las caras de los discos y existen discos duros con un número impar de cabezas, o con cabezas deshabilitadas.

Su funcionamiento es sencillo. Para escribir o leer un dato el eje que atraviesa todos los platos del disco gira a fin de colocar el cabezal delante de la información. Seguidamente, el cabezal se mueve hacia delante o atrás hasta situarse sobre el sector que contiene los datos a leer / escribir.

Sin embargo, es necesario indicar que las cabezas de lectura/escritura nunca tocan el disco, quedando a una distancia microscópica de hasta 3 nanómetros, debido a una finísima película de aire que se forma entre las cabezas y los platos mientras estos giran. La razón es que si alguna de las cabezas llega a tocar una superficie de un plato, lo rayaría y dañaría gravemente, debido a la elevada velocidad de giro (un disco de de 7200 revoluciones por minuto se mueve a 129 km/h, por ejemplo).

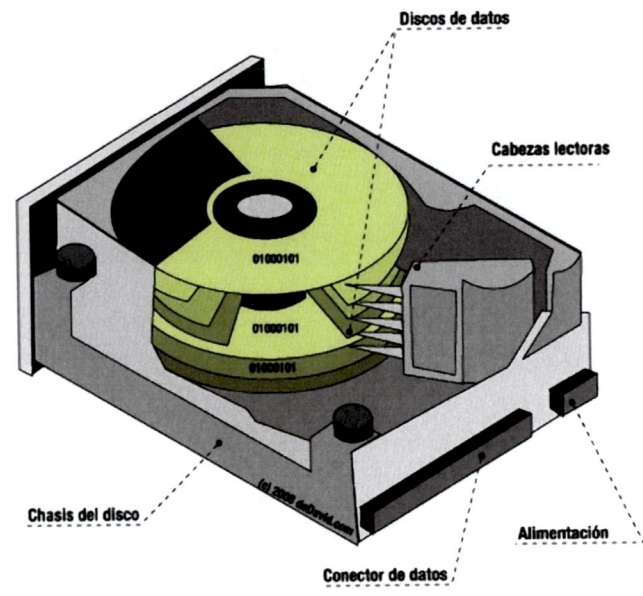

Esquema de la disposición de platos y cabezales de un disco duro.

A la hora de elegir un disco duro para nuestro ordenador, tendremos que prestar atención a las siguientes **características**:

❑ **Tiempo medio de acceso**: tiempo medio que tarda la aguja en situarse en la pista y el sector deseado; es la suma del **Tiempo medio de búsqueda** (situarse en la pista), **Tiempo de lectura/escritura** y la **Latencia media** (situarse en el sector).

❑ **Tiempo medio de búsqueda**: tiempo medio que tarda la aguja en situarse en la pista deseada.

❑ **Tiempo de lectura/escritura**: tiempo medio que tarda el disco en leer o escribir nueva información.

❑ **Latencia media**: tiempo medio que tarda la aguja en situarse en el sector deseado.

❑ **Velocidad de rotación**: revoluciones por minuto de los platos. A mayor velocidad de rotación, menor latencia media.

❑ **Velocidad de transferencia interna**: velocidad a la que puede transferir la información a la memoria una vez la aguja está situada en la pista y sector correctos. Puede ser velocidad sostenida o de pico.

❑ **Capacidad**: cantidad de información que es capaz de almacenar. Actualmente, se mide en GigaBytes o TeraBytes, es decir, 230 o 240 bytes.

❑ **Caché de pista**: es una memoria tipo Flash dentro del disco duro, donde se almacenan los datos de forma temporal hasta que los solicita la interfaz o controladora de bus del ordenador.

❑ **Interfaz**: medio de comunicación entre el disco duro y el ordenador. Las más habituales son IDE, SCSI o SATA, por su importancia, les dedicamos un apartado específico. Nos referimos con interfaz a:

♦ Conector interno de la placa base.

♦ Conector con el disco duro.

♦ Cable.

❑ **Landz**: zona sobre las que aparcan las cabezas una vez se apaga el ordenador.

A fin de identificar la **situación exacta de cada dato**, el disco está subdividido en una serie de **áreas**, contenidas entre sí, que facilitan la localización del dato concreto. Son las siguientes:

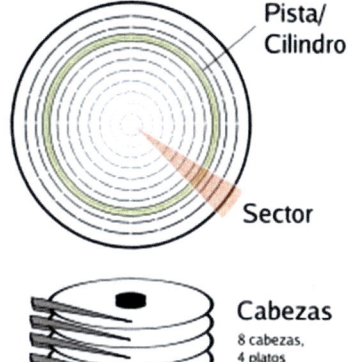

❑ **Plato**: cada uno de los discos que hay dentro del disco duro.

❑ **Cara**: cada uno de los dos lados de un plato.

❑ **Cabeza**: número de cabezales. Usualmente, el doble de platos del disco, para poder leer y escribir ambas caras.

❑ **Pistas**: una circunferencia dentro de una cara. La pista 0 está en el borde exterior.

Estructura de platos, cilindros y sectores de un HD.

❑ **Cilindro**: conjunto de varias pistas. Son todas las circunferencias que están alineadas verticalmente (una de cada cara).

❑ **Sector**: cada una de las divisiones de una pista. El tamaño del sector no es fijo, siendo el estándar actual 512 bytes, aunque próximamente serán 4 KB. Antiguamente el número de sectores por pista era fijo, lo que suponía una pérdida de espacio, pues en las pistas exteriores pueden almacenarse más sectores que en las interiores. Así, apareció la tecnología ZBR (**grabación de bits por zonas**) que aumenta el número de sectores en las pistas exteriores, y utiliza más eficientemente el disco duro. Así las pistas se agrupan en zonas de pistas de igual cantidad de sectores. Cuanto más lejos del centro de cada plato se encuentra una zona, ésta contiene una mayor cantidad de sectores en sus pistas. Además mediante ZBR, cuando se leen sectores de cilindros más externos la tasa de transferencia de bits por segundo es mayor; por tener la misma velocidad angular que cilindros internos pero mayor cantidad de sectores.

En cuanto a la conexión del disco duro con la placa base del ordenador, son las siguientes, recogidas por orden cronológico, de mayor a menor antigüedad:

❑ **IDE** *Integrated Drive Electronics* o **dispositivo electrónico integrado**: también conocido como ATA (*Advanced Technology Attachment* o tecnología avanzada unida), controla los dispositivos de almacenamiento masivo de datos, como los discos duros y ATAPI *(Advanced Technology Attachment Packet Interface)*. Fue hasta el año 2004 el estándar principal por su versatilidad y asequibilidad. Son planos, anchos y alargados.

❑ **SCSI**: son interfaces preparadas para discos duros de gran capacidad de almacenamiento y elevada velocidad de rotación. Se presentan bajo tres especificaciones: SCSI Estándar *(Standard SCSI)*, SCSI Rápido *(Fast SCSI)* y SCSI Ancho-Rápido *(Fast-Wide SCSI)*. Su tiempo medio de acceso puede llegar a 7 milisegundos y su velocidad de transmisión secuencial de información puede alcanzar teóricamente los 5 Mb/s en los discos SCSI Estándares, los 10 Mbit/s en los discos SCSI Rápidos y los 20 Mbit/s en los discos SCSI Anchos-Rápidos (SCSI-2). Un controlador SCSI puede manejar hasta 7 discos duros SCSI (o 7 periféricos SCSI) con conexión tipo margarita *(daisy-chain)*. A diferencia de los discos IDE, pueden trabajar asincrónicamente con relación al microprocesador, lo que posibilita una mayor velocidad de transferencia. Fue desplazado por tecnologías más rápidas y eficientes como SAS y, posteriormente, interfaces NVMe. Actualmente, el estándar SCSI clásico está en desuso.

❑ **SATA (Serial ATA):** reemplazó al estándar IDE a partir de 2003 y es todavía uno de los más comunes en discos duros mecánicos (HDD) y algunas unidades SSD de gama media-baja. Utiliza transmisión de datos en serie, lo que permite cables más delgados, eficientes y con soporte para conexión en caliente.

Las versiones más destacadas son:

♦ SATA I: hasta 150 MB/s (descatalogado)

♦ SATA II: hasta 300 MB/s (en desuso)

♦ SATA III: hasta 600 MB/s (estándar actual para HDD y SSD SATA)

Aunque sigue siendo ampliamente utilizado en sistemas de almacenamiento masivo, ha sido superado en rendimiento por los SSD NVMe, que utilizan el bus PCI Express.

❑ **SAS (Serial Attached SCSI):** interfaz de transferencia de datos en serie que sustituyó al SCSI paralelo. Utiliza comandos SCSI, pero mejora el rendimiento y escalabilidad.

Entre sus ventajas destaca:

♦ Mayor velocidad y fiabilidad que SATA, especialmente en entornos empresariales y servidores.

♦ Mayor número de dispositivos conectables, sin las limitaciones de SCSI tradicional.

♦ Compatibilidad física con discos SATA: las controladoras SAS pueden gestionar discos SATA, lo que permite ahorrar costes al combinar ambos tipos de unidades según la necesidad.

Las versiones actuales de SAS (como SAS-3 y SAS-4) alcanzan velocidades de hasta 12 Gbps y 22.5 Gbps respectivamente, superando ampliamente a SATA III.

A pesar de su alto rendimiento, la adopción de unidades NVMe ha comenzado a desplazar gradualmente a SAS, especialmente en aplicaciones que requieren latencias mínimas y velocidades máximas.

❑ **NVMe (Non-Volatile Memory Express):** es el estándar más avanzado actualmente para la conexión de unidades de estado sólido (SSD) a través del bus PCI Express (PCIe). Diseñado específicamente para dispositivos de almacenamiento de alto rendimiento, aprovecha al máximo las capacidades de las memorias NAND flash, ofreciendo una baja latencia, altísimas velocidades de transferencia y altas tasas de operaciones por segundo (IOPS). Entre sus principales características destacan:

♦ Velocidades de transferencia superiores a SATA y SAS, alcanzando hasta 7.000 MB/s en PCIe 4.0 y más de 14.000 MB/s con PCIe 5.0.

♦ Interfaz basada en PCIe, lo que permite que el disco se comunique directamente con la CPU, reduciendo la latencia.

♦ Soporte para conexión M.2, U.2 o incluso tarjetas PCIe dedicadas.

♦ Ideal para gaming, estaciones de trabajo, servidores y centros de datos, donde la velocidad de lectura y escritura es crítica.

NVMe ha sido adoptado como el nuevo estándar para SSD en equipos modernos, reemplazando progresivamente a SATA y SAS en la mayoría de los escenarios donde el rendimiento es prioritario.

A fin de que el ordenador pueda utilizar el disco duro, este debe estar debidamente particionado y formateado, lo que le permitirá albergar un sistema de archivos que será determinado por el propio sistema operativo.

Hay dos elementos clave en la **estructura lógica de un disco duro**:

❑ **El sector de arranque** *(master boot record)*. Un registro de arranque principal, conocido también como registro de arranque maestro o por su nombre en inglés master boot record (abreviado MBR) es el primer sector ("sector cero") de un disco duro. A veces, se emplea para el arranque del sistema operativo, otras veces es usado para almacenar una tabla de particiones y, en ocasiones, se usa sólo para identificar un dispositivo de disco individual, aunque en algunas máquinas esto último no se usa y es ignorado.

❑ **Particiones**. Una partición de un disco duro es una división lógica en una unidad de almacenamiento (por ejemplo un disco duro o unidad flash), en la cual se alojan y organizan los archivos mediante un sistema de archivos. Hay tres tipos de particiones:

♦ **Partición primaria**: son las divisiones crudas o primarias del disco, solo puede haber 4 de éstas o 3 primarias y una extendida. Depende de una **tabla de particiones**. Un disco físico completamente formateado es una partición primaria que ocupa todo el espacio del disco y posee un sistema de archivos. A este tipo de particiones, prácticamente cualquier sistema operativo puede detectarlas y asignarles una unidad, siempre y cuando el sistema operativo reconozca su formato (sistema de archivos).

♦ **Partición extendida**: también conocida como partición secundaria es otro tipo de partición que actúa como una partición primaria. Permite contener múltiples unidades lógicas en su interior. Fue ideada para romper la limitación de 4 particiones primarias en un solo disco físico.

♦ **Partición lógica**: ocupa una porción de la partición extendida o la totalidad de la misma, la cual se ha formateado con un tipo específico de sistema de archivos (FAT32, NTFS, ext2,...) y se le ha asignado una unidad, así el sistema operativo reconoce las particiones lógicas o su sistema de archivos. Puede haber un máximo de 23 particiones lógicas en una partición extendida. Linux impone un máximo de 15, incluyendo las 4 primarias, en discos SCSI y en discos IDE 8963.

El otro elemento que asocia las particiones con el sector de arranque es la tabla de particiones.

 **Tabla de particiones**. *La tabla de particiones contiene toda la información básica sobre cada partición: si es arrancable, si no lo es, el formato, el tamaño y el sector de inicio. Está alojada al final del sector de arranque, a partir del byte 446 y ocupa 64 bytes, conteniendo 4 registros de 16 bytes, los cuales definen las particiones primarias.*

• Discos flexibles (disquetes)

Creados a finales de los años 60 a fin de sustituir a las tarjetas perforadoras utilizadas entonces. Consistían en un disco de material similar a las cintas magnéticas de casete, cubiertos con una carcasa protectora.

Se presentaban en formatos de 8", 5,25" y 3,5". Debido a sus severas limitaciones de capacidad, un disco de 3,5" podía almacenar únicamente 1,44 MB de datos, actualmente están en desuso, y su función la cumplen las memorias sólidas.

• Discos magneto-ópticos

Aparecen a finales de los años 80 y combinan dos tecnologías, magnética y óptica, para la lectura/escritura, y son origen, a su vez, de su nombre. La escritura se realiza mediante medios magnéticos y la lectura usando medios ópticos. El disco está encapsulado y presenta dos formatos, 5,25" y 3,5".

La capacidad de los discos de 3,5" era inicialmente de 128 MB y se fue ampliando sucesivamente a 230 MB, 530 MB, 640 MB, 1,3 GB y 2,3 GB. En 2004, Sony lanzó el MiniDISC, utilizando esta tecnología, con 1 Gb de capacidad.

• Cintas magnéticas

Se utiliza casi exclusivamente para realizar copias de seguridad, es una memoria externa que se presenta en varios formatos: media pulgada, 8 mm, 4, mm, etc.

1.2.2. Memorias ópticas

Este tipo de memorias secundarias utilizan tecnología óptica para la lectura/escritura de la información, concretamente, emplean un láser con una longitud de onda predefinida para realizar ambos procesos.

Hay diversos formatos, entre ellos:

❑   CD Compact Disc.

❑   DVD Digital Versatile Disc.

❑   BLU-RAY.

• CD Compact Disc

Su lanzamiento supuso una revolución en el mercado de las memorias externas, siendo utilizado no sólo en el terreno informático, sino también en el ámbito de la grabación de audio, pues puede alojar todo tipo de datos. Los CD estándar tienen un diámetro de 12 centímetros y pueden almacenar hasta 80 minutos de audio (o 700 MB de datos). Sus características se recogieron en el **libro rojo**, elaborado por Phillips y Sony conjuntamente.

La familia del CD incluye varios miembros:

❑   **CD-Audio o Compact Disc Digital Audio**. Disco compacto de audio digital. Es el modelo original, con las siguientes características:

   ◆   Diámetro exterior de 120 mm.

   ◆   Diámetro del orificio interior de 15 mm.

   ◆   Inicialmente, 74 minutos de música en formato digital.

   ◆   La longitud de onda del láser de lectura era de 780nm.

   ◆   1,2 mm de grosor.

   ◆   Una sola pista, de forma espiral.

❑   **CD-ROM o CD Read Only Memory, CD que solo se puede leer**. Son los CD de datos originales. Sus características se recogieron en el **libro amarillo**.

❑   **CD-R o CD Recordable o CD grabable una sola vez**. Sus especificaciones se recogen en el libro naranja. Pueden grabarse una vez y son los CD que inicialmente se utilizaban para grabar nuestra propia información.

❑   **CD-RW o CD Re-Writeable**. CD que permite leer y escribir unas 1000 veces, según se recoge en el **libro naranja**.

En función del tipo de CD, el modo de grabación será diferente. Así, en el caso de CD-R y CD-RW, se realiza mediante la acción de un haz láser. En este caso, la grabadora crea unos *pits* (**hoyos**) y unos *lands* (**llanos**), que cambiando la **reflectividad** de la superficie del CD. Los pits son zonas donde el láser quema la superficie con mayor potencia, creando ahí una zona de baja reflectividad. Los lands, son justamente lo contrario, son zonas que mantienen su alta reflectividad inicial, justamente porque la potencia del láser se reduce.

 *La **reflectividad** es la fracción de radiación – en nuestro caso la luz emitida por el láser–que incide y es reflejada por una superficie.*

Según el lector detecte una secuencia de *pits* o *lands*, tendremos unos datos u otros. Para formar un *pit* es necesario quemar la superficie a unos 250° C. En ese momento, el policarbonato que tiene la superficie se expande hasta cubrir el espacio que quede libre, siendo suficientes entre 4 y 11 mW para quemar esta superficie, claro que el área quemada en cada pit es pequeñísima.

Para borrar el disco se quema la superficie a unos 200 °C durante un tiempo prolongado (de 20 a 40 minutos) haciendo retornar la superficie del CD a su estado cristalino inicial.

• DVD *Digital Versatile Disc* o disco versátil digital

Memoria secundaria de almacenamiento externo similar al CD, pero con una mayor capacidad de almacenaje de información.

Una de las principales diferencias es la longitud de onda del láser utilizado para la lectura, menor que la empleada en el CD.

Comparativa CD/DVD

	CD	DVD
Tamaño mínimo del pit (hoyo equivalente al 1 lógico)	0,85	0,4
Separación entre dos vueltas de espiral	1,6 micras	0,7 micras
Longitud de onda del láser	780 nm	650 nm

Hay varios tipos de DVD en función de la posibilidad de reescribirlos:

❑ **DVD-Vídeo**. Primera aplicación del DVD, dado que se obtenía mayor calidad y más capacidad de almacenamiento.

❑ **DVD-ROM**. Equivalente al CD-ROM, utilizado para almacenamiento de software original.

❑ **DVD-R y DVD-RW**. Equivalentes al CD-R y al CD-RW. Existen DVD-R de 4,7 Gb y de 8 Gb. Conocidos como de una capa y de doble capa, respectivamente.

En cuanto a su estructura, los DVD se dividen en dos categorías:

❑ Los de capa simple.

❑ Los de doble capa.

El disco puede tener una o dos caras, y una o dos capas de datos por cada cara. Así, el número de caras y capas determina la capacidad del disco. Los formatos de dos caras apenas se utilizan fuera del ámbito de DVD-Video.

Los DVD de capa simple puede guardar hasta 4,7 gigabytes, y aproximadamente 4,38 gigabytes en base binaria o gibibytes (se lo conoce como **DVD-5**), alrededor de siete veces más que un CD estándar.

Dado que emplea un láser de lectura con una longitud de onda de 650 nm y una **apertura numérica** de 0,6 (frente a los 0,45 del CD), la resolución de lectura se incrementa en un factor de 1,65. Esto es aplicable en dos dimensiones, de modo que la densidad de datos física real se incrementa en un factor de 3,3.

Apertura numérica: *En óptica, la **apertura numérica (AN)** de un sistema óptico es un número adimensional que caracteriza el rango de ángulos para los cuales el sistema acepta luz. Recíprocamente, también está relacionado con el ángulo de salida del sistema. La definición exacta del término varía según diferentes áreas de la óptica.*

A diferencia de los discos compactos, donde el sonido (CDDA) se guarda de manera distinta que los datos, un DVD alojará toda la información siguiendo los sistemas de archivos UDF e ISO 9660.

En la ilustración se muestra la estructura de un DVD de 2 capas.

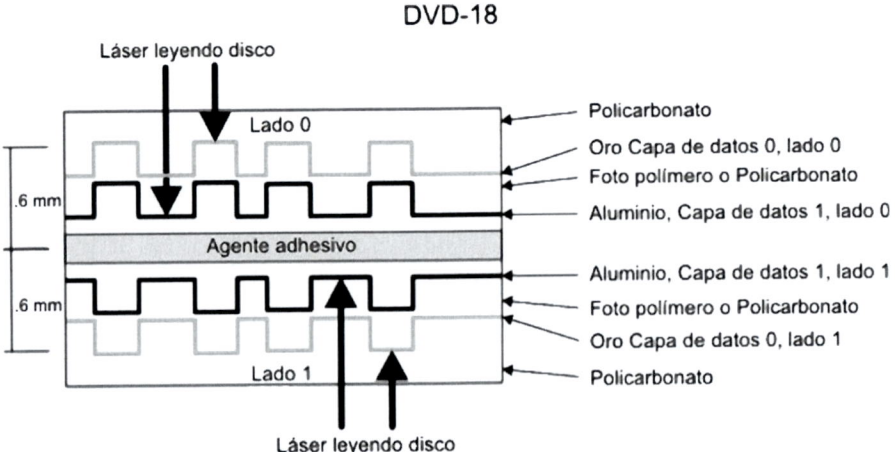

DVD-18

- **BLU-RAY**

Es una evolución no reconocida por las organizaciones empresariales de estandarización de formatos de memorias externas, del DVD, desarrollado por la Blu-Ray Disc Association.

Su objetivo es grabar vídeos de gran calidad y de alta definición que requieren, por consiguiente, mayor espacio. El formato físico es similar al CD y al DVD (12 cm de diámetro), pero utiliza un láser azul con una longitud de onda de 405 nm.

Su capacidad es de 25 Gb en formato de una capa y de 50 Gb en formato de dos capas.

- **Almacenamiento holográfico**

Se las considera como las memorias secundarias del futuro, herederas naturales del DVD y del Blu-Ray. A pesar de tener su mismo formato, su diseño, que integra varias decenas de capas, permite alcanzar capacidades de almacenamiento de hasta 3,9 Terabytes.

1.2.3. Memorias sólidas

Conocidas también como **memorias flash**, derivan de las memorias EEPROM, tecnología que permite realizar varios accesos de lectura/escritura en una misma operación.

Funcionan mediante impulsos eléctricos. Sus características principales son las siguientes:

- ❑ No es volátil.
- ❑ Velocidades de acceso altas y en aumento.
- ❑ Son baratas.
- ❑ Son resistentes.
- ❑ Consumen poca energía.
- ❑ No poseen partes mecánicas, por lo que sufren menos averías y no hacen ruido.
- ❑ Ocupan poco espacio, de modo que son ideales para espacios o dispositivos pequeños.
- ❑ Tienen gran capacidad de almacenamiento.
- ❑ Permiten más de 10.000 procesos de escritura y borrado.

Se comercializan con carcasas de distintos formatos, algunos de los cuales tienen adaptadores que permiten su lectura en ordenadores u otros dispositivos. Así, tenemos memorias sólidas con formato:

- ❑ USB.
- ❑ MicroSD o SD.

- ## Discos sólidos (SSD o Solid state drive)

Los discos sólidos son memorias externas para almacenamiento de datos que usan bien una memoria no volátil, como la memoria flash, o bien una memoria volátil como la SDRAM, para almacenar datos, en lugar de los platos giratorios magnéticos encontrados en los discos duros convencionales.

En comparación con los discos duros tradicionales, las unidades de estado sólido son **menos sensibles a los golpes**, son prácticamente **inaudibles** y tienen un menor **tiempo de acceso y de latencia**. Las SSD hacen uso de la misma interfaz que los discos duros y, por lo tanto, son fácilmente intercambiables sin tener que recurrir a adaptadores o tarjetas de expansión para compatibilizarlos con el equipo.

Aunque técnicamente no son discos, a veces se traduce erróneamente en español la "D" de SSD como "disk" cuando, en realidad, representa la palabra "drive", que podría traducirse como unidad o dispositivo.

Por último, se han desarrollado dispositivos que combinan tecnologías utilizadas en los discos duros tradicionales y las actuales memorias flash, denominados discos duros híbridos.

Aunque en la actualidad la relación entre prestaciones y precio sigue siendo favorable a los discos duros magnéticos, es razonable pensar que en el futuro serán reemplazados por los dispositivos SSD, al menos por tres razones, que son las siguientes:

❑ El primero es la **fiabilidad**. Al no tener partes móviles, se pueden usar en entornos con movimiento, y además tienen mucha más tolerancia a los golpes y vibraciones.

❑ También por su falta de piezas móviles, **el consumo energético de estos discos es bastante inferior**. Ambas características los hace muy adecuados para dispositivos móviles como ordenadores portátiles, tabletas o teléfonos móviles inteligentes.

❑ El tercer motivo es la **velocidad**. Estos discos son mucho más rápidos que los convencionales y además estos últimos no podrán acercarse nunca a las velocidades de los SSD.

- ## RAID (*Redundant Array of Independent Disks*- Conjunto redundante e discos independientes)

El acrónimo 'RAID **Redundant Array of Independent Disks**, *(conjunto redundante de discos independientes) hace referencia a un sistema de almacenamiento que usan emplea múltiples memorias externas o dispositivos de almacenamiento secundarios, ya sean discos duros o SSD, entre los que se distribuyen o replican los datos, con el doble propósito de eliminar pérdidas de información y aumentar el rendimiento del sistema.*

Un poco de historia

En 1987, David Patterson, Garth Gibson y Randy Kartz publicaron un artículo de investigación titulado " Un caso sobre matrices redundantes de discos económicos" (RAID o *a case for redundant arrays of inexpensive disks*), que sentó las bases de la industria RAID tal y como la conocemos hoy en día.

En el documento ya se definen los niveles de RAID 1, 2, 3, 4 y 5, aunque en la actualidad se han definido un número mayor de niveles. Más de dos décadas después, la tecnología RAID es el estándar de facto del almacenamiento masivo.

Beneficios de RAID

En sus inicios, su la mayor aportación de RAID era la habilidad de combinar varios dispositivos de bajo coste y tecnología más antigua en un conjunto que ofrecía mayor capacidad, fiabilidad, velocidad o una combinación de éstas que un solo dispositivo de última generación y coste más alto.

En la actualidad, la tecnología RAID se ha desarrollado enormemente y, dependiendo de su configuración o nivel, los beneficios de un RAID respecto de una sola memoria secundaria son uno o varios de los siguientes:

❑ Mayor integridad.

❑ Mayor tolerancia a fallos.

❑ Mayor rendimiento (throughput)

❑ Mayor capacidad de almacenamiento.

Configuraciones RAID

En el nivel más simple, un RAID combina varios discos duros en una sola unidad lógica. Así, en lugar de ver varios discos duros diferentes, el sistema operativo ve uno solo. Los RAIDs suelen usarse en servidores y normalmente (aunque no es necesario) se implementan con unidades de disco de la misma capacidad.

En la actualidad, dada la continua reducción del precio de los discos duros y la mayor disponibilidad de las opciones RAID incluidas en los propios chipsets de las placas base, es posible encontrar RAID como opción en los ordenadores personales de gama alta, en particular, en aquellos dedicados a tareas con un uso intensivo del disco duro y/o que requieran asegurar la integridad de los datos en caso de fallo del sistema.

Por otra parte, los sistemas basados en software son mucho más flexibles (permitiendo, por ejemplo, construir RAID de particiones en lugar de discos completos y agrupar en un mismo RAID discos conectados en varias controladoras) y los basados en hardware añaden un punto de fallo más al sistema (la controladora RAID).

 *En primer lugar, para facilitar la identificación de la configuración adoptada en cada caso, es necesario indicar que existe una nomenclatura RAID estandarizada y que consiste en la unión de la palabra RAID seguida de un número, que identifica la arquitectura elegida.*

Cada arquitectura – o configuración– proporciona un equilibrio diferente entre rendimiento, la capacidad y la tolerancia.

Las opciones existentes son las siguientes:

❑ **Nivel 0:** *Striped Disk Array.* **Matriz de discos seccionados.** Sin tolerancia a fallos. La información se reparte entre todos los discos del sistema. Ofrece división de datos (distribuye bloques de cada archivo entre varias unidades de disco) pero sin redundancia. Esto mejora el rendimiento, pero no proporciona tolerancia de fallos. Si una unidad falla, entonces todos los datos de la matriz se pierde.

❑ **Nivel 1:** *Mirroring and Duplexing* o **Duplicación y doble cara**. En este nivel, los discos se agrupan de dos en dos, de forma que se trabaja con uno de ellos y el otro es su copia exacta o espejo. Su principal inconveniente es que puede suponer un gasto de espacio significativo si, por ejemplo, el primer disco es de 500Gb y el segundo disco (o espejo) es de 1 Tb, en la práctica, perdemos 500 Gb en el segundo disco.

❑ **Nivel 2**: *Error correcting coding.* **Codificación de corrección de errores**. No es una implementación típica y se utiliza raramente, RAID 2 distribuye los datos a nivel de bits y no a nivel de bloque.

❑ **Nivel 3:** *Bit-Interleaved Parity.* **Paridad delegada en bit.** En desuso, trabaja con grupos de bytes repartidos por todos los volúmenes, usando un disco para control de errores, conocido como disco de paridad dedicado.

❑ **Nivel 4:** *Dedicated Parity Drive.* **Unidad de paridad dedicada**. Una aplicación común de RAID, nivel 4 ofrece a nivel de bloque striping (una única banda de discos, como Nivel 0) con un disco de paridad, para controlar errores, de tal manera que si un disco de datos falla, los datos del disco de paridad se utilizarán para crear un disco de reemplazo. Una desventaja en el nivel 4 es que el disco de paridad puede crear cuellos de botella de escritura.

❑ **Nivel 5:** *Block Interleaved Distributed Parity.* **Seccionado tolerante a fallos con paridad.** En este nivel se usa la división en bloques de datos a nivel de byte pero no se usa un volumen exclusivo para el control de error, lo que da como resultado un rendimiento excelente y buena tolerancia a fallos. Nivel 5 es una de las implementaciones más populares de RAID. Necesita al menos 3 discos para ser implementado.

❑ **Nivel 6: *Independent Data Disks with Double Parity.* Discos de datos independientes con doble paridad**. RAID 6 es similar a RAID 5 (paridad de stripe o sección) salvo que en lugar de un bloque de paridad por banda hay dos. Con dos bloques de paridad independientes, RAID 6 puede sobrevivir a la pérdida de dos discos en el grupo.

❑ **Niveles Anidados.** La evolución de RAID ha llevado a la creación de niveles anidados, donde uno de ellos se constituye como elemento base para el otro, en lugar de ser la unidad el disco físico.

  ♦ **Nivel 0 +1: *A Mirror of Stripes.* Un espejo en secciones**. Formaría lo que puede denominarse espejo de divisiones. Si en RAID 0 tenemos varios discos y la información se reparte entre ellos sin control de errores, y RAID 1 contiene pares de discos de forma que el secundario es el espejo del primario, si tomo como elemento base RAID 0 y éste está compuesto por dos discos físicos, el RAID 0+1 lo comprondrán 4 discos de forma que los dos primeros tienen la información y los dos últimos serán el espejo.

  ♦ **Nivel 10 (1+0): división de espejos.** En este caso, el elemento base será RAID 1, de forma que tendremos pares de disco como componente de RAID 0, lo que nos brinda una división de espejos, de ahí su nombre.

  ♦ **RAID 30 o división con conjunto de paridad dedicado.** Es una combinación de un RAID 3 y un RAID 0. El RAID 30 proporciona tasas de transferencia elevadas combinadas con una alta fiabilidad a cambio de un coste de implementación muy alto. La mejor forma de construir un RAID 30 es combinar dos conjuntos RAID 3 con los datos divididos en ambos conjuntos. El RAID 30 permite que falle un disco de cada conjunto RAID 3. Hasta que estos discos que fallaron sean reemplazados, los otros discos de cada conjunto que sufrió el fallo son puntos únicos de fallo para el conjunto RAID 30 completo. En otras palabras, si alguno de ellos falla se perderán todos los datos del conjunto. El tiempo de recuperación necesario (detectar y responder al fallo del disco y reconstruir el conjunto sobre el disco nuevo) representa un periodo de vulnerabilidad para el RAID.

  ♦ **RAID 100**. Un **RAID 100**, a veces llamado también **RAID 10+0**, es una división de conjuntos RAID 10. El RAID 100 es un ejemplo de «RAID cuadriculado», es decir, un RAID en el que conjuntos divididos son a su vez divididos conjuntamente de nuevo.

Así, en RAID 100, podrían fallar en cada RAID 1 todos los discos salvo uno, sin perder datos. De esta forma, el disco restante de un RAID 1 se convierte así en un punto único de fallo para el conjunto degradado. A menudo el nivel superior de división se hace por software. Algunos vendedores llaman a este nivel más alto un MetaLun o Soft Stripe.

Los principales beneficios de un RAID 100 (y de los RAIDs cuadriculados en general) sobre un único nivel RAID son un mejor rendimiento para lecturas aleatorias y la reducción de los puntos calientes de riesgo en el conjunto. Por estas razones, el RAID 100 es a menudo la mejor elección para bases de datos muy grandes, donde el conjunto RAID por software subyacente limita la cantidad de discos físicos permitidos en cada conjunto estándar. Implementar niveles RAID anidados permite eliminar virtualmente el límite de unidades físicas en un único volumen lógico.

♦   **RAID 10+1**. Un RAID 10+1, es un reflejo de dos RAID 10. Se utiliza en la arquitectura denominada **Network RAID**. Es un sistema de alta disponibilidad por red, lo que permite la replicación de datos entre grupos de discos a nivel de RAID, con lo cual se simplifica significativamente la gestión de replicación de grupos. El RAID 10+1, tratándose de espejos de RAID10 que tienen una gran velocidad de acceso, hace que el rendimiento sea muy aceptable, siempre y cuando se respete el requerimiento de 2 ms de latencia como máximo.

A continuación, incluimos gráficos sobre los distintos tipos de RAID.

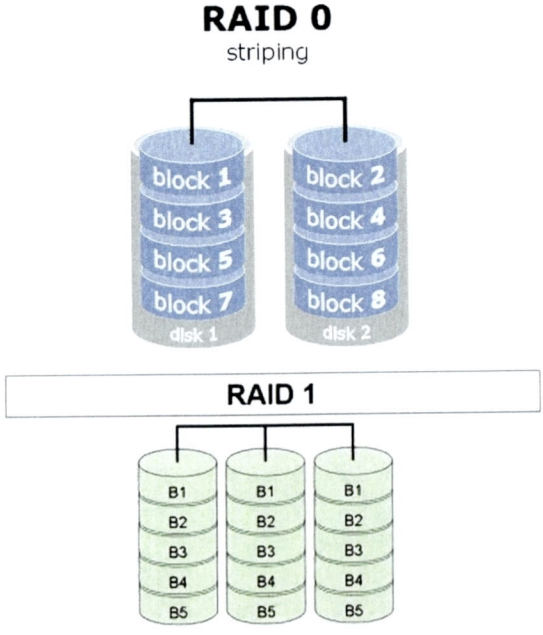

RAID 3

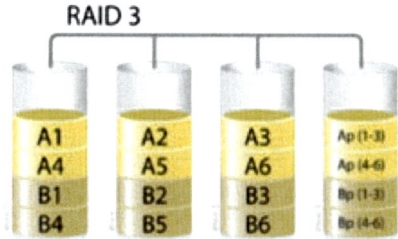

RAID 4

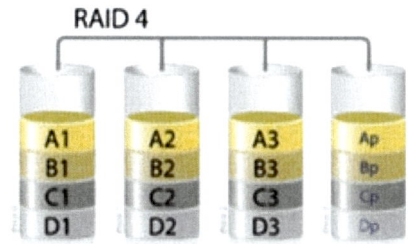

RAID 6

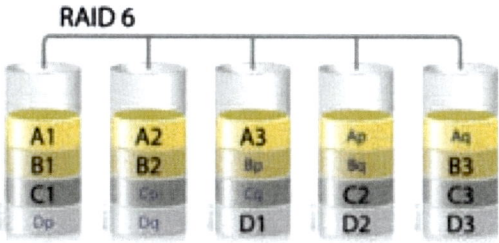

RAID 5

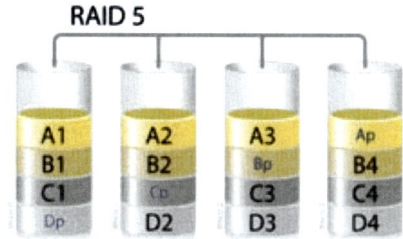

RAID 0+1

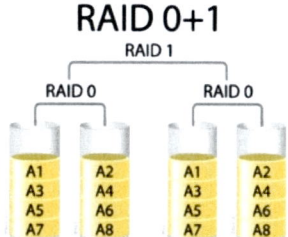

RAID 10

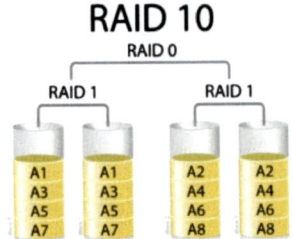

RAID 30

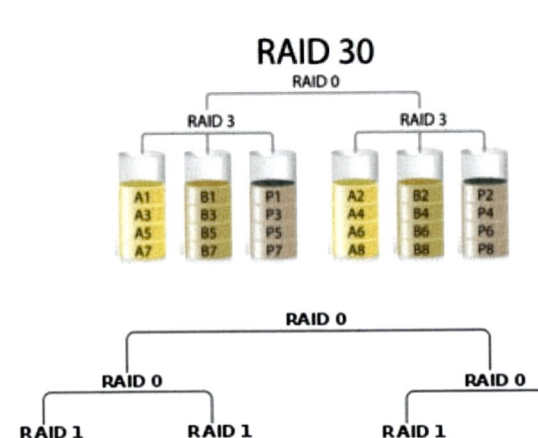

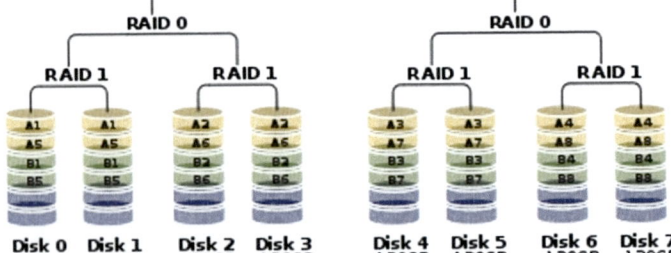

Comparativa de RAIDS

Nivel Raid	Número de discos	Capacidad	Eficiencia de almacenamiento	Tolerancia a errores	Disponibi-lidad	Rend de la lectura aleatoria	Rend de escritura aleatoria	Rend lect secuencial	Rend escr secuencial	Coste
0	2,3,4,...	S*N	100%	none	*	****	****	****	****	€
1	2	S*N/2	50%	****	****	***	***	**	***	€€
2	muchos	mucha	~ 70-80%	**	****	**	*	****	**	€€€€€
3	3,4,5,...	S*(N-1)	(N-1)/N	***	****	***	*	***	**	€€
4	3,4,5,...	S*(N-1)	(N-1)/N	***	****	****	**	***	**	€€
5	3,4,5,...	S*(N-1)	(N-1)/N	***	****	****	**	***	**	€€
6	4,5,6,...	S*(N-2)	(N-2)/N	****	*****	****	*	***	**	€€€
7	Varía	Varía	varía	***	****	****	****	****	****	€€€€€
01/10	4,6,8,...	S*N/2	50%	****	****	****	***	****	***	€€€
30	6,8,9,10,...	S*N0*(N3-1)	(N3-1)/N3	***	****	****	**	****	***	€€€€

2. Características de los sistemas de archivo disponibles

El término también es utilizado, erróneamente, para referirse a una partición o disco que se está utilizando para almacenamiento, o el tipo del sistema de archivos que utiliza.

Antes de que una partición o disco sea utilizada como un sistema de archivos, necesita ser iniciada, y las estructura de datos necesitan escribirse al disco. Este proceso se denomina **construir un sistema de archivos**.

Los sistemas de archivos o *filesystem*, estructuran la información guardada en una memoria externa o secundaria, normalmente un disco duro o un SSD, a la que posteriormente se accederá mediante el correspondiente gestor de archivos ofrecido por el sistema operativo. La mayoría de los sistemas operativos manejan su propio sistema de archivos.

Sistema de archivos: forma en la que se organizan los archivos en el disco duro formateado, es decir, conjunto de métodos y estructuras de datos que un sistema operativo utiliza para localizar los archivos almacenados en una partición lógica preexistente.

De forma estándar, los dispositivos de almacenamiento de datos permiten el acceso a los datos como una cadena de bloques de un mismo tamaño, denominados **sectores o clústers**, cuyo tamaño por defecto es 512 bytes de longitud. El software del sistema de archivos es responsable de la organización de estos sectores en archivos y directorios y mantiene un registro de qué sectores pertenecen a qué archivos y cuáles no han sido utilizados.

En la práctica, un sistema de archivos también puede ser utilizado para acceder a datos generados dinámicamente, como los recibidos a través de una conexión de red (sin la intervención de un dispositivo de almacenamiento).

Los sistemas de archivos tradicionales incorporan comandos que permiten crear, mover, renombrar y eliminar tanto archivos como directorios, pero carecen de métodos para crear, por ejemplo, enlaces adicionales a un directorio o archivo (enlace duro en Unix) o renombrar enlaces padres (".." en Unix).

2.1. Rutas y nombres de archivo

Los archivos y las carpetas se organizan jerárquicamente, mediante una estructura de directorios que puede ser jerárquica, ramificada o "en árbol". En algunos sistemas de archivos los nombres de archivos son estructurados, con sintaxis especiales para extensiones de archivos y números de versión. En otros, los nombres de archivos son simplemente cadenas de texto y los metadatos de cada archivo se almacenan de forma separada.

En los sistemas de archivos jerárquicos, usualmente, se declara la ubicación precisa de un archivo con una cadena de texto llamada "**ruta**" –o path en inglés–. La nomenclatura para rutas varía ligeramente de sistema en sistema, pero mantienen por lo general una misma estructura.

Una ruta viene dada por una sucesión de nombres de directorios y subdirectorios, ordenados jerárquicamente de izquierda a derecha y separados por algún carácter especial que suele ser una diagonal ('/') o diagonal invertida ('\') y puede terminar en el nombre de un archivo presente en la última rama de directorios especificada.

Ej.

Ejemplo de 'ruta' en un sistema Unix como GNU/Linux,

La ruta para la canción llamada "La canción.ogg" del usuario "Álvaro" sería algo como:

/home/Alvaro/Mi música/La canción.ogg

dónde:

'/' *representa el directorio* **raíz** *donde está montado todo el sistema de archivos.*

'home/Alvaro/Mi música/' *es la ruta del archivo.*

'La canción.ogg' *es el nombre del archivo, que se establece como único.*

Ejemplo de 'ruta' en un sistema Windows

Un ejemplo análogo en un sistema de archivos de Windows (específicamente en Windows XP) se vería como:

C:\Documents and Settings\Alvaro\Mis Documentos\themytv\canción.mp3

donde:

'C:' *es la unidad de almacenamiento en la que se encuentra el archivo.*

'\Documents and Settings\Alvaro\Mis Documentos\Mi Música\' *es la ruta del archivo.*

'canción' *es el nombre del archivo.*

'.mp3' *es la* **extensión del archivo**, *este elemento, parte del nombre, es especialmente relevante en los sistemas* **Microsoft Windows**, *ya que sirve para identificar qué tipo de archivo es y la aplicación que está asociada con el archivo en cuestión, es decir, con qué programa se puede editar o reproducir el archivo.*

A continuación, incluimos una tabla comparativa entre los distintos sistemas de más actuales.

Sistemas de Archivos existentes. Comparativa

	Sistemas operativos soportados	Longitud máxima de nombre fichero bytes	Tamaño máximo de archivo	Número máximo de archivos	Tamaño máximo volumen	POSIX Permisos de archivos	Journaling	Contenido directorios
FAT12	Dos de Microsoft Windows	8.3	32Mb	4077	32Mb		NO	Tabla
FAT16	Dos de Microsoft Windows	8.3	2Gb	65617	2Gb		NO	tabla
FAT32	DOS v7 ,Windows 98,ME,2000, XP, 2003,VISTA,7	8.3	4Gb	268435437	2TB		NO	tabla
NTFS	Windows 2000, XP, 2003,VISTA,7	255	16EB	4294967295	2^{64}	ACL	SÍ	tree-b+
HPFS	OS/2,WINDOWS NT,LINUX,-FREEBSD	255	2Gb	ilimitado	2Tb	SÍ	NO	tree-b+
HFS	MAC OS, MAC OS X	31	2Gb	65535	2Tb	appleshare	NO	tree-b*
HFS+	MAC OS 8,9,X, DARWIN & GNU/LINUX	255	8Eb	2^{32}	8Eb	ACL	SÍ	tree-b
EXT2	LINUX,BSD,WINDOWS (MEDIANTE IFS), MAC OS X	255	2Tb	10^{18}	16Tb	SÍ	NO	i-nodos
EXT3	LINUX,BSD,WINDOWS(A TRAVES DE IFS)	255	2Tb		32Tb	Unix, ACL	SÍ	tabla/árbol
EXT4	LINUX	256	16Tb	2^{32}	1Eb	SÍ	SÍ	tabla/árbol
REISERFS	LINUX	4032	8Tb	2^{32}	16Tb	Unix, ACL	SÍ	tree-b+
REISER3	LINUX	4032	8Tb	2^{32}	16Tb	Unix, ACL	SÍ	tree-b+
REISER4	LINUX	3976 octetos	8Tb				SÍ	Dancing tree-b
ZFS	LINUX, MAC OS X,FREEBSD, SOLARIS	255 octetos	16 Eb	2^{48}	16 Eb	SÍ	NO, usa ZIL	extensive hash table
XFS	IRIX,LINUX,-FREEBSD	255 octetos	8 Eb	64 Tb	16 Eb	ACL	SÍ	tree-b+

2.2. Características de los sistemas de archivos

Sin entrar en detalles para cada una de las características, por estar fuera del alcance de los contenidos de este manual, enumeramos las principales características que tienen todos los sistemas de archivos:

❑ **Seguridad o permisos**. La mayoría de los sistemas de archivos modernos permiten asignar **permisos** (o **derechos de acceso**) a los archivos para determinados usuarios y grupos de usuarios. De esta manera, se puede restringir o permitir el acceso de un determinado usuario a un archivo para su visualización de contenidos, modificación y/o ejecución (en caso de un archivo ejecutable).

◆ **Listas de control de acceso (ACLs)**. Las listas de control de acceso o ACL (access control list) se utilizan para gestionar **la separación de privilegios**. Es una forma de determinar los permisos de acceso apropiados a un determinado objeto, dependiendo de ciertos aspectos del proceso que hace el pedido.

◆ Las ACL permiten controlar el flujo del tráfico en equipos de redes, tales como enrutadores y conmutadores. Su principal objetivo es filtrar tráfico, permitiendo o denegando el tráfico de red de acuerdo a alguna condición. Sin embargo, también tienen usos adicionales, como por ejemplo, distinguir "tráfico interesante" (tráfico suficientemente importante como para activar o mantener una conexión) en conexiones externas.

◆ **UGO (Usuario, Grupo, Otros o** User**,** Group**,** Others**)**.

◆ Capacidades granuladas

◆ Atributos extendidos (por ejemplo, solo añadir al archivo pero no modificar, no modificar nunca, etc.)

❑ **Capacidades para la reducción de la fragmentación**. Los sistemas de archivos incorporan mecanismos que desfragmentan el disco duro.

*La **desfragmentación** es el proceso mediante el cual se acomodan los archivos de un disco de tal manera que cada uno quede en un área continua y sin espacios sin usar entre ellos, lo que acelera el funcionamiento del ordenador al reducirse significativamente el número de accesos a la memoria secundaria por cada archivo.*

❑ **Capacidad de enlaces simbólicos.** El **enlace simbólico**, en sistemas Unix/Linux, se refiere a un acceso a un directorio o fichero alojado en un lugar distinto dentro de la estructura de directorios. Esto quiere decir que una modificación realizada utilizando este enlace se reflejará en el original; pero, por el contrario, si se elimina el enlace, no se eliminará el auténtico.

❑ **Capacidad de enlaces duros**. Un **enlace duro** o **enlace físico** es una referencia o puntero a un archivo (al dato físico) en un sistema de archivos. El nombre asociado a un archivo es una etiqueta almacenada en una estructura de directorio que referencia el sistema operativo al sistema de archivos. Cualquier cambio hecho afectará el mismo archivo. Los enlaces duros solo pueden hacer referencia a datos que existen en el mismo sistema de archivos. En la mayoría de los sistemas de archivos, todos los archivos son enlaces duros.

❑ **Integridad del sistema de archivos *(Journaling)***. El *journaling* es un mecanismo por el cual un sistema de archivos realiza transacciones o actualizaciones basadas en los cambios sufridos por los archivos. El sistema de archivos almacena la información necesaria para restablecer los datos afectados por la transacción en caso de que esta falle. También se le conoce como registro por diario.

❑ **Soporte para archivos dispersos.**

❑ **Soporte para cuotas de discos.**

❑ **Soporte de crecimiento del sistema de archivos nativo.**

*El problema de almacenamiento no contiguo de archivos se denomina **fragmentación**, se produce debido al almacenamiento de archivos en memorias externas de almacenamiento masivo. Tener los archivos distribuidos de forma discontinua a lo largo del disco ralentiza la navegación entre archivos y reduce la eficiencia del acceso a tales.*

3. Organización y estructura general de almacenamiento

3.1. Archivos, registros lógicos y registros físicos

En los apartados anteriores hemos visto los distintos dispositivos utilizados para almacenar información, instrucciones, etc., ya sea de forma volátil como la memoria primaria, o permanente, como en los discos duros, SSD o memorias flash.

En este apartado vamos a revisar, siquiera brevemente, cómo un sistema operativo gestiona tales dispositivos a fin de ordenar la información para poder localizarla en tiempo real a fin de que la CPU pueda procesarla adecuadamente.

*Un **archivo** o **fichero informático** es un conjunto de bits almacenado en un dispositivo. Es una unidad lógica de almacenamiento definida por el propio sistema operativo y cuyo significado lo define su creador. A nivel interno, están constituidos por un conjunto de **registros lógicos**.*

Un archivo se identifica mediante su nombre y la descripción de la carpeta o directorio que lo contiene. Los archivos informáticos facilitan una manera de organizar los recursos usados para almacenar permanentemente datos en un sistema informático.

Desde el punto de vista del sistema operativo, un archivo es, en la mayoría de los casos, un flujo unidimensional de bits, que es tratado por el sistema operativo como una única unidad lógica.

El tamaño de un archivo de datos se expresa en bytes –un byte equivale a 8 bits–. Cada sistema operativo establece un tamaño máximo para un archivo o fichero, este tamaño es, en general, distinto en cada caso, pues depende también del sistema de en el que está formateado el dispositivo de almacenamiento masivo.

***Bit** es el acrónimo **B**inary dig**it** (dígito binario). El bit es la unidad mínima de información. Dado que un bit es un dígito del sistema de numeración binario, tiene dos posibles estados: el estado de "apagado" (0), y el estado "encendido" o (1).*

No todos los archivos, sin embargo, son un flujo de bits y tienen un tamaño determinado. Varios sistemas operativos consideran a los dispositivos que están conectados al ordenador como tipos especiales de archivos, y, en este caso, tales archivos no consisten en un flujo de bits ni tienen tamaño asignado.

3.2. Registros

Dado que los ficheros se componen, a su vez, de registros, pasamos a describirlos en detalle.

Los **registros lógicos** se componen, por otra parte, de **campos**.

*Un **registro lógico** es el conjunto de datos referentes a una misma entidad que constituyen una unidad de tratamiento para un proceso ejecutable (programa o parte de él) cualquiera.*

Por otra parte, los registros lógicos se almacenan en el dispositivo en **registros físicos**.

*Un **registro físico** o **bloque** es el conjunto de datos transferidos en una sola operación de lectura/escritura. En un nivel más básico, es el conjunto de bytes que se transfieren en una operación de lectura/escritura desde la memoria principal al dispositivo de almacenamiento o viceversa.*

Dado que un registro físico consta de un número variable de registros lógicos, podemos transferir varios registros lógicos de la memoria al dispositivo de almacenamiento o viceversa. Esta operación recibe el nombre de **bloqueo** y los registros físicos así formados se denominan **bloques**.

*El número de registros lógicos contenidos en un bloque recibe el nombre de **factor de bloqueo**.*

Las **ventajas del bloqueo de registros** son las siguientes:

❑ **Mayor velocidad en los procesos de entrada y salida**. Las operaciones de entrada y salida son las que consumen mayor tiempo en la ejecución dado que intervienen elementos mecánicos ajenos a la CPU. Al aumentar el número de bytes que se transfieren en cada operación, reducimos el tiempo total de ejecución, pues se reducen el número de accesos a memoria o a dispositivos de almacenamiento masivo.

❑ **Mayor aprovechamiento de la capacidad del dispositivo de almacenamiento masivo**. En todos los dispositivos de almacenamiento, los bloques se graban separados por espacios interbloque. Estos espacios los utiliza el sistema operativo para realizar ciertas operaciones y guardar información. Así, cuanto mayor sea el registro físico, menos espacio interbloque existirá en el soporte.

Por último, el sistema operativo crea una serie de **memorias intermedias** – buffers– dentro de la memoria principal utilizadas para gestionar las operaciones de entrada y salida de datos e instrucciones de programas hacia los dispositivos de almacenamiento no volátil.

3.2.1. Tipos de Registros

Como hemos comentado anteriormente, los ficheros se almacenan en dispositivos de almacenamiento masivo, se organizan en unas unidades denominadas registros y cada registro está formado por campos.

Por tanto, conviene, para tener una imagen lo más amplia posible, conocer los **tipos de registros** existentes. Son de tres tipos:

❑ **De longitud fija**. Siempre ocupan el mismo espacio en disco, independientemente de si contienen información. A su vez, hay tres posibilidades:

◆ Con el mismo número de campos en cada registro, y con iguales longitudes de campos dentro de cada registro.

◆ Con igual número de campos por registro, pero con campos de distinta longitud.

◆ Con distinto número de campos por registro.

❑ **De longitud indefinida**. Es un registro lógico formado por varios campos de tamaño variable. En los ficheros de este tipo, el ordenador desconoce el tamaño de sus registros, de modo que no puede acceder a la información directamente, pues al no saber el tamaño no conoce su posición. El sistema de acceso debe ser, por tanto, secuencial.

❑ **De longitud variable**. Pueden contener cualquier tamaño, pero exigen que se especifique previamente un tamaño máximo y uno mínimo. Así, el tamaño se encontrará comprendido entre ambos valores. Un tipo de registro muy utilizado en el pasado, aunque generaba numerosos problemas.

3.2.2. Acceso a registros

Se entiende por **acceso a registros o procesamiento de ficheros** al método usado para extraer información del soporte en el que se encuentran. El tipo de soporte condiciona el tipo de acceso, por lo que podemos distinguir entre:

❑ **Acceso secuencial**. Los registros se leen uno a uno desde el primero hasta el registro buscado o, si no se ha encontrado, hasta el final. Utilizado tanto en dispositivos secuenciales como direccionales.

❑ **Acceso directo**. Permite seleccionar un registro concreto mediante su clave, sin necesidad de leer ningún otro. El acceso puede realizarse de dos maneras:

◆ **Cálculo.** Cada registro incorpora una clave implementada, sobre la que se aplica un cálculo (denominado *hashing*) y su resultado indica el lugar de grabación –la dirección de memoria del soporte–.

 *Hashing: transformación mediante un algoritmo matemático conocido como función hash, de una cadena de caracteres en una cadena generalmente más corta, de longitud fija valor o clave que represente al original. Se utiliza para indexar y recuperar los elementos de una base de datos, ya que es más rápido encontrar el elemento con la clave hash más corto que encontrar utilizando el valor original. También se utiliza en muchos algoritmos de cifrado.*

- **Índice**. Se crea un fichero de índices asociado o bien independiente al fichero, en el que se realiza la búsqueda del registro y nos informa de la dirección de memoria donde se encuentra.

- **Acceso indexado.** En este tipo de acceso se emplea una tabla auxiliar que contiene la clave y la dirección relativa del registro que queremos seleccionar. Una vez localizado, se accede directamente al registro.

- **Acceso dinámico.** Se basa en un acceso directo a un registro y a los demás se accede de manera secuencial. El acceso directo se realiza mediante la detección de unas marcas grabadas en el dispositivo, y desde ahí realiza un acceso secuencial.

3.3. Organización de ficheros

La organización de ficheros está estrechamente relacionada con los soportes o dispositivos donde se almacenan los datos, de modo que, al igual que en el caso de los registros, la diferenciaremos en primer lugar en función del tipo de acceso al soporte:

- **Soportes secuenciales o de acceso secuencial**. Usados principalmente para copias de seguridad. Por ejemplo, cintas magnéticas.

- **Soportes direccionales o de acceso directo**. De uso más generalizado, discos duros, SSD, etc.

Según esto, los tipos de organización serán los siguientes:

- **Secuencial**. Se almacena un registro tras otro, sin orden alguno. A su vez, existen dos métodos de gestión:

- **Simple.** Los registros se suceden uno tras otro, sin huecos en blanco entre ellos.

- **Ventajas**

  - Consultas muy rápidas para procesamiento secuencial, una vez se alcanza el bloque de registros, el procesamiento de sus registros se realiza con gran rapidez.

  - Ahorro de espacio en el soporte.

  - Utilizable en cualquier tipo de soporte.

- **Desventajas**

  - Para acceder al registro "n", hay que leer previamente "n-1" registros, lento, por tanto, para consultas concretas.

♦ Para actualizar cualquier registro, hay que hacer una copia del fichero, pues la eliminación de registros exige que se deban "mover" hacia delante los que se encuentran en la posición "n+1" y siguientes.

♦ Los registros se almacenan sin orden alguno, dado que se añaden siempre al final, y por antigüedad.

❑ **Encadenados**. Utilizan organización secuencial, aunque ordenada por punteros. Los registros, por tanto, se procesan en orden lógico, independientemente de que el orden físico no exista. Se utiliza frecuentemente en algoritmos de programación, como listas, listas múltiples, anillos o árboles.

♦ **Ventajas/Desventajas**. Tiene las mismas que el método simple, con la diferencia sustancial de que los registros están ordenados.

❑ **Directa**. Los registros se almacenan en función del resultado del algoritmo de hashing empleado.

❑ **Indexada**. Almacenamiento secuencial, acompañado de un índice que establece el orden. El fichero está acompañado de una tabla denominada índex o índice que contiene la dirección de cada uno de los registros que se encuentran en el fichero. Esta tabla permite acceder directamente a un registro, mediante la búsqueda en dicha tabla. Esta tabla puede organizarse, a su vez, de varias formas: secuencialmente, multi-nivel o en árbol. La gestión del fichero se podrá realizar de forma secuencial o directa, indistintamente, dependiendo de cómo esté este último organizado. Este método divide el espacio del soporte en tres zonas:

❑ **Área primaria o de datos.** Es la zona que aloja el contenido, ordenado ascendentemente por el valor de su clave. Esta área se encuentra dividida en segmentos y cada segmento contiene un número "n" de registros.

❑ **Área de índices.** En esta área los registros están formados por dos campos. El primero contiene la clave del último registro de cada segmento y el segundo la dirección de memoria del comienzo de cada segmento.

❑ **Área de desborde u overflow.** En ella se insertan los registros no incluidos en el área primaria. Esto permite insertar nuevos registros sin necesidad de reescribir el archivo o de crear zonas vacías.

❑ **Organizamiento por agrupamiento o** clustering**.** En este tipo de almacenamiento, se agrupan tablas cuyos ficheros comparten algunos atributos – campos–, a los que se denominará claves de agrupamiento. El acceso a la tabla primaria es veloz y también de ahí a las tablas que comparten claves de agrupamiento.

3.4. Identificación de archivos

Como hemos comentado anteriormente, los archivos se identifican mediante un nombre y se ubican en **directorios**. El nombre de un archivo debe ser único en ese directorio. En otras palabras, no puede haber dos archivos con el mismo nombre en el mismo directorio.

Por tanto, **el nombre de un archivo y la ruta al directorio del archivo lo identifica de manera unívoca** entre todos los demás archivos alojados en el ordenador, pues no puede haber dos archivos con el mismo nombre y ruta-.

Aunque hoy en día es habitual conectar a servidores Windows máquinas con sistemas operativos Mac OS X o Linux, por poner un ejemplo, la estructura del nombre de un archivo depende del sistema operativo utilizado. Esto obliga a que los distintos sistemas operativos sean capaces de "leer" los sistemas de archivos del resto de sistemas operativos y los formatos de sus ficheros.

Así, los primeros ordenadores solo permitían unas pocas letras o dígitos en el nombre de un archivo – por ejemplo, en las primeras versiones de Windows, el nombre no podía tener más de 8 dígitos y no utilizar espacios–, pero sistemas actuales permiten nombres largos que contengan casi cualquier combinación de letras y dígitos **unicode**, haciendo más fácil entender el contenido y objeto de un archivo sin más que leer su nombre.

Por otra parte, los sistemas de archivos utilizados en Unix/Linux distinguen entre mayúsculas y minúsculas – en inglés son se utiliza la expresión *Case Sensitives*, y permiten a las aplicaciones a nivel de usuario crear archivos cuyos nombres difieran solamente en si los caracteres están en mayúsculas o minúsculas.

Los archivos se organizan jerárquicamente en estructuras de árbol, de las cuales dependen o "cuelgan" **carpetas, directorios o catálogos**, usando uno u otro término dependiendo del sistema operativo.

A su vez, cada carpeta puede contener un número determinado de archivos y también puede contener otras carpetas. Las otras carpetas pueden, a su vez, contener más archivos y carpetas, y así sucesivamente, construyéndose un estructura en árbol en la que una «carpeta raíz» (el nombre varía de una computadora a otra) puede contener cualquier número de niveles de otras carpetas y archivos. Un ejemplo se puede ver en la ilustración.

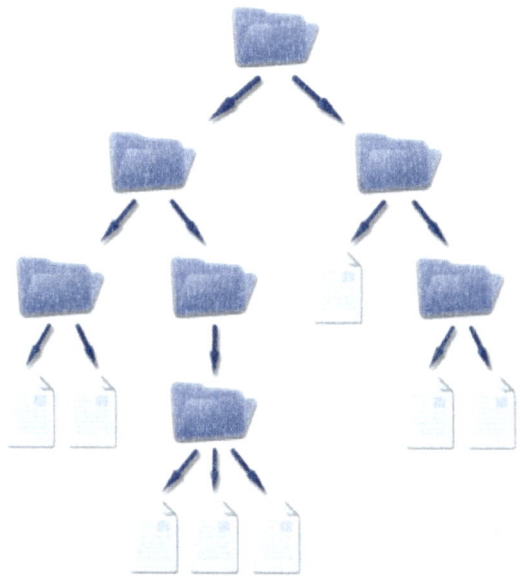

Estructura de árbol de una red de directorios.

Aunque no es de uso obligado en todos los sistemas operativos, es frecuente el uso de **extensiones** en los nombres de archivo para ayudar a identificar qué contienen.

En concreto, en el sistema operativo Windows, las extensiones consisten en un punto al final del nombre del archivo, seguido de un número variable pero reducido de letras para identificar el tipo de archivo.

Así, una extensión **.txt** identifica un archivo de texto, las extensiones **.doc** o **.docx** identifican cualquier un archivo de Microsoft Word, etc.

Unicode *es un estándar de codificación de caracteres diseñado para facilitar el tratamiento informático, transmisión y visualización de textos de múltiples idiomas y disciplinas técnicas, además de textos clásicos de lenguas muertas. El término proviene de los tres objetivos perseguidos: universalidad, uniformidad y unicidad.*

Unicode especifica un nombre e identificador numérico único para cada carácter o símbolo, el code point o punto de código, además de otras informaciones necesarias para su uso correcto: direccionalidad, capitalización y otros atributos.

Unicode trata los caracteres alfabéticos, ideográficos y símbolos de forma equivalente, lo que significa que se pueden mezclar en un mismo texto sin la introducción de marcas o caracteres de control.

Este estándar es mantenido por el Unicode Technical Committee (UTC), integrado en el *Unicode Consortium,* *del que forman parte con distinto grado de implicación empresas como: Microsoft, Apple, Adobe, IBM, Oracle, SAP, Google o Yahoo entre otros, instituciones como la Universidad de Berkeley, etc.*

Por otra parte, el *Unicode Consortium* *mantiene estrecha relación con ISO/IEC, con la que mantiene desde 1991 el acuerdo de sincronizar sus estándares que contienen los mismos caracteres y puntos de código.*

3.5. Operaciones desde el sistema operativo

Vamos a considerar en este epígrafe aquellas operaciones que consideran el fichero como unidad, sin tener en cuenta sus registros. Si bien es cierto que hay comandos en los sistemas operativos que manipulan el contenido de los archivos, entendemos que las operaciones sobre ficheros se realizan fundamentalmente mediante las aplicaciones que los utilizan, lo que queda fuera del alcance de este manual.

Las operaciones son las siguientes:

❑ **Creación de un fichero**

El objetivo de esta operación es permitir a los usuarios la creación de nuevos ficheros. Mediante esta operación se indican las propiedades y las características del fichero para que el sistema de pueda reconocerlo y procesarlo. En el proceso de creación del fichero debe registrarse la información necesaria para que el sistema pueda localizar el fichero y manipular sus registros lógicos. Para ello, el método de acceso debe obtener información sobre el formato y el tamaño de los registros lógicos y físicos, la identificación del fichero, la fecha de creación, su posible tamaño, su organización, aspectos de seguridad, etc.

❑ **Apertura de un fichero**

En esta operación el método de acceso localiza e identifica un fichero existente para que los usuarios o el propio sistema operativo puedan operar con él. En algunos sistemas la operación de creación no existe como tal, y es la operación de apertura de un fichero no existente la que, implícitamente, crea un nuevo fichero. Los errores que pueden producirse en la apertura de un fichero son los siguientes:

◆ El fichero no se encuentra en el lugar indicado (dispositivo, directorio, nombre).

◆ El fichero se ha localizado pero el usuario no tiene permiso para acceder al mismo.

◆ El fichero no se puede leer por errores en el hardware del dispositivo de almacenamiento.

❑ **Cierre de un fichero**

Esta operación se utiliza para indicar que se va a dejar de utilizar un fichero determinado. Mediante esta operación el método de acceso se encarga de "romper" la conexión entre el programa de usuario y el fichero, garantizando la integridad de los registros. Al ejecutar esta operación, el sistema se encarga de escribir en el dispositivo de almacenamiento aquella información que contienen los búfer asociados al fichero y se llevan a cabo las operaciones de limpieza necesarias. Tras cerrar el fichero, sus atributos dejan de ser accesibles para el método de acceso. El único parámetro necesario para realizar esta operación es el identificador del fichero devuelto por el método de acceso al crear o abrir el fichero. Los errores que se pueden producir al cerrar un fichero son los siguientes:

◆ El fichero no está abierto.

◆ No se ha podido escribir en el dispositivo toda la información del fichero, debido a fallos en el hardware.

◆ No se ha podido escribir en el dispositivo toda la información del fichero por falta de espacio en el dispositivo de almacenamiento.

❑ **Extensión del fichero**

Esta operación permite a los programas de usuario aumentar el tamaño de un fichero asignándole más espacio en el dispositivo de almacenamiento. Para realizar esta operación el método de acceso necesita conocer el identificador del fichero y el tamaño del espacio adicional que se debe asignar al fichero. En función de la organización del fichero, el método de acceso determinará si el espacio adicional que debe asignar debe ser contiguo al fichero o no. Mediante esta operación el atributo que indica el tamaño del fichero será modificado y se devolverá al programa de usuario con un código de estado. El único motivo para que esta operación no se lleve a cabo con éxito es que no haya suficiente espacio disponible en el lugar adecuado (no contiguo).

4. Herramientas del sistema para gestión de dispositivos de almacenamiento

4.1. Procesos por capas

Para entender correctamente este apartado, conviene interpretar los procesos de gestión de dispositivos como procesos que se desarrollan en distintas capas.

En primer lugar, a nivel hardware, los ordenadores tienen tarjetas controladoras cuyo objetivo es servir de intermediaria en las operaciones de entrada/salida entre los distintos dispositivos asociados y la CPU. En particular, las tarjetas controladoras de disco son un conjunto de circuitos integrados que tienen como función organizar la lectura y escritura en las unidades de disco del ordenador.

Este dispositivo envía la información que necesita el ordenador para interpretar los comandos que se soliciten. Se utilizan con todo tipo de dispositivos de almacenamiento y, actualmente, suelen estar insertadas en la placa base.

En segundo lugar, a fin de interpretar los comandos enviados y recibidos, al instalar un nuevo dispositivo, se debe instalar, a su vez, un componente de software denominado **controlador de dispositivo** (llamado normalmente **controlador**, o, en inglés, *driver*), que es un programa informático que permite al sistema operativo interactuar con un periférico, **haciendo una abstracción del hardware** y proporcionando una interfaz -posiblemente estandarizada- para usarlo.

Es el intérprete que utiliza el sistema operativo para comunicarse con los dispositivos de almacenamiento y es por tanto, una pieza esencial, sin la cual no se podría usar el hardware.

En tercer lugar, el sistema operativo, una vez es capaz de reconocer a los dispositivos de almacenamiento instalados en el ordenador, debe ser capaz de gestionarlos. Para ello, existen una serie de comandos del sistema o de aplicaciones que permiten acceder directamente a los dispositivos para realizar las operaciones indicadas en el apartado anterior.

Cada sistema operativo aborda de manera diferente la gestión de dispositivos de almacenamiento masivo. Vamos a revisar brevemente los comandos utilizados por los principales sistemas operativos, es decir, Windows y Linux.

4.2. Windows

En todas las versiones modernas de Windows, tanto de cliente (Windows 10 y Windows 11) como de servidor (Windows Server 2016, 2019 y 2022), es posible administrar dispositivos mediante herramientas gráficas y líneas de comandos. Las principales opciones son:

❑ **Herramientas gráficas.** Las interfaces más utilizadas para la gestión de discos, volúmenes y particiones son:

◆ **Administración de discos (diskmgmt.msc):** herramienta gráfica clásica que permite crear, eliminar, reducir, extender y formatear particiones. Compatible con discos conectados localmente, incluidos discos USB y dispositivos externos.

◆ **Administrador de dispositivos:** permite ver y gestionar todo el hardware del sistema, incluyendo discos duros, controladores de almacenamiento, interfaces de red, entre otros.

◆ **Administrador del servidor (Server Manager) en ediciones Server:** centraliza la gestión de roles, características y almacenamiento, incluyendo volúmenes compartidos y discos virtuales en entornos de almacenamiento compartido.

❑ **Herramienta de administración de discos en la aplicación Configuración (Windows 10/11):** algunas funciones básicas de particionado también están disponibles desde la app de Configuración en los equipos cliente.

❑ **Herramientas por línea de comandos:**

◆ **PowerShell (reemplazo moderno del CMD):** permite un control más completo y automatizado con cmdlets como Get-Disk, Initialize-Disk, New-Partition, Format-Volume, entre otros.

◆ **DiskPart:** herramienta de línea de comandos más avanzada que diskmgmt. msc. Permite la gestión de particiones, volúmenes y discos a través de comandos en consola.

A diferencia de versiones antiguas como Windows Server 2008, las herramientas actuales sí permiten la administración de dispositivos extraíbles como unidades USB o discos externos, siempre que estén conectados y visibles por el sistema operativo.

• Discos dinámicos en Windows Server 2008

En las versiones actuales de Windows (Windows 10/11 y Windows Server 2016/2019/2022), los discos dinámicos siguen siendo compatibles, aunque su uso ha disminuido en favor de otras tecnologías como almacenamiento basado en espacios de almacenamiento (Storage Spaces).

❑ Conversión básica a dinámica: todos los discos comienzan siendo básicos. Pueden convertirse manualmente en discos dinámicos desde la herramienta Administración de discos (diskmgmt.msc) o mediante la utilidad de línea de comandos diskpart. exe.

❑ Base de datos LDM: la conversión crea una base de datos llamada LDM (Logical Disk Manager), que guarda la configuración del disco dinámico. Esta se almacena en un pequeño espacio reservado al final del disco. Si no hay espacio libre, la conversión puede fallar.

❑ Compatibilidad y limitaciones:

♦ No se recomienda el uso de discos dinámicos en portátiles ni discos extraíbles.

♦ No son compatibles con arranques duales ni con sistemas operativos que no sean Windows.

♦ La conversión de dinámico a básico elimina los datos, por lo que es obligatoria una copia de seguridad previa.

♦ Los discos dinámicos no requieren reinicio, salvo si afectan a volúmenes de sistema o arranque.

Tipos de volúmenes dinámicos:

❑ Volúmenes simples:

♦ Residen en un único disco.

♦ Pueden extenderse dentro del mismo disco o a otros discos dinámicos.

♦ Pueden montarse como carpetas NTFS.

❑ Volúmenes distribuidos (spanned):

♦ Combinan espacio libre de varios discos.

♦ No ofrecen redundancia ni mejora de rendimiento.

♦ Fallo de un disco implica pérdida de todos los datos.

❑ Volúmenes seccionados (striped, RAID 0):

♦ Dividen los datos en bloques y los escriben en paralelo entre discos.

♦ Mejoran el rendimiento.

♦ No tienen tolerancia a fallos.

❑　Volúmenes reflejados (mirrored, RAID 1):

♦　Copia idéntica de datos en dos discos.

♦　Proporcionan tolerancia a fallos.

♦　Necesitan al menos 2 discos.

❑　Volúmenes RAID-5 (tolerancia a fallos con paridad):

♦　Requieren al menos 3 discos.

♦　Ofrecen tolerancia a fallos y mejora de rendimiento.

♦　No disponibles en Windows 10/11, solo en versiones Server.

Aunque los discos dinámicos siguen funcionando, Microsoft recomienda usar "Espacios de almacenamiento" (Storage Spaces) como alternativa más moderna y flexible para crear volúmenes con tolerancia a fallos o agrupación de almacenamiento. Storage Spaces permite crear volúmenes tipo RAID desde la GUI y con integración nativa con Windows Admin Center y PowerShell.

• Creación de un volumen simple

Un volumen simple se crea a partir de un espacio no asignado en un único disco dinámico. Es el tipo de volumen más básico y no ofrece mejoras de rendimiento ni tolerancia a fallos, pero puede ser expandido posteriormente.

Pasos básicos para su creación (vía GUI):

1.　Abre la herramienta Administración de discos (diskmgmt.msc).

2.　Haz clic derecho sobre el espacio no asignado en un disco dinámico.

3.　Selecciona "Nuevo volumen simple…" y sigue el asistente.

4.　Asigna letra de unidad, sistema de archivos (NTFS recomendado) y etiqueta si lo deseas.

5.　Finaliza el asistente y el volumen estará disponible.

• Volumen distribuido (spanned)

Permite combinar espacio libre no contiguo de dos o más discos dinámicos en un único volumen lógico. No proporciona tolerancia a fallos: si falla uno de los discos, se pierden todos los datos del volumen.

Pasos básicos:

1. Asegúrate de tener dos o más discos dinámicos con espacio no asignado.

2. En Administración de discos, haz clic derecho sobre uno de los espacios no asignados.

3. Elige "Nuevo volumen distribuido…".

4. Selecciona los discos y el espacio deseado para cada uno.

5. Configura letra de unidad y formato, y finaliza el asistente.

- ## Volumen seccionado (striped o RAID 0)

Distribuye los datos de forma equitativa entre varios discos dinámicos, mejorando el rendimiento en lectura/escritura, pero sin redundancia. Si uno de los discos falla, se pierde todo el volumen.

Pasos básicos:

❑   Requiere mínimo dos discos dinámicos con espacio sin asignar.

❑   En Administración de discos, haz clic derecho sobre un espacio no asignado.

❑   Selecciona "Nuevo volumen seccionado…" (RAID-0).

❑   Añade los discos necesarios y define el tamaño del volumen.

❑   Asigna letra, sistema de archivos y completa el asistente.

- ## Otros comandos de administración de discos de Windows/Windows Server

Además de la interfaz gráfica de Administración de discos y las funciones de PowerShell, Windows sigue incluyendo una serie de comandos útiles para gestionar discos, particiones y volúmenes. A continuación, se presentan los más relevantes y actualizados:

❑   **diskmgmt.msc:** abre el Administrador de discos clásico para gestionar particiones y volúmenes.

❑   **cleanmgr:** ejecuta el liberador de espacio en disco (aunque está en desuso en versiones recientes en favor del sensor de almacenamiento).

❑   **defrag:** realiza la desfragmentación y optimización de discos desde la línea de comandos.

❑ **chkdsk:** analiza y repara errores del sistema de archivos y sectores defectuosos en volúmenes.

❑ **diskpart:** herramienta avanzada para gestionar particiones desde la línea de comandos.

❑ **permon o perfmon.msc:** abre el monitor de rendimiento del sistema para analizar el uso de recursos, incluyendo discos.

❑ **StorageSense (configuración):** sustituto moderno de Cleanmgr para liberar espacio automáticamente (desde Windows 10).

En Windows Server 2016 y posteriores, estas herramientas están integradas en el Administrador del servidor y pueden complementarse con Windows Admin Center, una consola moderna basada en navegador para administración remota y local.

4.3. Linux

En Linux, a diferencia de Windows, la estructura de archivos no se basa en los dispositivos. Las unidades C:, D:, etc., forman parte de un todo con el escritorio en primer lugar. Así, el punto de partida de la estructura es la **raíz** y se representa con la barra "/".

Esta norma establece que la estructura de archivos es, esencialmente, la siguiente.

❑ **El directorio raíz es** / → De aquí cuelgan todos los directorios del sistema:

　◆ /bin → Contiene los programas básicos que pueden lanzar todos los usuarios del sistema.

　◆ /boot → Contiene los archivos de configuración del arranque del sistema (como por ejemplo GRUB), el Kernel y un disco RAM para el arranque (initrd).

　◆ cdrom → Antiguamente aquí se montaban los CD-ROM's. Actualmente es un enlace a /media/cdrom, sigue existiendo por compatibilidad con programas antiguos.

　◆ /dev → Contiene todos los dispositivos físicos del sistema (todo nuestro hardware). La mayoría de su contenido es generado durante el arranque.

　◆ /dev/disk → Contiene los archivos que representan los discos y sus particiones.

　◆ /dev/psaux → Representa al ratón.

　◆ /dev/ram* → Representa la memoria RAM.

　◆ /etc → Contiene los archivos de configuración generales del sistema y los programas.

- /home → Es un directorio donde tenemos los directorios personales de los usuarios.

- /home/(usuario)→ El directorio personal. Aquí es donde guardaremos nuestros documentos, música, películas, fotos y los archivos de configuración perso- nalizados de los programas que usamos. También podemos referirnos a este directorio por su abreviatura '~'

- ~/Desktop → Nuestro escritorio.

- initrd.img → Es un enlace a /boot/initrd-img-xxx, existe por compatibilidad con programas antiguos.

- /lib → Contiene las bibliotecas necesarias para que se ejecuten los programas que tenemos en /bin y /sbin. Si empleamos un sistema de 64bits aparecerá un enlace lib64 que apunte a /lib.

- /lost+found → Este directorio es usado por el programa fsck, cuando fsck no puede reparar completamente un sistema de archivos, almacena aquí todo lo que no sepa dónde ubicar.

- /media → Contiene todas las unidades físicas que tenemos montadas. Discos duros, unidades de dvd, pendrive, ...

- /mnt → Lugar tradicional para montar unidades, ha perdido gran parte de su función en favor de /media pero sigue siendo útil para el montaje puntual de algunas aplicaciones y / o dispositivos.

- /opt → Es donde se realiza la instalación de programas que no forman parte de la distribución y que pueden no encajar bien en la estructura de /usr.

- /proc → Su contenido representa a los procesos en ejecución. Aquí se encuen- tran archivos que reciben o envían información al núcleo. Es un sistema de archivos virtual, en realidad en el disco duro ese directorio está vacío.

- /root → Es el directorio personal del usuario root.

- /sbin → Contiene los ejecutables de los demonios (servicios) instalados en el sistema.

- /selinux → Sistema que extiende el sistema de permisos típico de Unix.

- /srv → Pensado para contener los archivos compartidos por los servidores. No es muy usado.

- /sys → Contiene información sobre el sistema y el kernel. Es un sistema de archivos virtual, en el disco duro ese directorio está vacío.

♦ /tmp → Este directorio contiene información temporal de los programas. No se conserva su contenido, suele borrarse al arrancar el sistema.

♦ /usr → Este directorio contiene los archivos de los programas no esenciales. Es el directorio más grande del sistema.

♦ /usr/X11R6 → Contiene los programas de X-Window, el servidor gráfico.

♦ /usr/bin → Contiene programas de uso general para los usuarios.

♦ /usr/doc → Contiene documentación de los programas.

♦ /usr/etc → Contiene archivos de configuración de uso global.

♦ /usr/include → Contiene las cabeceras de C y C++. Son archivos con extensión .h. Los programadores comprenderán su significado.

♦ /usr/lib → Contiene las bibliotecas de nuestros programas.

♦ /usr/man → En este directorio encontramos los manuales (man).

♦ /usr/sbin → Este directorio contiene los ejecutables de los demonios correspondientes a los programas de usuario.

♦ /usr/src → Aquí se almacenan los códigos fuentes de nuestros programas.

♦ /var → Este directorio contiene información variable, como registros, datos de los servidores, etc.

♦ vmlinuz → Suele ser un enlace a /boot/vmlinuz-xxx, está ahí por compatibilidad con programas antiguos.

En cada partición de Linux deberemos elegir el tipo de sistema de archivos a utilizar, de entre los siguientes:

❑ **Ext2:** primer sistema de archivos nativo de Linux. Actualmente obsoleto, se utiliza solo en casos muy específicos (como discos muy antiguos o sin journaling).

❑ **Ext3:** evolución de Ext2 con soporte para journaling. Aunque fue muy popular, hoy se considera obsoleto.

❑ **Ext4:** el sistema de archivos por defecto en muchas distribuciones Linux actuales (como Ubuntu y Debian).

♦ Soporta volúmenes de hasta 1 exabyte y archivos de hasta 16 TB.

♦ Permite millones de directorios, mejora el rendimiento y reduce la fragmentación.

❑ **XFS:** sistema de archivos de alto rendimiento, excelente para trabajar con archivos grandes. Muy utilizado en servidores y como sistema por defecto en distribuciones como CentOS y RHEL.

❑ **Btrfs (B-tree FS):** sistema de archivos moderno con soporte para snapshots, compresión, verificación de integridad y RAID. Aún en desarrollo activo, ya es el predeterminado en algunas distribuciones como Fedora y openSUSE.

❑ **F2FS (Flash-Friendly FS):** optimizado para unidades SSD y eMMC, cada vez más usado en dispositivos móviles y sistemas embebidos.

❑ **exFAT:** Diseñado por Microsoft para dispositivos de almacenamiento externo (pendrives, SDs). Totalmente soportado en Linux desde el kernel 5.4+.

❑ **NTFS / FAT16 / FAT32:** formatos de Microsoft. Linux puede leer y escribir en ellos (especialmente NTFS, mediante el driver ntfs3 desde el kernel 5.15), pero no se recomienda usarlos como sistemas de archivos principales en Linux.

En Linux, los discos y particiones se identifican usando /dev:

❑ /dev/sdX: Disco físico (X = a, b, c... según orden).

❑ /dev/sdXN: Partición del disco (N = número de partición).

/dev/sda1 es la primera partición del primer disco.

Ya no se utiliza la nomenclatura hdX (de discos IDE) desde hace años. Los discos modernos, incluso SSD y NVMe, usan:

❑ */dev/sdX: para SATA/SCSI.*

❑ */dev/nvme0n1pX: para discos NVMe (muy comunes en PCs modernos y servidores).*

La lista completa de identificadores se encuentra en el directorio /etc/dev.

Una vez particionados y formateados los discos duros, debe procederse al montado de unidades, utilizando el comando mount.

A continuación, incluimos una tabla con los comandos que permiten administrar discos duros, del sistema operativo Linux, distribución Ubuntu.

Comando	Acción	Comentarios
du -h *[fichero]*	Muestra el espacio que ocupa el fichero o directorio	
tree -a -s -L 2	Igual que el anterior pero lo muestra en forma de arbol	
df	Muestra información sobre particiones montadas	**df -h** = Medida **h**umana
cfdisk	Muestra información sobre particiones	
mount	Muestra un listado de los dispositivos montados	**mount** *punto_montaje* = Monta un dispositivo establecido en fstab
		umount punto_montaje = Desmonta un dispositivo establecido en el fstab
		mount -t [Sistema_Archivos] /dev/ [dispositivo] [punto_montaje] = Monta el dispositivo, ej: mount -t ext3 /dev/hda1 /media/disco1
		umount /dev/[dispositivo] = Desmonta un disco
fsck /dev/ [dispositivo]	Chequea y repara el sistema de archivos de una particion no montada	**fsck.ext2 -vpf /dev/hdx** = Chequea y repara el sistema de archivos de una particion ext2 no montada
		fsck.ext3 -vpf /dev/hdx = Igual pero con una particion ext3
mkfs.ext2 / dev/hdXX	Crea un sistema ext2 en la particion seleccionada	**mkfs.ext3 /dev/hdXX** = Crea un sistema ext3 en la particion seleccionada
		mkfs.ext2 /dev/fd0 = Crea un sistema ext2 en el disquette

Comando	Acción	Comentarios
mkswap /dev/ hdXX	Crea un sistema de ficheros swap en la partición *hdXX*	
tune2fs -O ^has_journal / dev/*hdXX*	Convierte la particion de ext3 a ext2	
tune2fs -j /dev/ hdXX	Convierte la particion de ext2 a ext3	
dd if=/dev/hda of=/dev/hdb bs=1M	Clona el disco hda en el disco hdb en bloques de 1 Megabyte (para no sobrecargar el sistema)	
dd if=/dev/ hda of=m- br count=1 bs=512	Copia el MBR (Master Boot Sector)	**dd if=mbr of=/dev/hda** = Restaura el MBR
dd if=/dev/ hda2 of=/sec- tor_arranque_ hda2 count=1 bs=512	Copia el VBS (Volume Boot Sector)	**dd if=sector_arranque_hda2 of=/ dev/hda2** = Restaura el VBS

Vamos a instalar un nuevo dispositivo en un sistema operativo Linux Ubuntu. Para ello, vamos llevar a cabo cuatro pasos. Son los siguientes:

Paso 1. Particionar el nuevo disco con el comando fdisk.

Primero listamos todos los discos duros que ha reconocido el sistema operativo con /sbin/fdisk -l

En este punto nos aparecerá un mensaje del tipo:

Disk /dev/sda: 20.0 GB, 20060651520 bytes.

255 heads, 63 sectors/track, 2438 cylinders.

También nos indicará que el disco duro no tiene ninguna partición asignada. El nuevo disco duro es el que deberemos particionar.

El nombre de un dispositivo hace referencia a un disco duro entero. Para particionar el nuevo disco ejecutamos el siguiente comando especificando en nuevo disco duro añadido.

En nuestro ejemplo, vamos a particionar un disco duro SATA, y será el primer disco duro de los que montemos en nuestro ordenador. Lo haremos mediante el comando: /sbin/fdisk /dev sda

Este comando nos mostrará un menú de acciones. Las acciones básicas serán las siguientes:

* *m – muestra la ayuda.*
* *p – muestra la tabla de particiones.*
* *n – crea una nueva partición.*
* *d – elimina una partición.*
* *q – salir sin guardar los cambios.*
* *w – guardar la partición, los cambios realizados y salir.*

En nuestro ejemplo, crearemos una partición primaria: /dev/sda1

Paso 2. Dar formato al nuevo disco duro

Para dar formato al nuevo disco usaremos el comando mkfs.ext3. Mediante este comando indicamos también el de sistema de archivos que usará nuestra partición.

Ext3 es el sistema de archivos más usado en distribuciones Linux en la actualidad, aunque deberá ser sustituido paulatinamente por el ext4.

Para dar formato ext3 a nuestra partición ejecutamos el siguiente comando:

/sbin/mkfs.ext3 /dev/sda1

Ya tenemos nuestro disco duro particionado y hemos especificado también el sistema de archivos que usará.

Paso 3. Montar el nuevo disco

Para que podamos utilizar nuestro disco con total normalidad, tan solo queda especificar la ruta de montado.

Por lo general se suelen montar las nuevas unidades especificando una carpeta dentro de /media o /mnt.

Por ejemplo: /media/almacen o /media/datos.

En nuestro caso, vamos a montar el disco duro en /media/almacen, mediante los comandos:

mkdir /media/almacen

mount /dev/sda1 /media/almacen

Después de haberlo particionado, formateado y montado ya podremos usar nuestro nuevo disco duro en linux.

No obstante, debemos tener cuenta que al usar el comando mount solo monta el disco duro para la sesión activa, de manera que si reiniciamos el ordenador ya no va estar disponible.

Tenemos, por tanto, que configurar el disco duro para que cada vez que iniciemos sesión en linux ya esté montado. Esto se consigue modificando el contenido del archivo /etc/fstab. Este archivo se consulta en el inicio de Linux y establece los puntos de montaje que se definen.

Paso 4. Hacer permanente el punto de montaje mediante el archivo /etc/fstab

Para ello, editamos el archivo fstab mediante el comando vi.

Vi /etc/fstab

Al final del fichero añadimos el punto de montaje para hacerlo permanente, mediante la introducción de la siguiente línea:

/dev/sda1   /media/almacen ext3 defaults 1 2

Con el desarrollo de este epígrafe hemos conseguido analizar e implementar los mecanismos de acceso físicos y lógicos a los servidores según especificaciones de seguridad.

Resumen

En esta unidad hemos visto los tipos de dispositivos de almacenamiento más frecuentes, así como las características de los sistemas de archivo disponibles, la organización y estructura general de almacenamiento y las herramientas del sistema para la gestión de estos dispositivos de almacenamiento.

Autoevaluación de Unidad 3

Enunciados

----

1. El modelo de memoria principal de Von Neumann…:

a) Indica que en la memoria del ordenador se alojan a la vez datos e instrucciones.
b) Afirma que cualquier parte de la memoria es accesible mediante la asignación de una dirección de memoria, salvo el MBR.
c) La ejecución de un programa es secuencial, usando punteros para enlazar las instrucciones.
d) Son correctas b) y c).

2. ¿Cuál de estas afirmaciones es correcta?:

a) En los biestables asíncronos, los cambios se producen en cuanto cambien las salidas anteriores.
b) En los biestables síncronos, los cambios se producen en función de los ciclos de reloj.
c) Son correctas a) y b).
d) Ninguna es correcta.

3. ¿Cuál es la afirmación correcta?:

a) En cuanto a las memorias, a mayor tiempo de acceso, mayor precio.
b) En cuanto a las memorias, a mayor precio, menor tiempo de acceso.
c) No existe relación entre tiempo de acceso y capacidad.
d) La memoria de más capacidad es la memoria caché.

4. ¿Cuál de las siguientes afirmaciones se refiere a la memoria PROM?:

a) Memoria de solo lectura que puede ser borrada y escrita eléctricamente.

b) Memorias volátiles, es decir, pierden la información cada vez que desaparece el suministro eléctrico, pero pueden ser leídas y escritas tantas veces como sea necesario.

c) Memorias de solo lectura programables por el usuario una sola vez, mediante el uso de una malla de fusibles que se "queman" una vez el programador ha creado el circuito concreto.

d) Ninguna es correcta.

5. ¿Cuáles de estas afirmaciones caracterizan a las memorias secundarias?:

a) Gran capacidad de almacenamiento.

b) No son volátiles, la información perdura sin suministro eléctrico.

c) Tienen menor velocidad de transferencia que las memorias internas.

d) Todas son correctas.

6. ¿Cuál de estos componentes forman parte de un disco duro?:

a) Platos en donde se graban los datos.

b) Cabezal de subida / bajada.

c) Motor que mueve el cabezal.

d) Electroimán que gira los platos.

7. ¿Cuál de estas no es una característica de un disco duro?:

a) Tiempo medio de acceso.

b) Latencia media.

c) Velocidad de rotación.

d) Latencia CAS.

8. ¿Cuál de las siguientes no es una característica de las memorias flash?:

a) No es volátil.

b) Elevadas velocidades de acceso.

c) Muy pocas partes mecánicas.

d) Gran capacidad de almacenamiento.

9. Una de las siguientes no es una característica de RAID:

a) Baja integridad.
b) Elevada tolerancia a fallos.
c) Gran *throughput*.
d) Gran capacidad de almacenamiento.

10. ¿Cuál de estas afirmaciones es correcta?:

a) El nivel RAID 4 se denomina paridad delegada en bit.
b) El nivel 3 se denomina unidad de paridad dedicada.
c) El nivel 5 se denomina seccionado tolerante a fallos con paridad.
d) Ninguna es correcta.

Autoevaluación de Unidad 3
Soluciones

- -

1. *a)* Indica que en la memoria del ordenador se alojan a la vez datos e instrucciones.

> **Explicación:** La memoria se utiliza para nombrar a la capacidad que poseen diversos tipos de dispositivos para retener y presentar información. El modelo de memoria de Von Neumann especifica que todo programa a ejecutar debe ubicarse previamente en la memoria principal, en que de forma simultánea se alojan datos e instrucciones.

2. *b)* En los biestables síncronos, los cambios se producen en función de los ciclos de reloj.

> **Explicación:** Una memoria puede utilizar dos tipos de componentes, los biestables y los condensadores. Los primeros son el tipo más pequeño posible de circuito secuencial. Existen biestables asíncronos, cuyos cambios se producen en cuanto cambian las entradas, y biestables síncronos, en los que los cambios se producen en función de los ciclos de reloj.

3. *b)* En cuanto a las memorias, a mayor precio, menor tiempo de acceso.

> **Explicación:** En un equipo informático pueden distinguirse varios tipos de memoria que presentan una jerarquía. Existe una jerarquía que relaciona tiempo de acceso, precio y capacidad, de tal forma que cuanto mayor sea el tiempo de acceso a un dato en la memoria, menor será el precio y mayor la capacidad. Una memoria caché es, por definición, de poca capacidad.

4. *c)* *Memorias de solo lectura programables por el usuario una sola vez, mediante el uso de una malla de fusibles que se "queman" una vez el programador ha creado el circuito concreto.*

> *Explicación: Las memorias Programmable Read-Only Memory (PROM) son de solo lectura y programables por el usuario una sola vez. Esto se realiza mediante el uso de una malla de fusibles que se "queman" una vez el programador ha creado el circuito concreto, que contiene las instrucciones de su código.*

5. *d)* Todas son correctas.

> *Explicación: Las memorias secundarias comprenden todos los componentes utilizados por un equipo informático en los que se almacena información. Se corresponden con las memorias externas y sus características principales son la gran capacidad de almacenamiento y una menor velocidad de transferencia que las internas. Además, no son volátiles y su relación precio/Megabyte es menor que en las internas.*

6. *a)* Platos en donde se graban los datos.

> *Explicación: Un disco duro es un dispositivo que cuenta con gran capacidad de almacenaje de datos. Cuenta con varios componentes, entre los que se encuentran los platos donde se graban los datos. Los componentes especificados en las opciones B, C y D no realizan las acciones indicadas..*

7. *d)* Latencia CAS.

> *Explicación: Llegado el momento de elegir un disco duro, es preciso prestar atención a varias características, entre las que se encuentran el tiempo medio de acceso, la latencia media, el tiempo medio de búsqueda, la velocidad de rotación, etcétera. Sin embargo, la latencia CAS es una característica de la memoria, no de un disco duro.*

8. *c)* Muy pocas partes mecánicas.

> *Explicación: Las memorias flash, conocidas también como memorias de estado sólido, permiten realizar varios accesos de lectura/escritura en una misma operación. Funcionan mediante impulsos eléctricos y cuentan con características como su alta velocidad de acceso, su no volatilidad, su gran capacidad de almacenamiento y que no poseen partes mecánicas.*

9. *a)* Baja integridad.

> *Explicación: Un conjunto redundante de discos independientes (RAID) trata de proporcionar un gran rendimiento del sistema eliminando pérdidas de información. Para ello cuenta con características como su elevada tolerancia a fallos, un alto rendimiento (throughput), una alta integridad o una gran capacidad de almacenamiento, por ejemplo.*

10. *c) El nivel 5 se denomina seccionado tolerante a fallos con paridad.*

> *Explicación: Existen diversas configuraciones de RAID, con sus propias denominaciones. RAID 3 también es conocida como Paridad Delegada en bit, RAID 4 como Unidad de Paridad Dedicada y RAID 5 es denominada como Seccionado Tolerante a Fallos con Paridad.*

UNIDAD
DIDÁCTICA 4

Utilización de métricas e indicadores de monitorización de rendimiento de sistemas

Objetivos

- ☑ Conocer los modelos documentales que vehiculan la gestión de los servicios de las tecnologías de la información.

- ☑ Identificar los criterios que caracterizan los aspectos a analizar en un sistema TIC.

- ☑ Conocer las herramientas utilizadas para supervisar el rendimiento de los servicios y sistemas de información.

Contenido

1. Criterios para establecer el marco general de uso de métricas e indicadores para la monitorización de los sistemas de información

2. Identificación de los objetos para los cuales es necesario obtener indicadores

3. Aspectos a definir para la selección y definición de indicadores

4. Establecimiento de los umbrales de rendimiento de los sistemas de información

5. Recolección y análisis de los datos aportados por los indicadores

6. Consolidación de indicadores bajo un cuadro de mandos de rendimiento de sistemas de información unificado

Resumen

1. Criterios para establecer el marco general de uso de métricas e indicadores para la monitorización de los sistemas de información

Una vez creados los servicios y puesto en marcha con éxito el sistema en su conjunto, debemos desencadenar una serie de actividades que permitan garantizar que los servicios cumplen con su cometido y con las condiciones pactadas con el cliente —ya sea este interno o externo— en términos de:

❑ Niveles de servicio.

❑ Continuidad.

❑ Disponibilidad.

❑ Capacidad.

❑ Seguridad.

Gestión presupuestaria (este aspecto, dado que se sale del alcance de los objetivos del curso, no será desplegado en este manual).

Para garantizar que se cumplen estos objetivos, se definen una serie de procesos de provisión del servicio, que encajan las relaciones de negocio con la creación de los servicios de las tecnologías de la información.

Los procesos de provisión de servicio, y los elementos que los componen, como los elementos a supervisar, los indicadores a utilizar y los documentos que recogen tanto los objetivos en términos de provisión de servicios como los mecanismos de control, vamos a basarlos en este manual en las recomendaciones realizadas por la norma ISO/IEC 2000, inspirada, al menos en parte, en ITIL v2 e ITIL v3.

En esta Unidad Didáctica, utilizaremos el término cliente para referirnos, indistintamente, a usuarios internos de la organización o a sus clientes externos.

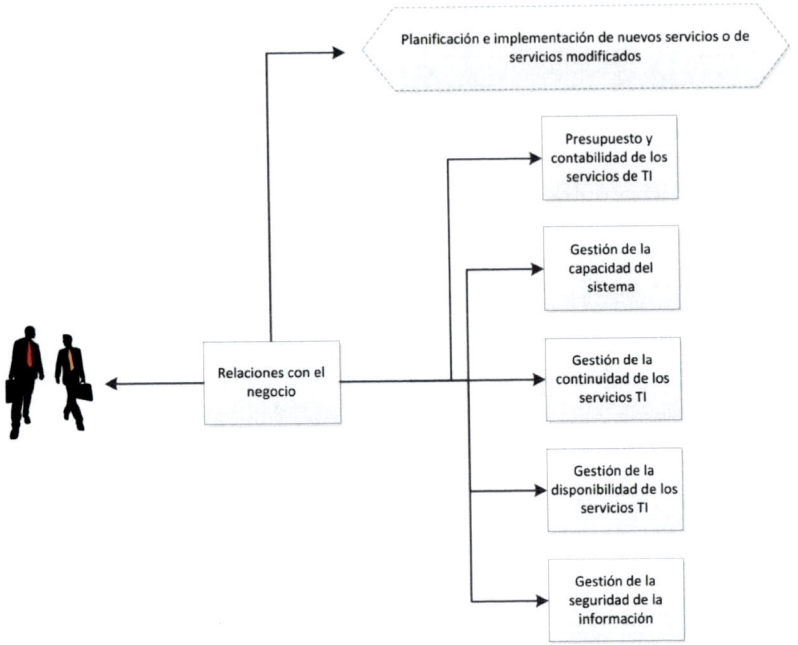

Procesos de provisión del servicio y su ámbito de relación.

1.1. Gestión del nivel de servicio

La misión principal de la gestión del nivel de servicio es establecer los **niveles de servicio** a los que las tecnologías de la información pueden comprometerse, para seguidamente velar por su consecución. Todo ello desarrollado desde el enfoque de gestión aportado por la gestión de la calidad total, basado en el ciclo PDCA, visto en unidades didácticas anteriores, contemplando por tanto un ciclo continuo de seguimiento, medición, generación de informes y análisis de los resultados.

Este proceso es central, por tanto, en lo que se refiere a la atención de las necesidades del cliente, y se despliega en un formato de niveles de servicio.

El seguimiento continuo de los niveles de servicio permite mejorar la calidad del servicio prestado por las tecnologías de la información y eliminar sus deficiencias, reduciendo el impacto negativo en la actividad principal de la empresa y, consecuentemente, en sus resultados de negocio.

No obstante, el beneficio más relevante no se mide en términos económicos, sino en aspectos como la mejora de la relación y la confianza de los clientes en el proveedor — interno o externo— de los servicios de tecnologías de la información.

El proceso de gestión de los servicios debe ser capaz de comprender las demandas del negocio, para así poder satisfacerlas adecuadamente. Por tanto, debe establecer los requisitos para que los contratos de soporte con los suministradores estén alineados con los compromisos del servicio.

Así, desde los departamentos de sistemas, deberemos establecer un catálogo de servicios y unos acuerdos de nivel de servicio — SLA o OLA—, que estén alineados con el negocio y supongan un compromiso de prestación negociado con los clientes.

Las **herramientas documentales** principales para desplegar el proceso son las siguientes:

❑ **Catálogo de servicios**. Documento que elabora el área de sistemas para informar a clientes, usuarios y personal de tecnologías de la información de los servicios ofrecidos.

❑ **Acuerdo de nivel de servicio (SLA,** *Service Level Agreement***)**. Documento que recoge los compromisos acordados entre el cliente — en este caso, externo a la organización— y el proveedor de servicios de las tecnologías de la información relativos a las condiciones de prestación o explotación del servicio requerido.

❑ **Acuerdo de nivel operativo (OLA,** *Operational Level Agreement)*. Documento que formaliza el acuerdo de colaboración entre departamentos internos de la organización para la prestación y operación regular de los servicios. Se trata, por tanto, de un acuerdo interno en materia de tecnologías de la información.

❑ **Contrato de soporte (UC,** *Underpinning Contract***)**. Documento que puede tener carácter legal en caso de ser suscrito entre entidades jurídicas distintas, que define los objetivos, alcance y características del servicio que se va a prestar, así como plazos y costes asociados.

1.2. Criterios para la gestión del nivel de servicio

El proceso de gestión de nivel de servicio debe establecer y poner en marcha un sistema de seguimiento y medición que permita identificar si se están logrando los niveles de servicio acordados con los clientes.

En caso contrario, debe permitir determinar y analizar los motivos de las ineficiencias detectadas y proveer de los mecanismos adecuados para desplegar las acciones de mejora necesarias.

Entendiendo que el nivel de servicio se basa en un acuerdo entre las partes, los criterios para su gestión son los siguientes:

❑ **Alineamiento con el negocio**. Conociendo lo que se espera del área de sistemas se puede aportar valor añadido a través de los servicios de tecnologías de la información adecuados para el negocio.

❑ **Orientación al cliente**. El trabajo de las áreas de sistemas se estructura en torno a la satisfacción de las necesidades del cliente.

❑ **Calidad de servicio**. Mediante el uso de indicadores y métricas que constituyen la base de los acuerdos de nivel de servicio (SLA).

❑ **Gestión de los servicios**. Facilita la gestión y control de los niveles de servicio comprometidos con los clientes, utilizando un lenguaje comprensible por ambas partes.

Estos criterios se despliegan de manera efectiva a través de las herramientas documentales descritas anteriormente, y que pasamos a analizar en más detalle.

1.3. El catálogo de servicios de TI

*El **catálogo de servicios** de tecnologías de la información es el instrumento de relación más importante del área de sistemas con sus clientes, ya que recoge el conjunto total de servicios provistos desde el área.*

Tiene los siguientes **objetivos**:

❑ Presentar de forma organizada los servicios a clientes y usuarios.

❑ Definir y organizar los servicios internos de infraestructura.

❑ Facilitar la gestión de los servicios de forma eficiente, pues el catálogo está elaborado por y para los clientes y contiene los niveles de servicio acordados.

Su **estructura** es la siguiente:

❑ **Definición y objetivos del catálogo de servicios**.

❑ **Introducción**. Breve descripción de la organización de tecnologías de la información. Incluye el número de empleados, misión y visión, así como persona de contacto.

❑ **Categorización de servicios y mapa de servicios**. Explica la clasificación de los servicios definidos.

❑ **Lista y descripción** de servicios.

❑ **Glosario** de los conceptos generales más importantes.

❑ **Anexos** con la información adicional necesaria no recogida en el propio catálogo. Además, contendrá documentos como **plantillas de las fichas de servicio,** ejemplos de SLA, etc.

El catálogo deberá estar disponible y publicado en cuantos soportes faciliten el acceso al mismo. Lo ideal es que esté en la intranet de la organización si son servicios de carácter interno o en la propia web de la empresa si los presta a sus clientes.

A su vez, recogerá las **fichas de los servicios de tecnologías de la información** existentes en producción, que contendrá la siguiente información:

❑ **Información externa del servicio**

♦ Descripción del servicio para el usuario.

♦ Funcionalidades.

♦ Opciones de contratación.

♦ Condiciones de uso.

♦ Procedimiento de solicitud y baja del mismo.

♦ Preguntas frecuentes.

❑ **Información interna del servicio**

♦ Indicadores del servicio.

♦ Información técnica del servicio.

☐ Componentes.

☐ Entornos tecnológicos.

☐ Instrucciones técnicas y manuales.

☐ Áreas internas y OLA.

☐ Suministradores y UC.

♦ Información del coste del servicio.

♦ SLA del servicio.

☐ Enlace al SLA estándar del servicio.

☐ Varios.

1.4. El acuerdo de nivel de servicio (SLA o *Service Level Agreement*)

*El **acuerdo de nivel de servicio o SLA** es la formalización por escrito de los servicios ofrecidos al cliente y del nivel de prestación de los mismos. De esta manera, queda muy claro lo que el cliente va a recibir y los compromisos asumidos por el área de sistemas. Esto fomenta, a su vez, una mayor profesionalidad y una mejora de la confianza del negocio hacia el área.*

Concreta los compromisos de **forma específica y medible**. Tales compromisos se concretan de forma suficientemente clara en especificaciones técnicas necesarias para prestar el servicio, así como el resto de características, entre las que se encuentran:

- ❏ Período de validez del SLA y mecanismo de control de cambios.

- ❏ Características del servicio.

- ❏ Objetivos del servicio.

- ❏ Horarios de disponibilidad.

- ❏ Tiempos de respuesta ante incidentes.

- ❏ Datos de contacto de las personas autorizadas a actuar ante emergencias.

- ❏ Interrupciones del servicio planificadas, incluido el aviso que se debe dar y el número por período.

- ❏ Responsabilidades del cliente, por ejemplo, descripción clara de roles y asignación de los mismos a las personas adecuadas.

- ❏ Directrices sobre prioridades.

- ❏ Procesos de escalado y notificación.

- ❏ Procedimientos de reclamación.

- ❏ Límites superior e inferior de la carga de trabajo, por ejemplo, número acordado de clientes o transacciones soportadas por período.

- ❏ Acciones a llevar a cabo en caso de interrupción del servicio.

- ❏ Procedimientos de mantenimiento interno.

- ❏ Excepciones.

Sin duda el aspecto central y uno de los parámetros que más impacta en el SLA es la **disponibilidad del servicio**. Habitualmente, se expresa en términos de porcentajes (99%, 99,8%, 99,99%, etc.), incluyendo también el método de medida y el período.

 *Cuando hablamos de horarios de disponibilidad de servicios, debemos definir los tramos horarios en los que se presta, por ejemplo: 24x7 horas, de lunes a viernes de 8:00 a 18:00, etc. También se deben incluir horarios especiales para vacaciones, etc.*

La principal limitación de este concepto es que no siempre es sencillo relacionar los porcentajes de disponibilidad de servicio con las actividades del negocio. ES decir, puede suceder que los sistemas se "caigan" solo un par de veces al año, pero es crítico también saber el plazo en que se recuperarán.

Así, se suele complementar esta métrica con la **fiabilidad de los servicios**. Esta se mide bien mediante el número de interrupciones del servicio, utilizando indicadores como el tiempo medio entre fallos —MTBF, o *Mean Time Between Failures*— o el tiempo medio entre incidencias del sistema —MTBSI o *Mean Time Between System Incidents*—.

Adicionalmente, se completa el SLA con las condiciones de asistencia y soporte para resolver las incidencias presentadas, consultas o peticiones. Normalmente recoge los siguientes aspectos:

❑   Horario de asistencia.

❑   Horarios especiales (días de fiesta, vacaciones, etc.).

❑   Plazo objetivo de atención a las incidencias, bien presencialmente o por otros medios.

❑   Plazo objetivo para resolver las incidencias, dependiendo de su prioridad.

Igualmente, se recogen las condiciones relativas a la **capacidad máxima y mínima soportada por el servicio, medido a través de los siguientes parámetros**:

❑   Número de usuarios.

❑   Capacidad requerida de procesamiento del sistema.

❑   Volúmenes de tráfico de comunicaciones.

❑   Número pico de transacciones a procesar.

❑   Número máximo de usuarios en concurrencia.

Estos indicadores nos permiten identificar posibles deficiencias en el rendimiento o el incremento de costes debido a la necesidad de ampliar la capacidad del servicio o del número de licencias, por ejemplo.

Igualmente, se recogen los **aspectos de continuidad ante desastres y seguridad del servicio**. Entre ellos:

❑   Necesidad de implementar o no planes para la continuidad del servicio.

❑   Detalle de los objetivos de servicio reducidos o modificados en caso de desastre. ES decir, cuáles son los elementos de sistemas imprescindibles de poner en marcha tras un desastre.

❑   Información relacionada con la seguridad: copias de seguridad, cambios de contraseña, etc.).

Por último, también suelen especificarse detalles sobre costes económicos, períodos y mecanismos de facturación, si es el caso, y los elementos que componen los informes de realización y cumplimiento del SLA, así como la frecuencia de las reuniones de revisión del servicio.

1.5.   Acuerdos de servicio de soporte (OLA y UC)

Si bien el SLA suele aplicarse en la prestación de servicios a clientes externos, también sirve para establecer los acuerdos de nivel de servicio a nivel interno. Sin embargo, en el propio ámbito de la organización se utilizan en su lugar acuerdos de nivel operativo (OLA y UC).

La diferencia entre OLA y UC estriba en que el UC se formaliza con proveedores externos de servicio, aunque son controlados y gestionados directamente por el área de sistemas.

Por su parte, los OLA recogen los compromisos necesarios de cada una de las áreas intervinientes relacionadas con los servicios y sus niveles de cumplimiento asociados, siempre a nivel interno de la organización.

2. Identificación de los objetos para los cuales es necesario obtener indicadores

En el siguiente esquema se establecen un total de cuatro áreas de servicios tecnologías de la información y una adicional que recoge su impacto económico. En el apartado anterior, hemos visto que la gestión de tales servicios se realiza desde los SLA, que permiten establecer los niveles de servicio acordados, así como se mide su prestación y cómo se realiza de manera efectiva, tanto hacia el exterior de la organización, como en el interior de la misma, a través de los OLA y UC.

Vimos también, brevemente, parámetros que nos informan sobre los límites del SLA en términos de capacidad máxima para gestionar los requerimientos: usuarios, licencias, número de transacciones, etc.

En este apartado veremos para cada uno de estas cuatro áreas qué y cómo debemos medir para garantizar que el SLA se cumple.

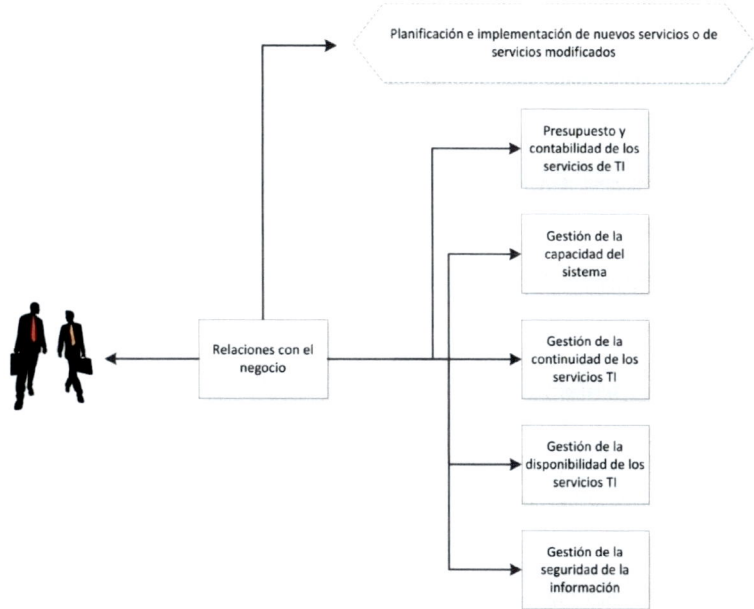

2.1. Gestión de la continuidad y disponibilidad del servicio

*La **continuidad** es la capacidad de seguir prestando los servicios del negocio o de tecnologías de la información tras un desastre.*

*La **disponibilidad** es el período en el que una función está plenamente utilizable por los usuarios.*

La disponibilidad es la "piedra angular" sobre la que gravita la actividad de las tecnologías de la información. Si entendemos que los servicios prestados fallan en ocasiones, y que los servicios de las tecnologías de la información son hoy en día esenciales para el funcionamiento de casi cualquier actividad económica, entenderemos rápidamente la importancia del concepto.

Para que el lector se haga una idea más concreta de lo que significa en términos de fiabilidad una disponibilidad del 99% o superiores, adjuntamos una tabla con SLAs habituales hoy en día, para un servicio 24x7 durante un mes.

Cálculo de disponibilidad

Período de servicio	24x7 durante 30 días
% de disponibilidad acordado	Tiempo mensual de caída permitido (horas)
99,99%	0,01
99,99%	0,08
99,98%	0,22
99,90%	0,94
99,00%	8,13
98,00%	22,37
95,00%	57,25

*El **proceso de gestión** de la disponibilidad y continuidad del servicio es el proceso responsable de ofrecer unos niveles de disponibilidad adecuados a las necesidades de los clientes y unos niveles de funcionamiento acordados tras una contingencia.*

Su objetivo es asegurar que los compromisos de continuidad y disponibilidad acordados con los clientes puedan cumplirse bajo todas las circunstancias.

Según establecen las **Normas ISO/IEC 20000**, la disponibilidad se centra en:

❑ Desarrollar el plan de disponibilidad de las tecnologías de la información, para cumplir con los requisitos del cliente y el alineamiento con el mercado.

❑ Reducir los tiempos de mantenimiento y no disponibilidad.

❑ Promover una actitud proactiva para reducir la frecuencia y duración de los fallos informáticos.

Por otra parte, y según la misma Norma, la continuidad se articula en torno a:

❑ El desarrollo y actualización del plan de continuidad de las tecnologías de la información, acorde con la estrategia de negocio.

❑ Minimizar la interrupción de las actividades tras un desastre.

❑ Reducir la vulnerabilidad mediante un eficaz análisis y gestión de riesgos.

Los **requisitos de disponibilidad** estarán recogidos en términos y condiciones cuantificables para evitar malentendidos entre las áreas de negocio y las de sistemas. Deben especificar, al menos, los siguientes parámetros:

❑ Funciones clave o vitales para el negocio.

❑ Impacto sobre el negocio causado por la pérdida de los servicios.

❑ El grado en el que el negocio puede tolerar una caída o degradación de un servicio.

❑ Descripción de la importancia relativa de los distintos horarios de trabajo para cada servicio.

❑ Porcentaje de disponibilidad mensual mínimo admisible por el negocio para los servicios.

❑ Condiciones bajo las cuáles el negocio considera que el servicio no está disponible, incluyendo el límite permitido del tiempo de respuesta en segundos.

❑ Franjas horarias necesarias para los servicios y ventanas de mantenimiento.

❑ Necesidades específicas de seguridad.

Todos estos parámetros se concretan en una serie de indicadores que componen las **métricas del proceso de disponibilidad**. Las más relevantes son:

❑ **Porcentaje de disponibilidad de los servicios**. La más importante, ver tabla 1 para entender su relevancia.

❑ **Porcentaje de disponibilidad de los servicios críticos**. Detallado específicamente para cada servicio crítico.

❑ **El tiempo de respuesta de los servicios** en caso de incidencia o desastre.

En cuanto a **indicadores**, se emplean los siguientes:

❑ Porcentaje de disponibilidad total de los servicios prestados por suministradores terceros.

❑ MTBSI (*Mean Time Between Systems Incidents*), frecuencia media con la que se producen los incidentes.

❑ MTTR (*Mean Time To Repair o Mean Time To Restore*), tiempo medio de restauración de los servicios tras los incidentes.

❑ Número de fallos o incidentes repetidos.

❑ Costes asociados al período de detención de los servicios.

❑   Porcentaje de no disponibilidad de los servicios por paradas planificadas.

❑   Porcentaje de servicios con niveles de disponibilidad acordes a los SLA establecidos.

❑   Porcentaje de disponibilidad de los componentes de los servicios.

❑   Aumento del porcentaje de la fiabilidad de servicios y componentes.

❑   Porcentaje de roturas de SLA, OLA y contratos UC.

❑   Mejora del porcentaje en disponibilidad global extremo a extremo de los servicios.

❑   Porcentaje de reducción en el número e impacto de las paradas (mantenimientos) en el servicio.

Por otra parte, las **métricas en gestión de la continuidad** son mucho menos relevantes que las relativas a la disponibilidad. Se centran en informar sobre grados de cobertura, resultados de pruebas, etc. Las principales son:

❑   Porcentaje de servicios cubiertos por el plan de continuidad de las tecnologías de la información.

❑   Número de fallos en las pruebas de los planes de continuidad.

❑   Costes asociados.

❑   Porcentaje de servicios recuperados en tiempo en las pruebas del plan.

❑   Pérdida de ingresos estimada según los resultados de las pruebas.

❑   Resultados en las encuestas de conocimiento del plan de continuidad.

❑   Tiempo total dedicado a probar el plan.

❑   Porcentaje de personal formado en actividades de recuperación.

Hay que destacar que, en lo que a continuidad se refiere, el concepto es de aplicación especialmente en cuanto a la realización de pruebas y simulacros sobre actuaciones una vez ocurrido el desastre. La ocupación y los recursos de la organización se centran en la disponibilidad de los servicios.

2.2. Gestión de la capacidad

*El **proceso de gestión de la capacidad está** diseñado para garantizar que los servicios tengan en todo momento los recursos necesarios y trabajen con un rendimiento óptimo.*

Su objetivo es asegurar que siempre existe la capacidad de tecnologías de la información necesaria, justificable en términos de coste y ajustada a las necesidades del negocio, presentes y futuras.

La actividad de una empresa no puede verse afectada por una falta de capacidad o un mal funcionamiento de los sistemas de información. En momentos de máxima demanda los sistemas deben responder.

Es decir, deben preverse incrementos de carga, construirse arquitecturas de sistemas suficientemente robustos para absorberlos y, a su vez, estar diseñados para poder crecer dinámicamente.

Alcanzar este punto de madurez no es, sin embargo, tarea sencilla. El proceso de gestión de capacidad si bien estaba perfectamente madurado en la década de los ochenta del pasado siglo con los entornos *mainframe,* en la década de los noventa sufrió un importante retroceso, con una serie de derroches que cristalizaron en la crisis de las puntocom de finales de siglo. Hoy en día, sin embargo, vuelve a ser un aspecto central, con el claro objetivo de ofrecer la capacidad precisa al mejor coste posible.

Tiene componentes **proactivos** y **reactivos**:

❑ Su faceta proactiva comprende las actividades que permiten anticipase a carencias de capacidad o rendimientos bajos. Por ejemplo, la previsión de la demanda, la previsión de la capacidad necesaria por los servicios, el modelado de estos, el plan de capacidad, etc.

❑ Sus aspectos reactivos están relacionados con la detección de faltas de capacidad, ajuste de los componentes, provisión de soluciones urgentes, etc.

Así, el ámbito de la gestión de la capacidad comprende los aspectos necesarios para que los servicios estén operativos según el rendimiento pactado, por ejemplo:

❑ Seguimiento y monitorización de la capacidad y rendimiento de los servicios y de la infraestructura:

♦ Servidores, almacenamiento, redes, etc.

♦ Unidades de soporte de servicios de las tecnologías de la información.

♦ Aplicaciones.

- ◆ Instalaciones, climatización y suministro eléctrico.

- ◆ Proveedores y gestión de la variación de capacidad.

- ◆ Revisión del equipamiento.

❑ La ejecución de mejoras que supongan una utilización más eficiente de los recursos.

❑ La realización de previsiones de demanda y utilización futura de recursos TI.

❑ Generación del plan de capacidad y sus actualizaciones.

❑ Mejora e innovación de las plataformas informáticas empleadas:

- ◆ Automatización de la provisión de peticiones, distribución de software, etc.

- ◆ Asignación dinámica automatizada de recursos según las previsiones de carga.

- ◆ Consolidación de servidores y almacenamiento.

- ◆ Virtualización de sistemas operativos y servidores.

- ◆ Gestión de la obsolescencia.

❑ Implantación de políticas relacionadas con el menor consumo energético y materiales menos contaminantes — *Green* IT—:

- ◆ Seguimiento del consumo eléctrico e implantación de políticas de reducción del consumo en equipos.

- ◆ Definición de políticas de compra de equipamiento certificado en bajo consumo y reciclado de materiales.

La **gestión de la capacidad** tiene tres subprocesos o ámbitos de actuación, son los siguientes:

❑ **La gestión de la capacidad del negocio**. Enfocada en conocer la capacidad que se demandará en un futuro para anticiparse a la cobertura de las necesidades.

❑ **La gestión de la capacidad de los servicios**. Centrada en la gestión de la capacidad y rendimiento de los servicios TI actuales, que cumplirán los requisitos establecidos en los SLA u OLA correspondientes.

❑ **La gestión de la capacidad de los recursos**. Centrada en la gestión de los componentes individuales de la infraestructura TI.

Uno de los principales instrumentos del proceso es **el plan de capacidad**, cuyo objetivo es predecir las necesidades de capacidad con el fin de anticiparse a su demanda. Es el eje central sobre el cual se articula la actualización de la información y revisión completa de la situación actual.

Las Normas ISO/IEC 20000 establecen con precisión sus requerimientos y componentes. Debe publicarse anualmente y debe estar alineado con el ciclo presupuestario y de inversiones.

El plan de capacidad contiene los siguientes elementos:

❑ Introducción.

❑ Resumen ejecutivo.

❑ Escenarios del negocio:

♦ Situación actual.

♦ Evolución prevista.

❑ Objetivo y alcance.

❑ Métodos.

❑ Hipótesis.

❑ Resumen de los servicios:

♦ Perfil de cada uno de los servicios ofrecidos.

♦ Incluyendo ratios de tráfico y utilización de los recursos.

♦ Detalles de los nuevos servicios planeados.

♦ Crecimiento o reducción en la utilización de sistemas.

♦ Informe sobre la retirada de sistemas.

❑ Resumen de los recursos:

♦ Utilización de recursos actual.

♦ Tendencias de utilización de recursos a corto, medio y largo plazo desglosadas por plataformas.

♦ Previsiones de recursos. Estudio del impacto de los nuevos escenarios de negocio descritos en el plan.

❑ Opciones de mejora de los servicios.

♦ Posibles opciones de mejora de la eficacia y/o eficiencia (por ejemplo, conso-lidación, virtualización, renovación, etc.).

❑ Previsión de costes:

♦ Descripción de los costes de las opciones de mejora.

♦ Costes actuales de los servicios.

♦ Costes previstos.

Las métricas del **proceso de gestión de la capacidad** —es decir, los indicadores— son internas del área de sistemas. Las principales son las siguientes:

❑ Porcentaje de uso de la CPU. Da una idea de las holguras que existen en la capacidad de proceso.

❑ Porcentaje de uso de la memoria RAM. Ídem.

❑ Porcentaje de disco asignado sobre el total de la capacidad de almacenamiento en disco instalada.

❑ Porcentaje de servidores saturados.

❑ Porcentaje de elementos de red saturados.

❑ Porcentaje del presupuesto gastado en compras urgentes sobre el presupuesto total, que indica el grado de precipitación debido a situaciones imprevistas.

❑ Porcentaje de incidencias provocadas por falta de capacidad o rendimiento insuficiente.

❑ Porcentaje de incumplimientos del SLA provocados por la falta de capacidad.

❑ Porcentaje de desviación previsto en el plan de capacidad frente al real utilizado. Indica la precisión de las estimaciones realizadas.

❑ Desviaciones del plan medidas en términos presupuestarios.

❑ Porcentaje de servicios o de componentes hardware monitorizados.

❑ Coste de la sobrecapacidad instalada.

2.3. Gestión de la seguridad de la información

Sin información o con información alterada, una compañía no puede desarrollar su actividad. De ahí que la seguridad de las TI se ha convertido en una de las preocupaciones más importantes de la empresa.

Tradicionalmente, ha sido una actividad aislada de la gestión de los sistemas, sin embargo, a raíz de la llegada de las Normas ISO/IEC 20000 e ISO/IEC 27002, específicamente dedicada a la seguridad de la información, acabó por ocupar su sitio en el ámbito de la gestión de los servicios con todos los honores.

Hoy en día, la seguridad en TI ha pasado de un contexto de resolución de crisis hacia el concepto de gestión, que combina tecnología con medias organizativas, procesos y procedimientos de seguridad.

En esa línea, las normas ISO/IEC establecen un objetivo muy claro: "gestionar la seguridad de la información para garantizar el nivel de seguridad requerido sobre los activos utilizados por la organización para la prestación de los servicios de las tecnologías de la información.

En la Unidad Didáctica 1, concretamente en su apartado C, se trata ampliamente la seguridad de la información desde la perspectiva de gestión de los procesos. En este apartado vamos a centrarnos en definir su métrica y los principales indicadores que podemos utilizar en su gestión.

Como vimos en dicho apartado, la seguridad informática tenía dos dimensiones bien diferenciadas:

❑ **Seguridad física**. Centrada en la interposición de controles y barreras mecánicas o materiales para el acceso y en la detección de intrusiones en recintos, infraestructuras o localizaciones. También incorpora medidas de protección frente a incendios, inundaciones, desastres naturales, etc.

❑ **Seguridad lógica**. Centrada en la protección de la información en su propio medio.

Los planes de seguridad se centran en el cumplimiento de los principios básicos de la gestión de la seguridad de la información:

❑ **La confidencialidad**, centrada en retener el conocimiento y los datos fundamentales para el negocio, mediante el aseguramiento de acceso solamente a los usuarios autorizados.

❑ **La disponibilidad de la información**. Vista en el epígrafe de gestión de la continuidad y la disponibilidad de esta Unidad Didáctica.

❑ **La integridad de la información**. Centrada en asegurar la exactitud y completitud de la información, y los métodos de su procesamiento.

También es importante la **auditabilidad** del proceso, característica que permite verificar las acciones ejecutadas, por quién y en qué momento. Este apartado lo veremos más extensamente cuando revisemos los registros en este manual.

Las métricas en **materia de gestión de la seguridad** más destacadas son las siguientes:

❑   Número de incidentes de seguridad ocurridos en el período de medición.

❑   Número de incidentes que son debidos a la seguridad, en relación al total de incidentes.

❑   Número medio de incidentes de seguridad por servidor.

❑   Coste de la inseguridad, debido a tiempos de parada a consecuencia de incidentes de seguridad.

❑   Coste de la seguridad, medido en porcentaje del presupuesto dedicado a seguridad en relación al presupuesto total de TI.

❑   Ratio de recursos humanos dedicados a la seguridad en relación al presupuesto total de personal de TI.

❑   Porcentaje de no disponibilidad de servicios debido a incidentes de seguridad de la información.

❑   Número de controles de seguridad realizados.

❑   Número de dispositivos securizados y porcentaje que representan sobre el resto de dispositivos de TI.

❑   Número de no conformidades relacionadas con la seguridad en auditorías y controles internos.

❑   Número de mejoras implantadas en controles de seguridad.

3. Aspectos a definir para la selección y definición de indicadores

En la Unidad Didáctica 2 de este manual hemos tratado las características que debían tener los indicadores para que fueran realmente eficaces. En este apartado vamos a ver los tipos de indicadores utilizados en la gestión de servicios de TI.

Los informes en TI versan sobre la actividad realizada y los resultados de los servicios ofrecidos a los clientes. Para garantizar su objetividad, se basan en indicadores y métricas.

Estos indicadores se emplearán en informes de gestión, que se entregarán al resto de áreas de la empresa o a los clientes, a fin de mantenerles informados de las incidencias, áreas de mejora, grado de cumplimiento de los SLA, etc.

3.1. Categorías de los indicadores

Lógicamente, las bases de tales informes son los indicadores que se agruparán, en función de sus destinatarios, en tres niveles o capas:

❑ **Indicadores estratégicos**. Contienen información útil para la toma de decisiones de alto nivel. Como en las grandes organizaciones el área de sistemas suele estar dividido en diferentes áreas, los indicadores estratégicos se desdoblan en dos:

- ◆ **Estratégicos y globales de TI (KGI, *Key Global Indicator*, de TI)**. Presentan información general sobre TI y su desempeño. Vinculados directamente con el cuadro de mando general de la empresa. Se emplean para mostrar a clientes — si procede—y a dirección de la empresa los resultados de TI. Algunos ejemplos de estos indicadores pueden ser: disponibilidad de los servicios, coste de TI por usuario, porcentaje de cambios en plazo o satisfacción de clientes / usuarios con TI.

- ◆ **Estratégicos y por área de TI (KGI de área)**.Son indicadores de alto nivel centrados en una de las áreas de TI únicamente. Por ejemplo, desarrollo, seguridad, etc.

❑ **Indicadores tácticos o globales de proceso (KGI de proceso)**. Muestran información resumida del desempeño de cada proceso. Se suelen escoger entre tres y cinco indicadores por proceso. Muestran a la dirección de TI la contribución de su proceso a los resultados globales de TI.

Ejemplos de KGI de proceso son: el porcentaje de incidentes resueltos en plazo, los incidentes resueltos en primera línea, porcentaje de objetivos de SLA incumplidos o los costes de provisión por servicio.

Aparte de estos indicadores de objetivos, conviene crear otros que nos hablen de tendencias y evolución en el ámbito de procesos. Por ejemplo, indicadores de evolución de proyectos, avance de las iniciativas estratégicas de transformación de TI, avance de iniciativas de transformación de TI, etc.

❑ **Indicadores operativos o de rendimiento (KPI *Key Performance Indicator*)**. Indicador que muestra una faceta específica del comportamiento de una función o actividad de TI. La existencia de indicadores de rendimiento (KPI) suficientemente relevantes apoyarán de forma decisiva a la obtención de unos buenos resultados

globales o de objetivos (KGI). Se suelen crear 10 o 20 indicadores de rendimiento por proceso. Los principales indicadores de rendimiento que se suelen medir son:

- **KPI de los procesos de TI.**

  ◊ Número total de incidentes.

  ◊ Número medio de problemas abiertos en un período.

  ◊ Número de reuniones de seguimiento con clientes al mes.

- **KPI de los proyectos de TI.**

  ◊ Proyectos en plazo.

  ◊ Tiempo medio de desviación de proyectos.

  ◊ Desviaciones presupuestarias por proyecto.

- **KPI de las iniciativas estratégicas de TI:**

  ◊ Iniciativas en plazo.

  ◊ Objetivos alcanzados.

3.2. Estructura de la arquitectura de métricas

Todo este conjunto de indicadores por niveles, procesos y actividades debe ser organizado en una estructura coherente que nos indique cómo las áreas de TI se adaptan al negocio. Para ello, se crea una arquitectura de métricas que tendrá la siguiente estructura:

- ❏ Alcance de la arquitectura.

- ❏ Antecedentes en la organización.

- ❏ Estrategia de la empresa. Objetivos de negocio identificados.

- ❏ Estrategia de TI. Objetivos de TI identificados.

- ❏ Alineación de TI con el negocio. Matriz de cruce de objetivos de negocio frente a TI.

- ❏ Estructuración en capas de la arquitectura.

- ❏ Métricas de objetivos KGI-TI.

- ❏ Métricas de objetivos por área (KGI-área).

- ❏ Fichas detalladas de indicadores.

A su vez, cada indicador tendrá una ficha detallada que, junto con el resto, formará la base de datos de indicadores y mediciones. Los campos que conformarán esta base de datos son los siguientes:

- ❑ Código indicador.

- ❑ Nombre indicador.

- ❑ Versión.

- ❑ Categoría.

- ❑ Proceso.

- ❑ Periodicidad.

- ❑ Perspectiva.

- ❑ Valor máximo.

- ❑ Valor mínimo.

- ❑ Tendencia.

- ❑ Descripción.

- ❑ Especificación.

- ❑ Justificación.

- ❑ Responsable.

- ❑ Padres.

- ❑ Hijos.

- ❑ Audiencia.

- ❑ Restricciones.

- ❑ Fuentes de información.

- ❑ Unidad de Medida.

- ❑ Dominio.

- ❑ Valor objetivo.

- ❑ Valor de riesgo.

- ❑ Fórmula de cálculo.

4. Establecimiento de los umbrales de rendimiento de los sistemas de información

En el marco de un sistema de gestión de servicios, una vez están definidos los procesos, procedimientos, actividades e indicadores y establecido el SLA, un elemento fundamental de todas las actividades preventivas es la determinación de una serie de umbrales de rendimiento tales que permitan disparar una serie de acciones, si es posible de forma automática, a fin de evitar situaciones que pongan en peligro la disponibilidad o continuidad del sistema.

*El **umbral de rendimiento** de un sistema es aquel valor que actúa como una alerta que, una vez superada, se disparan bien avisos para los administradores del sistema, a fin de que tomen las medidas adecuadas, bien acciones automáticas en el seno del propio sistema cuyo objetivo es mantener el nivel de rendimiento considerado como adecuado para cada aspecto operativo del sistema TI.*

La activación de tales actuaciones generará un registro en el sistema de logs de administración del sistema.

4.1. Límites de umbral

En la propia definición de los indicadores debe indicarse los valora máximo y mínimo permitidos, de manera que, una vez superados, se active un **evento de umbral.**

*Se define como **evento de umbral** el momento en que un nivel de rendimiento máximo o mínimo, ha sido superado, disparando la alarma o la acción automática de equilibrado del sistema correspondiente.*

Previamente, debemos establecer ambos límites, definiendo por tanto el desempeño normal esperado.

Cuando los datos de rendimiento obtenidos quedan fuera de los límites establecidos, el sistema enviará el correspondiente mensaje de alerta y, si se encuentran definidas, el propio sistema adoptará las medidas de balance automático configuradas previamente.

4.2. La línea de base. Establecimiento de los límites de umbral

Los límites de umbral de un indicador no son estáticos. Variarán en el tiempo y deben ser establecidos en escenarios de "carga controlada", es decir, escenarios de pruebas que nos permiten identificar las configuraciones que aseguran un rendimiento adecuado ante las demandas existentes en un momento dado.

Lógicamente, si las demandas se modifican, es posible que los límites de umbral deban ser modificados.

Para determinar la línea de base, antes de entrar en producción, haremos pruebas bajo diferentes condiciones de carga y seguidamente configuraremos el sistema. A partir de entonces, compararemos la línea base de rendimiento con el rendimiento en cada momento para determinar cómo se está comportando el sistema.

Una vez establecida la línea base, creamos el Plan de Supervisión, configurando cada indicador con los valores umbrales que consideramos adecuados.

 *El conjunto de límites de umbral establecidos para un sistema ante un acuerdo SLA determinado, se denomina **línea base de rendimiento del sistema o, si es un solo servidor, del servidor.***

5. Recolección y análisis de los datos aportados por los indicadores

5.1. Información de rendimiento

La tarea de supervisión de un sistema completo no es algo que deba tomarse a la ligera. Como hemos visto, requiere de un laborioso proceso de definición de objetivos, indicadores y métricas, umbrales de tolerancia basados en los acuerdos establecidos en los SLA, así como las herramientas que contengan y procesen esa información en tiempo real, a fin de actuar debidamente, y registros adecuados para la elaboración de los informes de cumplimiento posteriores.

Para garantizar en todo momento el cumplimiento de los requisitos aprobados en el SLA, estableceremos un **Plan de Supervisión**, que contendrá qué, quién y cuándo recogerá y analizará los datos de rendimiento. Igualmente, como hemos comentado en el apartado anterior, indicaremos los valores umbral para cada indicador o contador considerado de interés para el Plan.

El análisis de la capacidad de un sistema puede resumirse revisando tres aspectos:

❑ **Grado de utilización de la CPU.**

→ Procesos en curso.

→ % de ocupación.

→ Media de utilización de CPU por cada aplicación.

❑ **Utilización de dispositivos de almacenamiento.**

→ KB leídos/escritos en disco.

→ Porcentaje de utilización.

→ Prioridad de E/S por disco.

→ Tiempo de respuesta por disco.

❑ **Utilización de la memoria RAM.**

→ Grado de utilización de la memoria física.

→ Grado de utilización de la memoria virtual.

→ Utilización de la caché.

❑ **Utilización de la red.**

→ Grado de uso del ancho de banda total.

→ Número de bytes enviados por minuto y proceso.

→ Número de bytes recibidos por minuto y proceso.

5.2. Herramientas de gestión aportadas por los sistemas operativos

Los sistemas operativos actuales, en particular los de servidor, implementan de serie herramientas de gestión que permiten una recogida de datos sencilla, a fin de permitir poner el énfasis en las medidas a tomar y no tanto en la recogida de información. En el caso d Windows Server 2022 son los siguientes:

❑ **Monitor de rendimiento.** Permite configurar contadores de rendimiento para supervisar el uso de CPU, memoria, disco, red, entre otros, tanto en tiempo real como mediante conjuntos de recopilación de datos (Data Collector Sets). También permite definir alertas personalizadas y generar informes a partir de los datos recopilados.

❏ **Monitor de confiabilidad.** Proporciona una visualización cronológica de la estabilidad del sistema, registrando sucesos como instalaciones/desinstalaciones de software, actualizaciones, fallos y errores; facilita la correlación entre cambios en el sistema y alteraciones en su estabilidad.

❏ **Visor de eventos.** Consolida registros de eventos del sistema, seguridad y aplicaciones, permitiendo al administrador identificar y solucionar problemas mediante la revisión detallada de dichos eventos.

❏ **Monitor de recursos.** Ofrece datos en tiempo real sobre el uso de CPU, memoria, disco y red, mostrando detalles por proceso, colas de disco e I/O, facilitando la identificación de cuellos de botella.

En versiones modernas de Windows Server se accede desde Inicio / Herramientas administrativas. También es posible gestionarlas desde el Windows Admin Center, que ofrece un panel unificado para acceder y visualizar el rendimiento y otros aspectos de los servidores de forma remota.

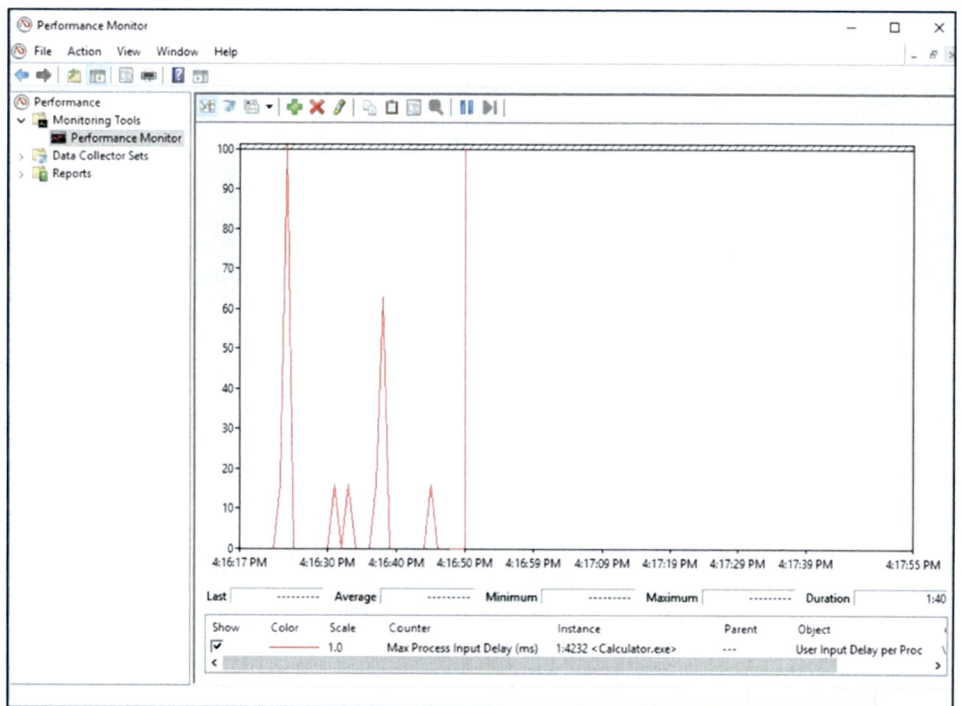

Monitor de rendimiento en Windows Server.

6. Consolidación de indicadores bajo un cuadro de mandos de rendimiento de sistemas de información unificado

El elevado número de indicadores existentes en un sistema completo de gestión de servicios TI exige, en la práctica, la organización de los mismos siguiendo un patrón de máxima sencillez. Para ello, se aconseja la creación de Cuadros de Mando de TI.

Previamente, la organización habrá decidido cuáles son los indicadores que se consideran estratégicos para cada área de TI, y, a su vez, aquellos que serán KGI y se entregarán al resto de la organización con la periodicidad establecida en los procesos de elaboración y envío de informes correspondientes.

 *Un cuadro de mando de TI es un conjunto de indicadores que muestran una visión global del estado de TI.*

En una organización madura es razonable pensar que el número de KPI será cercano a 200, por lo que el proceso de recopilación de datos y su unificación en un solo cuadro de mando puede ser muy laborioso a menos que el sistema operativo servidor incorpore herramientas para, de forma automática, poder seleccionar los **indicadores o contadores** a revisar.

En Windows Server — sistema operativo que vamos a utilizar en este apartado como ejemplo—, esa labor se realiza mediante la creación de un **Conjunto de recopiladores de datos.**

En esencia, este informe consiste en supervisar aquellos contadores o indicadores que son de nuestro interés con una programación periódica que especificaremos en la configuración. Podremos acceder a este informe desde **Inicio→Herramientas Administrativas→Monitor de confiabilidad y rendimiento de Windows→Informes→Definido por el usuario** y elegimos el Conjunto de recopiladores de datos que queramos ver.

Previamente, habremos creado nuestra línea de base y configurado los contadores con los valores umbral que consideramos adecuados no superar, establecidos por la línea de base.

A su vez, existe la posibilidad de elaborar informes de diagnóstico del sistema, que utilizaremos cuando hayamos recibido alguna alerta al haberse superado alguno de los umbrales definido para los contadores (indicadores) configurados por los administradores.

En un sistema sencillo, con un solo servidor en funcionamiento, los contadores que deberían formar parte del conjunto de recopiladores de datos estándar serían los siguientes:

❑ Memoria: % de bytes confirmados en uso.

❑ Memoria: Errores de página/s.

❑ Disco físico: Bytes de lectura de disco/s.

❑ Disco físico: Lecturas de disco/s.

❑ Disco físico: Bytes de escritura en disco/s.

❑ Disco físico: Escrituras en disco/s.

❑ Procesador: % de tiempo inactivo.

❑ Procesador: Interrupciones/s.

❑ Sistema: Subprocesos.

 *Para tener una visión más completa de las herramientas de supervisión mencionadas, se recomienda visitar página web de Microsoft Technet y buscar el término "Monitor de confiabilidad y rendimiento".*

Para incluirlos en las vistas de los monitores de rendimiento en Windows Server, debemos acudir a **Inicio→Herramientas administrativas→Monitor de confiabilidad y rendimiento de Windows** y expandimos **Confiabilidad y Rendimiento y Herramientas de supervisión**. Hacemos clic en **Monitor de rendimiento**.

Seguidamente, en la barra de menús sobre la vista gráfica del **Monitor de rendimiento**, hacemos clic en **Agregar** para abrir el cuadro de diálogo **Agregar Contadores**, donde elegimos los que necesitamos.

El resultado será bastante similar al que aparece en la siguiente imagen.

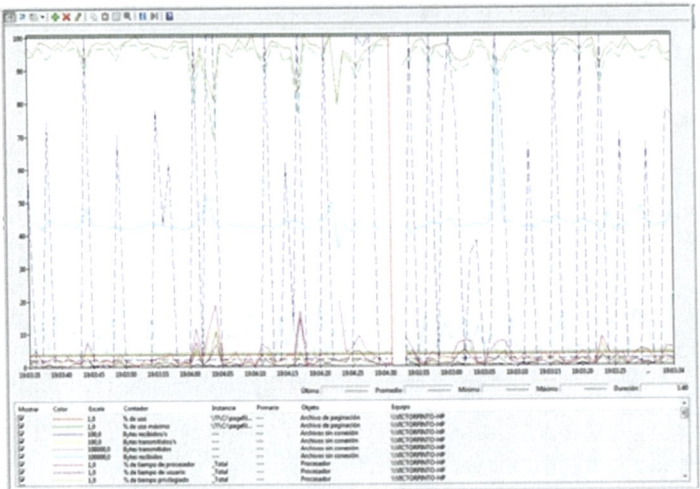

Monitor de rendimiento personalizado.

Esta información podrá ser, posteriormente, exportada para elaborar los informes de rendimiento, capacidad, etc., que hayamos establecido en los SLA con los clientes, ya sean externos o internos.

 *Con el desarrollo de este epígrafe hemos conseguido analizar los procesos del sistema con objeto de asegurar un rendimiento adecuado a los parámetros especificados en el plan de explotación.*

Resumen

En esta unidad hemos:

❏ Estudiado criterios para establecer el marco general de uso de métricas e indicadores para la monitorización de los sistemas de información.

❏ Identificado los objetos que necesitan obtener indicadores.

❏ Definido dichos indicadores y analizado los datos que aportan.

❏ Establecido los umbrales de rendimiento de los sistemas de información.

❏ Visto el cuadro de mando de rendimiento de sistemas de información unificados.

Autoevaluación de Unidad 4

Enunciados

---

1. Los SLA recogen los términos acordados con el cliente en materia de…:

   a) Niveles de servicio, continuidad, capacidad, seguridad, gestión financiera y disponibilidad.
   b) Niveles de servicio, sostenibilidad, capacidad, seguridad, gestión presupuestaria y disponibilidad.
   c) Niveles de servicio, continuidad, capacidad, seguridad, gestión presupuestaria y disponibilidad.
   d) Ninguna es correcta.

---

2. ¿Cuál de estas afirmaciones es correcta?:

   a) La expresión "cliente" siempre se refiere a organizaciones externas.
   b) El beneficio más relevante de la gestión de servicios no se mide tanto en términos económicos, sino en la mejora en las relaciones y la confianza con los clientes.
   c) Dada la complejidad de la tecnología, los profesionales de este ámbito deben centrarse en conocerla en profundidad, no prestando tanta atención a las demandas de negocio.
   d) Ninguna es correcta.

---

3. ¿A qué término se refiere la expresión "Documento que recoge los compromisos acordados entre el cliente —en este caso, externo a la organización— y el proveedor de servicios de las tecnologías de la información relativos a las condiciones de prestación o explotación del servicio requerido"?:

   a) Catálogo de servicios.
   b) Acuerdo de nivel operativo.
   c) Acuerdo de nivel de servicio.
   d) Acuerdo de soporte.

---

4. Uno de los siguientes no es un criterio para la gestión del nivel de servicio ¿Cuál?:

a) Alineamiento con el servicio.
b) Orientación al cliente.
c) Calidad del servicio.
d) Gestión de los servicios.

5. Los siguientes parámetros se refieren a las condiciones relativas sobre la capacidad máxima y mínima soportada, salvo uno de ellos. ¿Cuál?:

a) Número de usuarios totales.
b) Número de picos en concurrencia.
c) Volumen de tráfico de comunicaciones.
d) Capacidad requerida de procesamiento del sistema.

6. Una de estas afirmaciones es incorrecta. ¿Cuál?:

a) Un porcentaje de disponibilidad del 99,99% equivale a un tiempo mensual de caída permitido, medido en horas, de 0,01.
b) El proceso de gestión de la disponibilidad y continuidad del servicio es el proceso responsable de ofrecer unos niveles de disponibilidad adecuados a las necesidades de los clientes y unos niveles de funcionamiento acordados tras una contingencia.
c) la disponibilidad se centra en reducir los tiempos de mantenimiento y no disponibilidad.
d) Todas son correctas.

7. ¿Cuál de estos indicadores no se refiere a la disponibilidad?:

a) Mejora del porcentaje en disponibilidad global extremo a extremo de los servicios.
b) MTBSI *(Mean Time Between Systems Incidents)*, frecuencia media con la que se producen los incidentes.
c) Pérdida de ingresos estimada según los resultados de las pruebas.
d) Porcentaje de disponibilidad de los componentes de los servicios.

8. ¿Cuál de estas métricas no se refiere a la gestión de la capacidad?:

a) Porcentaje de uso de la CPU.
b) Porcentaje de uso de la memoria RAM.
c) Porcentaje de disco asignado sobre el total de la capacidad de almacenamiento en disco instalada.
d) Todas son métricas de la gestión de la capacidad.

9. ¿Cuál de estos principios no se refiere a la gestión de la seguridad?:

a) Confidencialidad
b) Sostenibilidad.
c) Integridad.
d) Disponibilidad.

10. ¿Cuál de estas métricas no se refiere a la gestión de la seguridad?:

a) Capacidad de almacenamiento por usuario.
b) Costes de la inseguridad.
c) Número de controles de seguridad realizados.
d) Número de mejoras implantadas.

Autoevaluación de Unidad 4
Soluciones

- -

1. *c) Niveles de servicio, continuidad, capacidad, seguridad, gestión presupuestaria y disponibilidad.*

> *Explicación: Los Acuerdos de Nivel de Servicio (SLA) han de alinearse con el negocio y suponen un compromiso de prestación negociado con los clientes. Es común que un SLA recoja conceptos tales como niveles de servicio, continuidad, capacidad, seguridad, disponibilidad y la gestión presupuestaria.*

2. *b) El beneficio más relevante de la gestión de servicios no se mide tanto en términos económicos, sino en la mejora en las relaciones y la confianza con los clientes.*

> *Explicación: En un entorno de orientación al servicio, los clientes son tanto los usuarios internos como los externos a una organización. El proceso de la gestión de servicios debe alinearse con los objetivos de negocio, por lo que es imprescindible prestar atención a sus demandas. Esto incluye a los profesionales TIC. El mayor beneficio para una organización es la mejora en las relaciones y en la confianza con sus clientes.*

3. *c) Acuerdo de nivel de servicio.*

> *Explicación: Un Acuerdo de Nivel de Servicio (en inglés Service Level Agreement, SLA), es un documento que recoge los compromisos acordados entre el cliente y el proveedor de servicios de tecnologías de la información relativos a las condiciones de la prestación o explotación del servicio requerido.*

4. **a)** *Alineamiento con el servicio.*

> *Explicación: El nivel de servicio se basa en un acuerdo entre las partes. Entre los criterios para su gestión destacan el alineamiento con el negocio, la orientación al cliente, la gestión de los servicios así como su calidad.*

5. **b)** *Número de picos en concurrencia.*

> *Explicación: Un acuerdo de nivel de servicio suele recoger las condiciones relativas sobre la capacidad mínima y máxima soportada por el servicio. Para ello utiliza parámetros como el número máximo de usuarios en concurrencia, el número de usuarios totales, el volumen de tráfico en las comunicaciones o la capacidad requerida de procesamiento del sistema. El número de picos en concurrencia no es un parámetro recogido.*

6. **d)** *Todas son correctas.*

> *Explicación: La disponibilidad y continuidad del servicio es el proceso responsable de ofrecer unos niveles de disponibilidad adecuados a las necesidades de los clientes y unos niveles de funcionamiento acordados tras una contingencia. Se centra en reducir los tiempos de mantenimiento y no disponibilidad. En el cálculo de la disponibilidad, un porcentaje del 99,99% equivale a un tiempo de 0,01 horas.*

7. **c)** *Pérdida de ingresos estimada según los resultados de las pruebas.*

> *Explicación: Es necesario cuantificar los requisitos de disponibilidad. Para ello pueden utilizarse diversos parámetros que se concretan en una serie de indicadores. Entre ellos están la mejora del porcentaje en disponibilidad global extremo a extremo de los servicios, el porcentaje de disponibilidad de los componentes de los servicios o el tiempo medio con la que se producen los incidentes (MTBSI).*

8. *d)* *Todas son métricas de la gestión de la capacidad.*

> *Explicación: La gestión de la capacidad ha de garantizar que los servicios trabajen en todo momento con un rendimiento óptimo. Pueden utilizarse métricas para cuantificar este proceso, por ejemplo el porcentaje del uso de la CPU, el de la memoria RAM o el porcentaje en disco asignado sobre el total de la capacidad de almacenamiento instalada en disco.*

9. *b)* *Sostenibilidad.*

> *Explicación: La seguridad de las TIC es una de las preocupaciones más importantes de las organizaciones. Los planes de seguridad se centran en el cumplimento de ciertos principios básicos: confidencialidad, disponibilidad e integridad de la información. La sostenibilidad no forma parte de estos principios.*

10. *a)* *Capacidad de almacenamiento por usuario.*

> *Explicación: La gestión de la seguridad cuenta con unas métricas que ayudan a cuantificar sus procesos. Destacan el número de controles de seguridad realizados, el número de mejoras implantadas en controles de seguridad, los costes de la inseguridad, por ejemplo debido a tiempos de parada como consecuencia de incidentes de seguridad. La capacidad de almacenamiento por usuario no es una métrica adecuada en este ámbito.*

Confección del proceso de monitorización de sistemas y comunicaciones

Objetivos

- ☑ Identificar todos los dispositivos de una red y conocer sus funcionalidades.

- ☑ Conocer los dos modelos fundamentales de arquitecturas de red.

- ☑ Configurar de forma completa el protocolo IP en una red local (nivel de interred de TCP/IP).

- ☑ Conocer las principales técnicas de supervisión y monitorización de incidentes en la red.

- ☑ Adquirir una visión sobre las herramientas que facilitan la supervisión y monitorización de redes, eventos e incidentes de seguridad.

Contenido

1. Identificación de los dispositivos de comunicaciones

2. Análisis de los protocolos y servicios de comunicaciones

3. Principales parámetros de configuración y funcionamiento de los equipos de comunicaciones

4. Procesos de monitorización y respuesta

5. Herramientas de monitorización de uso de puertos y servicios tipo *Sniffer*

6. Herramientas de monitorización de sistemas y servicios tipo Hobbit, Nagios o Cacti

7. Sistemas de gestión de información y eventos de seguridad (SIM/SEM)

8. Gestión de registros de elementos de red y filtrado (router, switch, firewall, IDS/IPS, etc.)

1. Identificación de los dispositivos de comunicaciones

1.1. Conceptos básicos

*En palabras de Andrew S. Tanenbaum en su libro "Redes de computadoras", una **red de ordenadores** es un "conjunto de ordenadores autónomos interconectados".*

Ciertamente, al menos dos ordenadores conectados entre sí mediante algún medio, que transmiten información y se comunican forman una red.

Es importante tener en cuenta que utilizamos dos términos similares pero no iguales: **transmisión y comunicación**.

Transmisión: *Es el transporte de la señal donde "viajan" los datos. Este proceso solo se encarga de transportar sin preocupar la información que transporta.*

Comunicación: *Este término se refiere al transporte, con éxito, de la información. En este proceso solo importan los datos que se transmiten, no cómo se transmiten.*

1.2. Elementos de una red

Si consideramos que una red crea un **circuito de datos**, a partir de la definición de Tanembaum, podemos concluir que en la red habrá **equipos que emitirán** información, **equipos que recibirán** información, **medios** a través de los cuales se transmitirá información y **dispositivos** que permiten dicha comunicación.

Así, tendremos los siguientes componentes básicos de una red:

❑ **Ordenadores, PCs o Hosts**. Elementos finales e iniciales de la transmisión de información. En la red, cualquier ordenador puede enviar un dato, ser emisor de información, o recibir datos y ser receptor de información.

❑ **ETD o Terminales**. Equipos que solamente tienen funciones de emisión o de recepción. Dos tipos:

♦ **Terminales simples**. Compuestos de un teclado y una pantalla. Solamente introducen y visualizan información pero no la procesan.

- ◆ **Terminales autónomos**. Tienen capacidad para procesar de forma independiente la información.

- ❑ **Medio**. Elemento que se usa en la transmisión de la señal entre el emisor y el receptor. Cableados de cobre, fibra óptica, aire, etc.

- ❑ **Transductor**. Elementos ubicados junto a los ETD cuya misión es transformar la naturaleza de la señal para que pueda ser emitida por un medio físico. Se denominan **ECD**.

- ❑ **Otros elementos del sistema de comunicación**. Dispositivos de red que se encargan de ampliar la señal que viaja por un medio concreto, repetirla, etc.

1.3. Dispositivos de una red

El modelo de referencia OSI, cuyo estudio está fuera del alcance de este manual, es el modelo empleado por numerosos fabricantes de dispositivos de red para el desarrollo de una arquitectura de red constituida por capas.

Comprende siete capas, donde la primera de ellas es el nivel físico y la séptima es la más cercana al usuario, la aplicación. Cada una de estas capas tiene una función claramente determinada, de modo que existen dispositivos físicos y componentes de software que responden a cada una de las funcionalidades establecidas en el modelo.

Así, a la hora de instalar una red, tendremos en cuenta los dispositivos que trabajan a **nivel físico, a nivel de enlace y a nivel de red**, puesto que implementan de manera práctica las funciones que el modelo establece en la teoría.

- ❑ **Dispositivos hardware de nivel físico**

  - ◆ **Modem.** Este dispositivo modula y demodula la señal. Adapta la señal —modula— al medio físico, para que esta sea enviada a través del medio en cuestión. Cuando la señal se recibe, el proceso es el contrario, se demodula la señal. Existen dos tipos: interno y externo.

    En la actualidad, cuando hablamos de módems nos referimos habitualmente a los dispositivos que permiten conectar nuestra red doméstica a internet. Ejemplos:

    - ◊ **Módem RDSI**. Conecta nuestra red interna a la red digital RDSI.

    - ◊ **Módem ADSL**. Conexión a través de la línea telefónica.

    - ◊ **Módem cable**. Conexión a través de las líneas coaxiales implementadas inicialmente para ver televisión.

    - ◊ **Módem inalámbrico**. Conexión mediante antena a una red pública.

♦ **Repetidores.** Se encargan de amplificar la señal digital, para paliar la atenuación debido a las largas distancias que, en ocasiones, debe recorrer entre el nodo emisor y el receptor. Estos dispositivos restauran la señal posibilitando que alcance el nodo receptor.

Existe otro tipo de dispositivo con la misma función, el amplificador, aunque este último aumenta señal analógica.

♦ **Concentradores de cableado.** También denominados **repetidores multipuerto**. Su misión es repetir la información que recibe por todas sus salidas o puertos, y conectar todos los nodos de la red. Existen dos tipos:

◊ **Repetidores pasivos** que básicamente se encargan de conectar todos los nodos de la red permitiendo su comunicación y

◊ Los **repetidores activos** que además de repetir y comunicar la señal, la amplifican y regeneran antes de enviarla.

Cuando usamos un solo concentrador en una red decimos que la red tiene topología física en estrella, aunque en función del tipo de repetidor, la topología lógica será de bus o de anillo. Así, tenemos **repetidores con topología lógica en bus o HUBS** y repetidores con **topología lógica en anillo**, conocidos como **MAU**.

❑ **Dispositivos hardware de nivel de enlace.** El uso de dispositivos de nivel físico para conectar los nodos de una red es una solución sencilla y útil cuando el número de ordenadores de la red es escaso y no esperamos un rendimiento elevado de la misma. Sin embargo, en el momento en que empezamos a agregar nuevos nodos, la red se ralentiza.

Si tenemos una red con cable de par trenzado y otra con cable coaxial, el bridge utilizado tendrá al menos un conector RJ45 y otro BNC hembras.

Adicionalmente, es posible que debamos conectar entre sí varias redes locales —LAN o Local Area Network— creadas a partir de estándares distintos, 802.3, 802.11, 802.5, etc. Estas problemáticas solamente se pueden resolver utilizando dispositivos de nivel de enlace.

♦ **NIC (*Network Interface Card* o tarjeta interfaz de red).** Es el elemento que conecta el ordenador a la red, al medio físico. Hay distintos tipos en función de la arquitectura o cableado de red utilizado —Ethernet, Token Ring, inalámbricas, etc. —.

- **Puentes o *bridges*.** Es el dispositivo encargado de conectar a nivel de enlace redes con topologías y protocolos diferentes. Como su nombre indica, es un puente o salto a otra red.

  Está formado por al menos dos interfaces diferentes, una por cada tipo de red que conecta.

  Este dispositivo también controla el tráfico de red de modo que no permite el paso a través de él de paquetes que no estén dirigidos a ordenadores de la otra red. Por así decir, solo atraviesan el puente los que realmente "van al otro lado".

- **Punto de acceso inalámbrico (HOTSPOT o AP).** Conecta dispositivos inalámbricos entre sí para formar una red inalámbrica. Normalmente incluyen de serie un RJ45 que permite conectar la red cableada a la inalámbrica.

  Es, esencialmente, un repetidor de señal, que en el momento en que recibe un dato, lo almacena y transmite tanto a puestos cableados como inalámbricos.

- **Conmutadores o *switches*.** Conecta redes que utilizan el mismo protocolo a nivel de enlace de datos. El uso de switches permite segmentar la red y mejorar su rendimiento global.

  A diferencia de los hubs, los switches son selectivos, de modo que solamente envía información a través del puerto al ordenador destinatario de ésta. En cambio, los hubs envían toda la información a todos los ordenadores, de modo que, a partir de un número relativamente pequeño de equipos, la red se satura.

  De esta forma, en una red de 10 Mbps, todos los equipos dispondrán realmente de esta velocidad. Sin embargo, en una red de 10 equipos y 10 Mbps que use un hub, la velocidad efectiva será de 1 Mbps por ordenador, dado que todos transmiten todo a todos a la vez.

  Los switches tienen la capacidad de aprender en función de las peticiones de envío que gestione. El proceso es el siguiente:

  ◊ Un equipo de la red envía un paquete de información, en la que incluye la dirección IP destino del paquete.

  ◊ El switch almacena la dirección IP de destino.

  ◊ El switch realiza una petición a ARP— *Address Resolution Protocol* o protocolo de resolución de direcciones— en la que solicita la dirección MAC asociada a la dirección IP.

◊ El switch va creando una tabla en la que encontraremos todas las direcciones IP asociadas a cada MAC de los equipos.

❑ **Dispositivos hardware de nivel de Red**

◆ **Routers o enrutadores.** Estos dispositivos trabajan exclusivamente con direcciones IP. Conectan la red local al resto de redes filtrando aquellos envíos de paquetes de datos dirigidos a equipos con dirección IP propiedad de una red diferente a la del equipo emisor.

Así mismo, intentan localizar la ruta más eficiente para entregar el paquete al destinatario.

2. Análisis de los protocolos y servicios de comunicaciones

2.1. Modelo de referencia OSI

El modelo OSI (*Open Systems Interconnection*, interconexión de sistemas abiertos) fue un intento de la International Standards Organization (ISO) para proporcionar un modelo de referencia ante la incompatibilidad que se estaba produciendo entre las distintas redes que implementaban los fabricantes. La ISO estudió modelos de conexión como la red de la conocida Digital Equipment Corporation (DECnet) o la Arquitectura de Sistemas de Red (*Systems Network Architecture*, SNA). Con esta información, la ISO desarrolló un modelo de red para ayudar a los diseñadores de nuevas redes que basaran su arquitectura en capas. Su desarrollo comenzó en 1977, fue creado en 1980 y publicado como estándar en la recomendación X.200 de la UIT (Unión Internacional de Telecomunicaciones) en 1983. En 1984 la ISO también lo publicó como estándar internacional (ISO/IEC 7498:1984).

Se trata de un modelo teórico de referencia, esto es, únicamente explica lo que debe hacer cada componente de la red sin entrar en los detalles de implementación.

El modelo divide las redes en capas. Cada una de estas capas debe tener una función bien definida y relacionarse con sus capas inmediatas mediante unos interfaces también bien definidos. Esto debe permitir la sustitución de una de las capas sin afectar al resto, siempre y cuando no se varíen los interfaces que la relacionan con sus capas superior e inferior. Los creadores del modelo OSI consideraron que era 7 el número de capas que mejor se ajustaba a sus requisitos.

Proporciona una base común para la coordinación de desarrollo de estándares, y permite que los estándares existentes y arquitecturas se sitúen en el modelo de referencia general.

Los principios que formularon su creación son los siguientes:

❏   Cada capa se referirá a un nivel de abstracción distinto.

❏   Cada capa debe realizar una función bien definida.

❏   La función de cada capa debe definirse teniendo en cuenta que se está creando la definición de protocolos estandarizados.

❏   Los límites de capa se deben facilitar la reducción del flujo de información a través de las interfaces.

❏   El número de capas debe ser lo suficientemente grande como para que cada función distinta se realice en una sola capa y lo suficientemente pequeño como para que la arquitectura no sea difícil de gestionar.

Antes de ISO OSI, cada arquitectura de red dependía del fabricante y de protocolos propietarios (SNA, Appletalk, NetWare, DECnet...).

Las 7 capas del modelo OSI

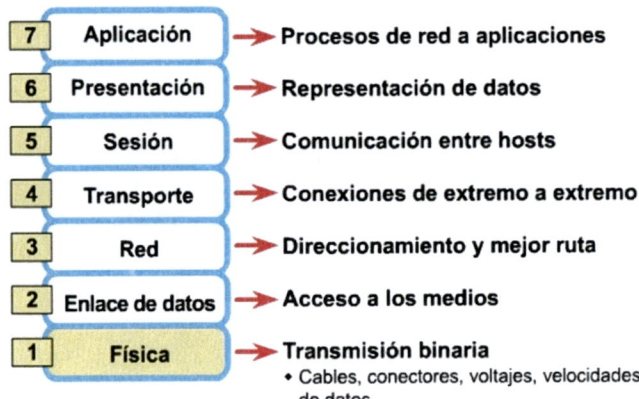

Cada nivel es independiente de los demás y se comunica únicamente con los niveles inmediatamente superior y/o inferior por medio de interfaces. Así cada nivel aporta una cabecera, de forma que los datos realmente comunicados entre aplicaciones (N7) son solo una parte de los transmitidos físicamente (N1). Esto causa sobrecarga (*overhead*) pero aporta gran flexibilidad al sistema.

A nivel lógico cada capa se comunica con las aplicaciones de su misma capa en otra máquina a través de las capas inferiores.

2.2. Niveles de red del modelo OSI

Subred de comunicaciones (Niveles 1, 2 y 3)

Es responsable de las conexiones físicas del equipo con la red en lo que se refiere al medio físico (cable de distintos tipos, radio, infrarrojos...), características del medio —tipo de cable o calidad del mismo; tipo de conectores normalizados o de antena, etc.— y la forma en la que se transmite la información —codificación de señal, niveles de tensión/intensidad de corriente eléctrica, modulación, tasa binaria, velocidad de transmisión, etc.—.

La capa física (N1) *es la encargada de transmitir los bits de información a través del medio físico utilizado.*

La capa de enlace (N2) *tiene como objetivo proporcionar un tránsito de datos fiable a través de un enlace físico.*

*El cometido **de la capa de red (N3)** es hacer que los datos lleguen desde el origen al destino, aun cuando ambos no estén conectados directamente. Para ello se basan en dos técnicas: el **direccionamiento y el encaminamiento** y utilizan como dispositivos **routers** o **enrutadores**.*

Para ello se establecen interfaces mecánicas, eléctricas y de procedimiento, que dependen en cada caso de las características del medio de transmisión (Manchester, 4B/5B, DSSS...).

Así, el medio de transmisión se convierte en un almacén intermedio (*buffer*) lo que produce bastantes problemas de comunicación. Esto implica que los ficheros grandes tengan más probabilidades de sufrir errores, por lo que deben dividirse en paquetes y tomar medidas para controlar la calidad de la transmisión. Conforme han mejorado en el tiempo las conexiones físicas — en particular con la introducción de cableado de categoría 5—, se han podido utilizar tramas mayores (*Jumbo frames*).

Para ello, crea y reconoce los límites de las tramas y es capaz de resolver los problemas derivados del deterioro, pérdida o duplicidad de las tramas y colisiones en conexiones de multidifusión. Puede incluir igualmente mecanismos de control del flujo que eviten la saturación de un receptor que sea más lento que el emisor.

Normalmente tiene una conexión con el nivel físico (**MAC o Medium Access Control**) y varias con el nivel de red (LLC o Logical Link Control).

En este nivel se implementa la calidad del servicio de red o **QoS —Quality of Service—**, según el cual cada usuario contrata con la red un tipo de servicio y una calidad (mayor prioridad, mayor ancho de banda, etc.).

La capa de enlace de datos se ocupa del direccionamiento físico, de la topología de la red, del acceso a la red (MAC: Medium Access Control), de la distribución ordenada de tramas y opcionalmente del control del flujo, de la notificación de errores y de la calidad del servicio (QoS).

Los concentradores (hubs) actúan exclusivamente a nivel físico (N1) sin control alguno de las colisiones, mientras que los conmutadores (switches) actúan a nivel de enlace (N2).

Por otra parte, la capa de red debe ser capaz de gestionar adecuadamente la congestión de red.

Nivel de transporte (Nivel 4)

*El **nivel de transporte (N4)** se encarga de realizar y asegurar el transporte de los datos de la máquina origen a la máquina destino, independizándolo del tipo de red física que se esté utilizando. En el modelo de Internet los protocolos de transporte también determinan a qué aplicación van destinados los datos.*

Sesión y presentación (Niveles 5 y 6)

*La **capa de sesión (N5)** establece, gestiona y finaliza las conexiones entre usuarios (procesos o aplicaciones) finales. Se encarga de controlar la sesión, la concurrencia y la reanudación en caso de interrupción.*

*La **capa de presentación (N6)** se encarga de la representación de la información. Esta capa es la primera en trabajar más el contenido de la comunicación que la forma en que se establece la misma.*

En la práctica, el nivel de sesión (N5) nunca se implementa por separado, sino con el nivel de presentación (N6).

En la capa 6 se tratan aspectos tales como la semántica y la sintaxis de los datos transmitidos, de manera que aunque distintos equipos puedan tener diferentes representaciones internas de caracteres (ASCII, Unicode, EBCDIC), números (*little-endian* en Intel, *big-endian* en Motorola), sonido o imágenes, los datos lleguen de manera reconocible. Además permite cifrar los datos y comprimirlos.

Nivel de aplicación (Nivel 7)

*El **nivel de aplicación (N7)** ofrece a las aplicaciones (de usuario o no) la posibilidad de acceder a los servicios de red y define los protocolos que utilizan las aplicaciones para intercambiar datos, como correo electrónico (POP y SMTP), gestores de bases de datos y servidor de ficheros (FTP).*

Hay tantos protocolos como aplicaciones distintas y puesto que continuamente se desarrollan nuevas aplicaciones el número de protocolos crece sin parar.

El nivel de aplicación abstrae al usuario del acceso a la red. El usuario utiliza aplicaciones que son las que interactúan en este nivel. Así, por ejemplo, un usuario para utilizar el protocolo HTTP interactúa con un navegador, no manda una petición HTTP/1.0 GET index.html para conseguir una página en html, ni lee directamente el código html/xml.

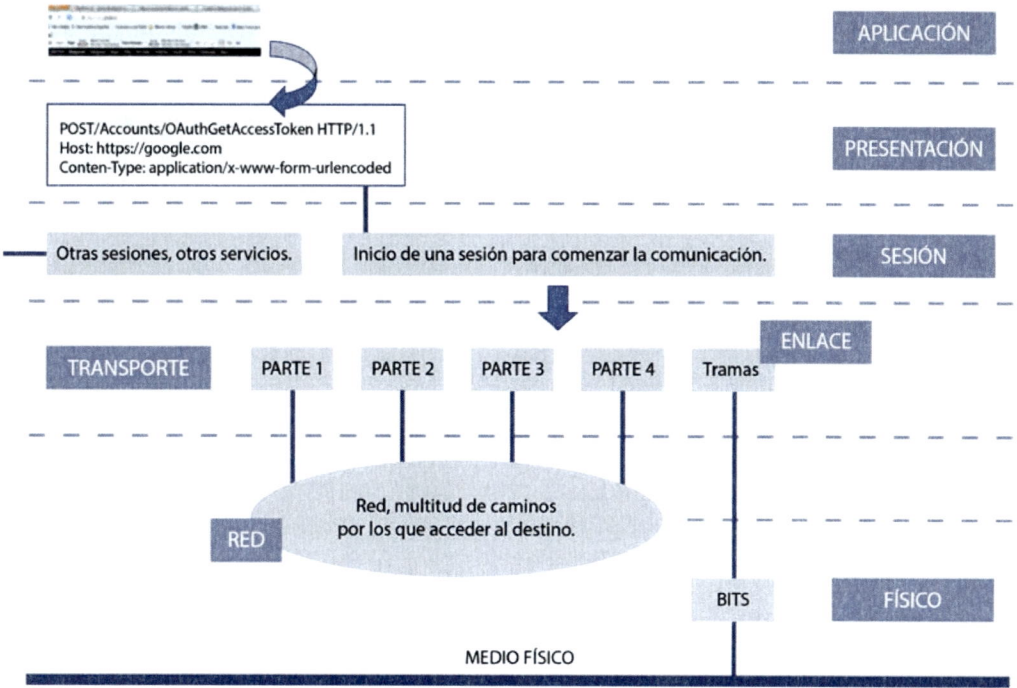

Niveles OSI vistos desde un supuesto real de búsqueda de una url por internet.

2.3. Arquitectura TCP/IP

En ocasiones, se confunde la arquitectura de red TCP/IP con el protocolo TCP/IP, aunque, de hecho, es una arquitectura compleja y, actualmente, la más utilizada, pues es la base de las comunicaciones en internet.

TCP/IP es una arquitectura formada por una gran variedad de protocolos, de los cuales probablemente el más importante sea el protocolo TCP/IP.

El modelo de capas TCP/IP prescinde de las capas de presentación y sesión debido a que la mayoría de las aplicaciones no las usan. En la capa de aplicación, como hemos visto en el punto anterior, encontramos todos los protocolos de alto nivel, como http, smtp, pop, etc. Además, unifica las capas de enlace y física en una única red denominada, **red, subred** o **host a red**. Por su parte, la capa de red no está demasiado definida en la arquitectura TCP/IP, aunque contempla los tipos de redes más generales, como 802.3, 802.5, 802.11, etc.

2.4. Modelo OSI frente a la arquitectura TCP/IP

Con el tiempo, la arquitectura TCP/IP se ha impuesto al modelo de referencia OSI. Las razones son las siguientes:

❑ La arquitectura TCP/IP y sus protocolos asociados ya estaban operativos antes de que OSI se normalizara, lo que en la práctica impidió el cambio de arquitectura a los fabricantes de dispositivos, desarrolladores de aplicaciones, etc., debido a los costes económicos que tal cambio podía suponer.

❑ El contexto en el que se desarrollaron ambos modelos, en plena guerra fría, y la necesidad por parte del gobierno de los Estados Unidos de disponer una arquitectura de red operativa para la conexión de nodos distantes entre sí y con un diseño tal que permitiera a la red seguir siendo operativa aunque alguno de sus nodos desapareciera, hizo que se decantara por la arquitectura TCP/IP, pues ya estaba plenamente disponible y permitía una descentralización total de la red. Esta decisión llevó en la práctica al resto de agentes del mercado a decantarse también por la arquitectura TCP/ IP.

❑ El auge y universalización de Internet a partir de 1994 ha supuesto un incremento exponencial del uso tanto de la propia arquitectura como del protocolo TCP/IP.

A continuación, podemos ver las diferencias existentes entre ambos modelos.

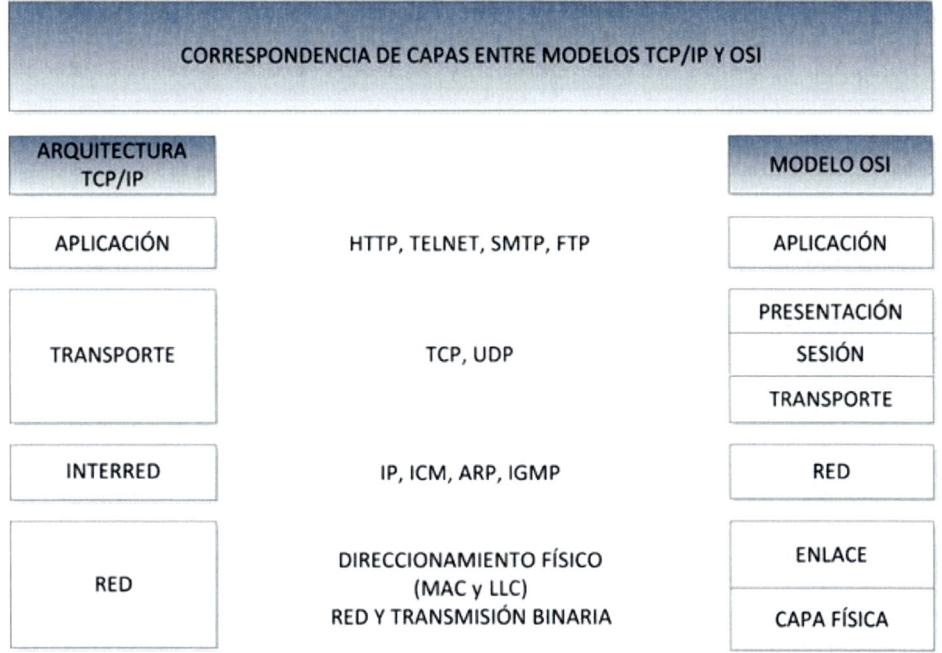

ARQUITECTURA TCP/IP		MODELO OSI
APLICACIÓN	HTTP, TELNET, SMTP, FTP	APLICACIÓN
TRANSPORTE	TCP, UDP	PRESENTACIÓN
		SESIÓN
		TRANSPORTE
INTERRED	IP, ICM, ARP, IGMP	RED
RED	DIRECCIONAMIENTO FÍSICO (MAC y LLC) RED Y TRANSMISIÓN BINARIA	ENLACE
		CAPA FÍSICA

CORRESPONDENCIA DE CAPAS ENTRE MODELOS TCP/IP Y OSI

3. Principales parámetros de configuración y funcionamiento de los equipos de comunicaciones

 *Dado que la arquitectura más extendida hoy en día es la TCP/IP, por las razones comentadas anteriormente, en este apartado vamos a aprender cómo funciona el protocolo IP, que funciona en el nivel interred de la arquitectura TCP/IP.*

3.1. Un poco de historia

El 4 de octubre de 1957, en plena guerra fría, la Unión Soviética lanzaba el primer satélite artificial, el Sputnik I, inaugurando la carrera espacial. Los Estados Unidos interpretaron el hecho como una prueba de que se estaban quedando atrás en ciencia y tecnología y respondieron pocos meses después creando la Agencia de Investigación de Proyectos Avanzados de Defensa (DARPA en inglés, acrónimo de *Defense Advanced Research Project Agency*).

DARPA mostró interés desde un primer momento en los sistemas operativos de tiempo compartido. Financió, por ejemplo, MULTICS, predecesor de UNIX, a su vez, origen del actual Linux.

En particular, interesaba la posibilidad de conectar redes locales de forma remota, como prevención ante la posible destrucción de nodos de la red. En las pruebas subsiguientes, pudieron comprobar que las técnicas de conmutación de circuitos tradicionales no eran las adecuadas para este tipo de interconexiones.

A finales de los años sesenta, se encargó a la consultora BBN el diseño y construcción de los primeros routers, denominados entonces IMPs —*Interface Message Processors*— y en 1969 se creaba la red ARPAnet.

Esta red conectaba cuatro sistemas instalados en la Universidad de California (UCLA), en el Instituto de Investigación de Stanford (SRI), en la Universidad de California-Santa Bárbara y en la Universidad de Utah. El protocolo original de comunicación de ARPAnet, denominado NCP —Network Control Program—fue desarrollado por Vinton Cerf.

Basándose en la experiencia adquirida en la creación del NCP, Vinton Cerf y Robert Khan diseñaron en 1973 un modelo de interconexión abierto que permitía unir todo tipo de redes con independencia de sus características.

Un elemento central de este modelo es el router, que se conecta a cada una de las redes en el envío de paquetes. En los siguientes años desarrollaron las siguientes versiones del nuevo protocolo mejorado, hasta llegar a la actual versión TCP/IP v 4.

3.2. Funcionamiento de la arquitectura TCP/IP

Como hemos visto en el apartado anterior, TCP/IP tiene cuatro capas: la capa de acceso a la red, la capa Internet o interred, la capa de transporte y la de aplicación.

Cada una de estas capas resuelve un problema relacionado con la transmisión de la información, además de proporcionar una serie de servicios concretos a los protocolos de las capas superiores. Así, cada una de las capas de la pila TCP/IP incorpora servicios de:

❑ **Control de errores.** Lo que aumenta la fiabilidad del canal de comunicación.

❑ **Control de flujo.** Lo que evita que los nodos más lentos se inunden de tráfico.

❑ **Fragmentación.** Lo que permite dividir en partes más pequeñas los ficheros y, una vez recibidos, unirlos de nuevo.

❑ **Multiplexación.** Lo que permite que varias sesiones de nivel superior compartan una única conexión de un nivel inferior.

❑ **Gestión del establecimiento de la conexión.**

❑ **Direccionamiento.**

❑ **Nomenclatura**.

3.3. Protocolo IP

En esta capa de la arquitectura TCP/IP es donde se realizan las labores de **direcciona-miento y encaminamiento** de la información, para lo que se utiliza el protocolo IP. En este nivel se trabaja con unidades de datos denominadas **datagramas**, que tienen el formato espe-cificado en el propio protocolo IP.

Direccionamiento. *Todo objeto componente en la red es diferenciado del res-to mediante una dirección IP que identifica la red a la que pertenece y el equi-po concreto dentro de la red.*

Encaminamiento. *Todo elemento de la res es encaminado —es decir, condu-cido a s destino— con la ayuda de componentes que mantienen las tablas de direcciones con caminos alternativos.*

La versión más utilizada del protocolo IP sigue siendo la 4 (IPv4); sin embargo, debido al agotamiento de sus direcciones y al despliegue progresivo de IPv6, cuyo estándar ya está completamente implementado y operativo, muchos sistemas actualmente funcionan en en-tornos duales (IPv4/IPv6). Hasta que IPv6 alcance una adopción plena y global, se continúan utilizando técnicas como el subnetting para optimizar el uso del espacio de direcciones IPv4, como se explicará en apartados posteriores.

3.4. Direccionamiento IP

Mediante el direccionamiento IP el protocolo IP identifica a los distintos nodos de una red. Todo interfaz de red en la red posee una única dirección IP, con la que establece una relación biunívoca.

*Esto es importante, pues es posible que un dispositivo de la red tenga más de una **tarjeta de red (o interfaz de red)**, a las que se asignará una única di-rección IP. De esta manera, el mismo dispositivo será identificado con varias direcciones IP tantas como tarjetas de red tenga instaladas.*

En este apartado utilizaremos indistintamente las expresiones tarjeta de red o interfaz de red.

Las direcciones de red pueden ser:

❑ **Unicast**. Hacen referencia a una única interfaz de red. Son las usadas habitualmente en el envío de información.

❑ **Multicast**. Referencian a varias interfaces de red, de forma que si enviamos un paquete con una dirección multicast, este paquete llegará a más de una interfaz de red.

❑ **Broadcast**. Dirección que referencia a todos los equipos de la red.

3.5. Formato de una dirección IPv4

Una dirección IPv4 está compuesta por 32 bits, agrupados de 8 en 8. Cada grupo de 8 bits genera un número decimal que va de 0 a 255.

Ejemplo de dirección IP

dirección IP	192	168	1	23
Binario correspondiente	11000000	10101000	00000001	00010111

Una dirección IPv4 tiene dos partes bien diferenciadas:

❑ **Identificador de red**. Es la parte de la dirección IP que identifica a la red donde se encuentra el equipo.

❑ **Identificador de host**. Nombre del equipo en la red.

No obstante, esta ordenación no es totalmente estática. Es posible que se asigne un número distinto de bits a la identificación de la red.

3.6. Formato de una dirección IPv6

Una dirección IPv6 está formada por 128 bits agrupados de 16 en 16. Usan notación hexadecimal y el carácter —:— como separador. Los números hexadecimales se encuentran en el rango [0000 – ffff]. Los ceros a la izquierda pueden suprimirse y podemos sustituir varios grupos de ceros por (::) una sola vez en cada dirección.

Dirección IPv6

dirección IP	192	168	1	23
hexadecimal correspondiente	00C0	00A8	0001	0017
Número hexadecimal sin ceros	C0:A8:1:17			

Las direcciones IPv6, al igual que las IPv4, informan sobre la red en la que se encuentra el nodo y el nombre de este. Sin embargo, en las direcciones IPv6 los primeros 64 bits identifican a la red y el resto al nodo. Esta distribución es fija.

Por otra parte, la dirección del host no es aleatoria, sino que se corresponde con la dirección MAC de la interfaz de la red en formato EUI-64.

3.7. Máscara de subred IPv4

La máscara de subred se utiliza para diferenciar los bits de red de los de host en una dirección IPv4. Está formada por 32 bits de los cuales tendrán valor 1 aquellos que identifiquen la red y 0 los que identifiquen al host. Se agrupan, al igual que en una dirección IP, de 8 en 8.

Su función es delimitar el ámbito de la red. Así, la máscara de subred nos permite saber si el router debe enviar los datos dentro o fuera de la red.

Funcionamiento de la máscara de subred

Si el router tiene la dirección IP 192.168.1.1 y máscara de red 255.255.255.0, el router entenderá que todo lo que se envía a una dirección IP que empiece por 192.168.1 va para la red local y todo lo que va a otras direcciones IP, se dirigirá al exterior de la red.

De esta forma, si tenemos un rango de direcciones IP desde 10.0.0.0 hasta 10.255.255.255, si todas ellas forman parte de la misma red, su máscara de red sería: 255.0.0.0, lo que también se puede escribir como 10.0.0.0/8, si empleamos la notación CIDR, que se explica a continuación.

Una máscara de subred puede expresarse también utilizando la **notación CIDR** — *Classless InterDomain Routing*—. Esta notación consiste en agregar un sufijo a la dirección IP indicando el número de bits que se usan para identificar a la red, teniendo en cuenta que los bits de red comienzan en la izquierda de la dirección IP.

3.8. Dirección de red IPv4

La dirección de red se obtiene poniendo a cero todos los bits de host de una dirección IP. Así, si mi dirección IP es 193.10.120.3, y hemos establecido una máscara de subred 255.255.255.0, la dirección de mi red será 193.10.120.

- ## Clases de direcciones IPv4

Ya hemos comentado anteriormente que el número de bits que identifican la red en una dirección IP es variable. Las clases nos permiten averiguar el número de bits que la dirección dedica a red y a host. Las direcciones IP podrán ser, por tanto, de las siguientes clases:

❑ **Clase A**. Usan los 8 primeros bits para identificar la red, mientras que los 24 restantes identificarán el host. El primer bit de la dirección comienzan con el valor 0. Estas direcciones se encuentran en el intervalo 0.0.0.0 a 127.255.255.255. Su máscara de red es 255.0.0.0.

❑ **Clase B**. Usan los 16 primeros bits para identificar la red, mientras que los 16 restantes identifican el host. Los dos primeros bits adoptan el valor 10. Estas direcciones se encuentran en el intervalo 128.0.0.0 a 191.255.255.255. La máscara de red para estas direcciones es 255.255.0.0.

❑ **Clase C**. Usan los 24 primeros bits para identificar la red, mientras que los 8 restantes identifican el host. Los tres primeros bits siguen la secuencia 110. Estas direcciones se encuentran en el intervalo 192.0.0.0 a 223.255.255.255. La máscara de red para estas direcciones es 255.255.255.0.

❑ **Clase D**. Son direcciones IP dedicadas al *multicasting*, es decir, que envían información a varias interfaces distintas. Sus primeros bits comienzan con la combinación 1110. El intervalo de direcciones IP para esta clase 224.0.0.0 a 239.255.255.255.

❑ **Clase E**. Direcciones IP reservadas para su uso en investigación. Sus primeros bits comienzan con la secuencia 11110. Estas direcciones se encuentran en el intervalo 240.0.0.0 a 247.255.255.255.

Clases de direcciones de IP v 4

Clase	Bits	IP Subred	IP Broadcast	Máscara en decimal	CIDR
A	0	0.0.0.0	127.255.255.255	255.0.0.0	/8
B	10	128.0.0.0	191.255.255.255	255.255.0.0	/16
C	110	192.0.0.0	223.255.255.255	255.255.255.0	/24
D	1110	224.0.0.0	239.255.255.255	sin definir	sin definir
E	1111	240.0.0.0	255.255.255.254	sin definir	sin definir

Las máscaras 255.0.0.0 (clase A), 255.255.0.0 (clase B) y 255.255.255.0 (clase C) suelen ser suficientes para la mayoría de las redes privadas. Sin embargo, las redes más pequeñas que podemos formar con estas máscaras son de 254 hosts y para el caso de direcciones públicas, su contratación tiene un coste alto. Por esta razón suele ser habitual dividir las redes públicas de clase C en subredes más pequeñas. A continuación se muestran las posibles divisiones de una red de clase C.

La división de una red en subredes se conoce como **subnetting.**

• Direcciones IPv4 públicas y privadas

Dado que el rango de direcciones IP es limitado y, en particular, en IPv4, está casi agotado, es conveniente dividir las direcciones IP entre **públicas y privadas**.

Dirección IP pública. *Aquella dirección IP única e irrepetible en Internet.*

Dirección IP privada. Existen, por convención, rangos de direcciones IP que no se pueden utilizar a nivel público, y se han dejado para uso privado a nivel de red interna, de manera que pueden utilizarlas muchas empresas para uso interno. Las hay en las tres primeras clases:

❑ ***Clase A.*** *Rango de direcciones IP 10.0.0.0 a 10.255.255.255. Red 10.0.0.0.*

❑ ***Clase B.*** *Rango de direcciones IP 172.16.0.0 a 172.31.255.255. Redes 172.16.0.0 a 172.31.0.0.*

❑ ***Clase C.*** *Rango de direcciones IP 192.168.0.0 a 192.168.255.255. Redes 192.168.255.0.*

• Direcciones IP de interés

Son aquellas que utilizaremos cuando queramos configurar por completo nuestra red:

❑ **Dirección IP de la puerta de enlace**. Es la dirección del router de la red. Puede ser cualquiera de las direcciones de un rango, aunque normalmente es la primera dirección del rango.

❑ **Dirección de broadcast**. Dirección de multidifusión por la que se enviará un paquete a todos los nodos de la red. Se obtiene poniendo a 1 todos los bits del host.

❑ **Dirección de bucle local**. Esta dirección de red se utiliza para comprobar las propias interfaces de red. En la clase A es 127.0.0.0. Normalmente, las comprobaciones se realizan utilizando la IP 127.0.0.1, aunque cualquier otra es válida.

• Configuración del direccionamiento IP en una red

Una vez se ha montado la red física, debemos configurarla. Una vez instalados todos sus componentes, iremos puesto a puesto, en caso de no disponer de un DHCP, e ir introduciendo los valores de configuración de la red, a fin de conseguir que cada equipo pueda acceder a la red.

Por tanto, para configurar una red debemos disponer de los siguientes datos:

❑ Dirección de red IP.

❑ Máscara de red.

❑ Dirección de la puerta de enlace.

❑ Dirección de broadcast.

❑ Rango de direcciones IP que podemos usar para los host.

La dirección pública nos la asignará el proveedor de servicio de Internet que hayamos contratado. Esta será la dirección DNS de nuestro dominio. El resto, la estableceremos nosotros a partir de la estructura de la red y del número de host que vayamos a tener.

4. Procesos de monitorización y respuesta

En la Unidad Didáctica 4 hemos revisado extensamente y en gran detalle los conceptos de gestión de la capacidad y disponibilidad de un sistema, cuyo objetivo es ofrecer unos niveles de disponibilidad adecuados a las necesidades de los clientes y unos niveles de funcionamiento acordados tras una contingencia.

Uno de los elementos fundamentales de todo sistema es la propia red. Tanto en su apartado físico — estado de los dispositivos, del cableado, del suministro eléctrico,...— como de la configuración de los dispositivos y hosts, y del tráfico y sus posibles incidencias.

La monitorización de la red es por tanto, un apartado fundamental de la gestión de los servicios de sistemas de información y su objetivo es mantener el rendimiento adecuado y conforme a los acuerdos recogidos en el SLA del cliente, mediante la realización de una serie de tareas preventivas que permiten conocer en tiempo real el estado de la red, en términos de:

❑ *Densidad de tráfico medio.*

❑ *Picos de tráfico.*

❑ *Colisiones por segundo.*

❑ *Cantidad y tipo de tráfico generado por cada equipo.*

❑ *Detección de posibles cuellos de botella, tanto físicos como lógicos.*

❑ *Etc.*

La monitorización de la red pretende localizar tanto problemas causados por la sobrecarga y/o fallas en los servidores, como problemas de la infraestructura de red (u otros dispositivos).

Las medidas a tomar son muy diversas, pero las siguientes son las más relevantes:

❑ Para determinar el rendimiento de un servidor web, enviaremos mediante nuestra herramienta de monitorización a intervalos predeterminados, peticiones HTTP (*Protocolo de Transferencia de Hipertexto*) para obtener páginas.

❑   Para determinar el rendimiento de un servidor de correo electrónico, enviaremos mensajes mediante SMTP (*Protocolo de Transferencia de Correo Simple*), para luego ser retirados mediante IMAP (*Protocolo de Acceso a Mensajes de Internet*) o POP3 (*Protocolo Post Office*).

❑   Etc.

Comúnmente, los datos evaluados son tiempo de **respuesta y disponibilidad,** aunque no perderemos de vista estadísticas tales como **consistencia y fiabilidad** — de hecho, en Windows Server se incluyen análisis de estas estadísticas en la herramienta de monitorización de rendimiento que incorpora de serie—, aspectos que en la actualidad se consideran prioritarios a la hora de realizar el seguimiento.

Estos aspectos se han analizado en las Unidades Didácticas anteriores, de modo que no dedicaremos más espacio a su análisis y estudio.

En el caso de los dispositivos, procuraremos controlar los siguientes problemas:

❑   Fallos de respuesta en peticiones de estado.

     ◆   Problemas en la conexión.

     ◆   Tiempo de espera agotado.

     ◆   Inexistencia de la dirección IP buscada,

     ◆   Etc.

La respuesta a estas acciones pueden variar, pero pueden ir desde el simple registro de un evento en el log del servidor, hasta una alerta enviada al administrador, pasando la ejecución automática de mecanismos de controles de fallos, etcétera.

5. Herramientas de monitorización de uso de puertos y servicios tipo *Sniffer*

 Un **sniffer o husmeador** *es un programa de captura de los paquetes de datos que circulan a través del medio físico, los dispositivos y los equipos que forman parte de una red.*

Los medios físicos utilizados en la transmisión —el cableado, ya sea coaxial, UTP, fibra óptica, etc.— se comparten por todos los ordenadores y los dispositivos de red. Esto que hace posible que un ordenador capture las tramas de información que no están destinadas a él.

Para lograrlo, el **sniffer** hace que el ordenador deje de ignorar todo el tráfico no destinado él mismo, colocando en modo "**promiscuo**" a la interfaz de red o tarjeta de red, también conocida —como hemos visto anteriormente— como NIC, que será el nombre que utilizaremos de ahora en adelante.

Como hemos visto en los apartados dedicados a la seguridad, toda la información que se transmite a través de las redes es susceptible de ser utilizada para fines de lucro distintos a los fines de la propia empresa, incluso para realizar delitos tecnológicos.

Una vez que la NIC está en estado promiscuo, es necesario poseer privilegios de administrador, con lo que podremos leer todos los paquetes de datos transmitidos a través de la red.

A partir de ahí, podremos realizar una lectura de toda la información que entra al ordenador por la tarjeta de red. El **sniffer** conocerá el equipo de origen, el equipo de destino, los números de puerto a través de los que entran y salen los paquetes de datos, etc.

En resumen, el uso de un **sniffer** nos permite acceder a toda la información intercambiada entre dos ordenadores cualesquiera de la red.

Desde una perspectiva del administrador del sistema, los sniffers son herramientas tremendamente potentes para aumentar la seguridad de nuestra red, para hacer test del rendimiento de los dispositivos que la conforman y para detectar dónde se encuentran los cuellos de botella que ralentizan el rendimiento global de la red.

A su vez, tiene un importante papel en el mantenimiento de la seguridad de la información alojada en nuestro sistema.

Los principales usos que se le pueden dar son:

❑ Captura de contraseñas enviadas sin cifrar y nombres de usuario de la red. Esta capacidad es utilizada en muchas ocasiones por atacantes para atacar los sistemas desde el exterior.

❑ Análisis de fallos para descubrir problemas de conexión en la red.

❑ Medición del tráfico.

❑ A los desarrolladores de aplicaciones en entorno cliente-servidor, les permite analizar la información real que se transmite por la red.

Algunos **sniffers** trabajan solo con paquetes de TCP/IP, aunque existen otros más sofisticados, capaces de trabajar con un número más amplio de protocolos e incluso en capas por debajo de la de transporte, siendo capaces de analizar los paquetes de datos a nivel de capa de enlace. Algunos de los más utilizados son los siguientes:

❑ **Wireshark**. Es un analizador de protocolos utilizado para realizar análisis y solucionar problemas en redes de comunicaciones para desarrollo de software y protocolos, y como una herramienta didáctica para educación. Cuenta con todas las características estándar de un analizador de protocolos.

❑ **Ettercap**. es un interceptor/sniffer/registrador para LANs con switch. Soporta direcciones activas y pasivas de varios protocolos (incluso aquellos cifrados, como SSH y HTTPS). También permite la inyección de datos en una conexión establecida y filtrado al vuelo aun manteniendo la conexión sincronizada gracias a su poder para establecer un Ataque del tipo *Man-in-the-middle* —también conocido como *Spoofing*—.

❑ **Kismet**. Además de un sniffer, también ofrece funcionalidades de detección de intrusiones para redes inalámbricas 802.11. Kismet puede rastrear tráfico 802.11b, 802.11a y 802.11g. El programa tiene versiones que funcionan únicamente bajo Linux y Mac OS X. El cliente puede también funcionar en Windows, aunque la única fuente entrante de paquetes compatible es otra sonda, por lo que pierde gran parte de su eficacia.

❑ **TCPDUMP.** Herramienta de línea de comandos cuya utilidad principal es analizar el tráfico que circula por la red. Permite al usuario capturar y mostrar en tiempo real los paquetes transmitidos y recibidos en la red a la cual el ordenador está conectado.

Kismet Sort View Windows.

6. Herramientas de monitorización de sistemas y servicios tipo Hobbit, Nagios o Cacti

En este apartado vamos a revisar herramientas de capacidades más amplias que los sniffers vistos en el apartado anterior. En primer lugar, revisaremos Nagios, una potente aplicación de monitorización de sistemas.

6.1. Nagios

Nagios es un sistema de monitorización de redes de código abierto ampliamente utilizado, que permite monitorizar tanto equipos hardware como servicios de software. Emite las alertas que se hayan configurado cuando el comportamiento de los mismos exceda o esté cerca de hacerlo, las líneas de base establecidas, a partir de los umbrales mínimos y máximos definidos para cada dispositivo. Entre sus características principales figuran las siguientes:

❑   Monitorización de servicios de red, en particular protocolos como SMTP, POP3, HTTP, SNMP, etc.

❑   Monitorización de los recursos de hardware —carga del procesador, uso de los discos, memoria, estado de los puertos, etc., con independencia de los sistemas operativos.

❑   Monitorización remota mediante túneles SSL cifrados o SSH, y la posibilidad de programar plugins específicos para nuevos sistemas.

Las alertas pueden ser recibidas por los responsables correspondientes a través de medios muy diversos, no solo correo electrónico sino también mensajes SMS, entre otros, lo que facilita considerablemente la intervención de los administradores cuando ocurre alguna incidencia.

A título anecdótico, si bien fue llamado inicialmente Netsaint, su nombre debió cambiarse por coincidencia con otra marca comercial. Nagios en realidad es un acrónimo de la expresión "*Nagios Ain't Gonna Insist On Sainthood*", es decir, Nagios ya no insiste en su santidad, recordando su nombre original. Por otra parte, agios es "santo" en griego.

Nagios fue originalmente diseñado para ser ejecutado en GNU/Linux, pero también se puede ejecutar en otras variantes de Unix y hoy en día también puede monitorizar servidores y equipos bajo sistema operativo Windows.

Está licenciado bajo la GNU, General Public License Version 2, publicada por la Free Software Fundation.

Nagios es una herramienta de configuración compleja pero realmente potente.

El funcionamiento de Nagios se basa en **plugins** que actúan como comandos básicos del sistema operativo, devolviendo un código de salida y un mensaje a Nagios, lo que proporciona información del estado del servicio que estamos monitorizando. En la actualidad hay disponibles un gran número de plugins que permiten monitorizar casi cualquier característica del sistema.

*Un plugin o **complemento** es una aplicación que se relaciona con otra para aportarle una función nueva y generalmente muy específica.*

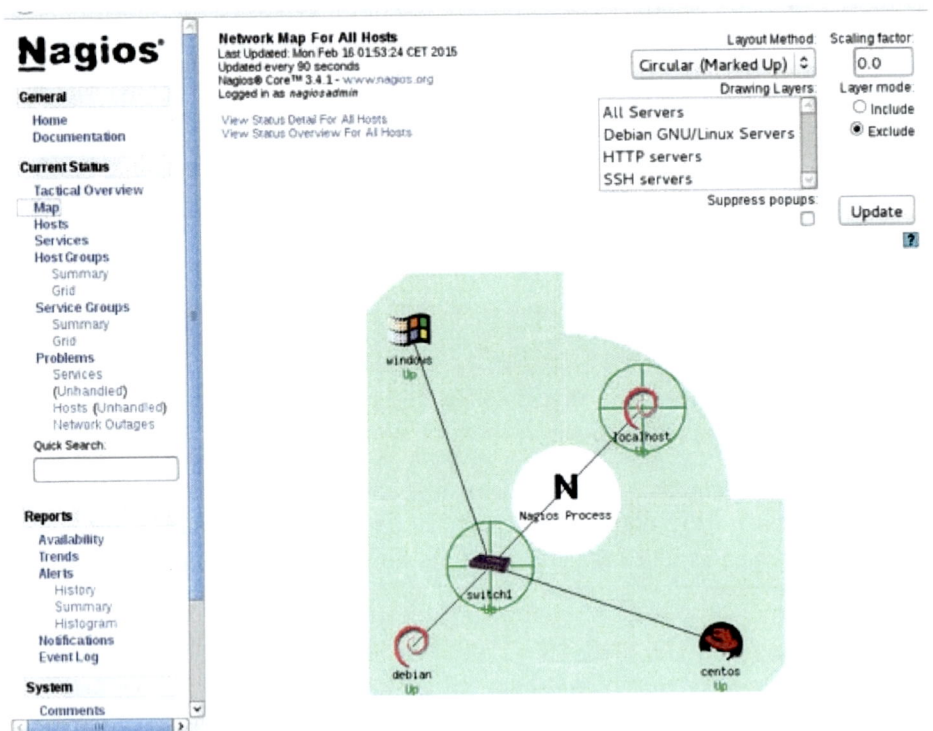

Panel de control de NAGIOS, con los equipos y dispositivos visibles.

6.2. Hobbit-Xymon

Es otra herramienta de monitorización de sistemas. Ha sufrido un cambio de nombre, desde julio de 2010 pasó a denominarse XYMON.

De configuración y uso más sencillo que NAGIOS, es, sin embargo, menos potente. Aun así, permite gestionar equipos y servidores — hosts—, servicios de red — todo tipo de software— y los dispositivos de red a través de extensiones, similares en concepto a los plugins de NAGIOS aunque de diseño y configuración distinta, pues están incluidos en el propio software de XYMON.

Su funcionamiento se basa en el envío periódico de peticiones — http, ftp, smtp, etc. — y el correspondiente registro de la respuesta recibida si esta es la esperada. También monitoriza el uso de discos locales — tanto en hosts como en servidores—, ficheros de registro —logs— y procesos mediante la instalación de agentes de Xymon en el servidor.

En caso de recibir un valor fuera del rango esperado, envía un mensaje de correo electrónico al administrador. También permite el envío de mensajes de SMS.

Todos los resultados del proceso de monitorización se recogen en el servidor Xymon, instalado a su vez en nuestro servidor principal, y se presenta al administrador mediante un conjunto de páginas web que muestran el estado actual de la red.

Xymon también registra el historial de cada elemento supervisado, por lo que puede generar informes de disponibilidad y el registro de los incidentes que se han producido para cada dispositivo, host, servidor o servicio de red supervisado.

Es posible realizar análisis de tendencias presentado gráficamente, lo que facilita la prevención de problemas de rendimiento o capacidad.

La principal ventaja que ofrece Xymon sobre NAGIOS estriba en su mayor sencillez de configuración y uso. A cambio, ofrece menos versatilidad en cuanto a funcionalidades y amplitud de servicios y dispositivos a supervisar.

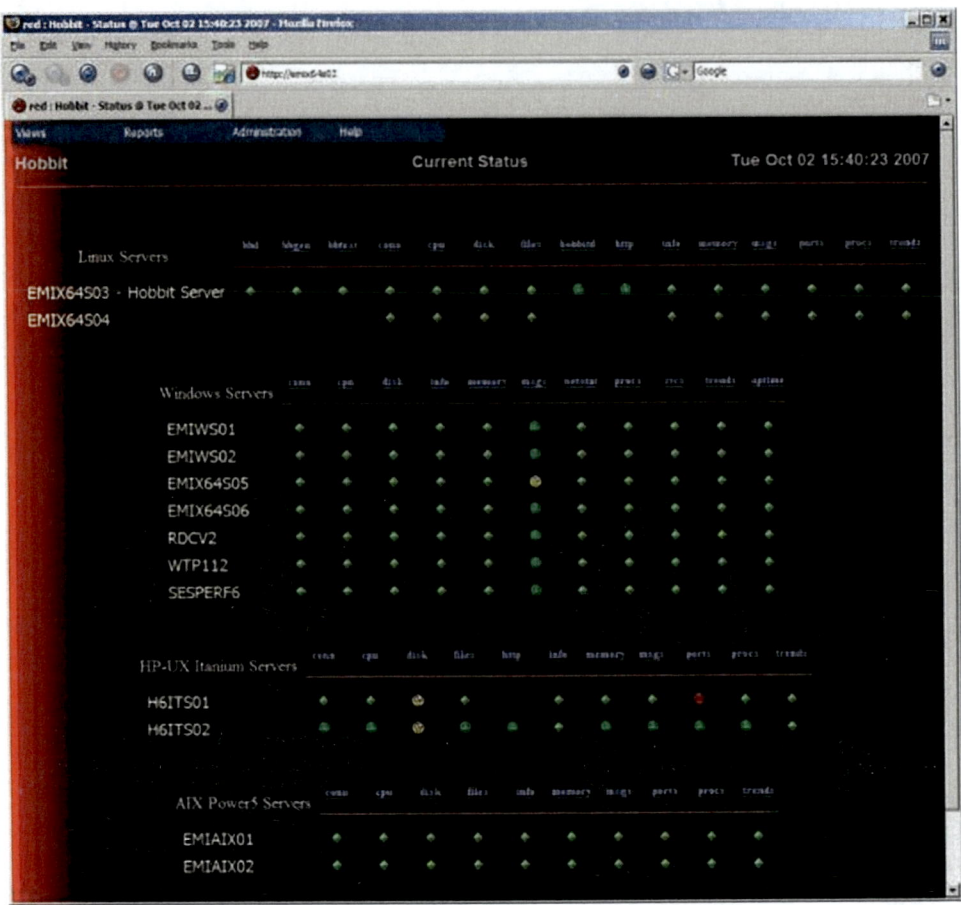

Panel de control de Xymon, sucesor de Hobbit.

6.3. Cacti

La herramienta de monitorización **Cacti** permite representar gráficamente los datos alma-cenados en la base de datos **RRDtool**. Por ejemplo, uso de conexión a internet, temperatura, velocidad, voltaje, número de impresiones, etc.

RRDtool *es el acrónimo de* **Round Robin Database tool**, *es decir, una herramienta que trabaja con una base de datos basada en Planificación Round-Robin. La planificación Round-Robin se utiliza en sistemas de tiempo compartido y permite seleccionar los elementos que forman parte del sistema de forma equitativa, de manera que cada elemento es supervisado el mismo tiempo que el resto. El algoritmo Round-Robin dedica el mismo tiempo (turno) a cada proceso y, mediante el uso de una lista de procesos en cola, una vez superado el tiempo, salta al proceso siguiente.*

Cacti recoge la información mediante el protocolo SNMP (Protocolo simple de gestión de red o **Simple Network Management Protocol**) para realizar la recogida de los datos de tráfico de cualquier dispositivo — desde routers hasta servidores pasando por cámaras de vídeo, impresoras, etc.), de modo que es necesario tener instalado y correctamente configurado el protocolo SNMP en el sistema.

Cacti accede a la base de datos RRDtool y elabora gráficos del uso de la red en formato PNG —siglas en inglés de **Gráficos de Red Portátiles**—, un formato estándar en la actualidad, desarrollado para superar las carencias de los archivos gráficos de tipo GIF.

En la actualidad, existen numerosas plantillas de Cacti que permiten visualizar virtualmente cualquier tipo de gráfico significativo en materia de supervisión de redes.

Si bien Cacti en sus inicios ofrecía su mejor rendimiento en redes locales de hasta 50 equipos, en la actualidad, permite gestionar redes complejas de cientos de dispositivos.

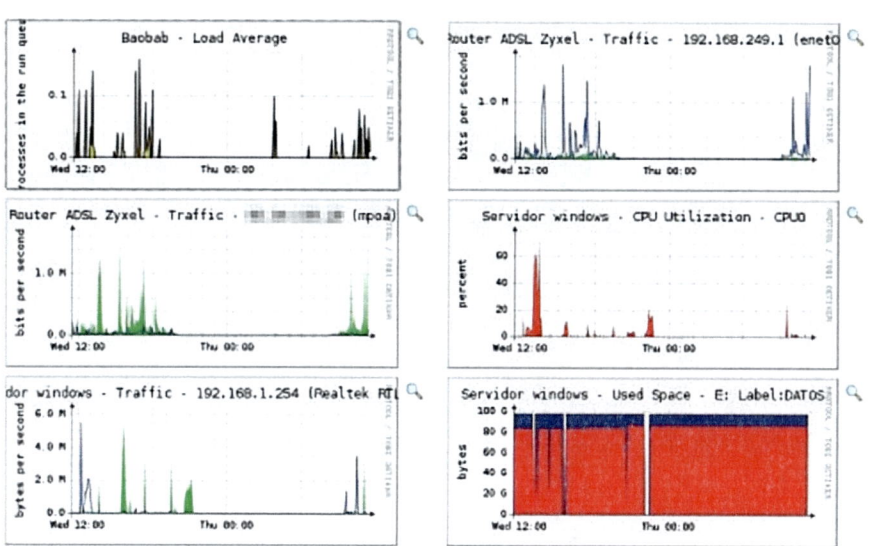

Uno de los múltiples gráficos generados por Cacti.

7. Sistemas de gestión de información y eventos de seguridad (SIM/SEM)

En la Unidad Didáctica 1 vimos en el apartado sobre la Norma ISO 27002 una serie de buenas prácticas para la gestión de la seguridad en el marco de un sistema de gestión de la información, en este apartado revisaremos brevemente las herramientas que nos ayudan en la implementación de estas prácticas, más allá de las funcionalidades provistas por los sistemas operativos.

En los apartados anteriores hemos visto herramientas que permiten monitorizar el estado de la red, en términos de uso de sus dispositivos, tendencias futuras sobre el rendimiento, detección de problemas de conexiones, etc. En suma, herramientas, desde los sniffers hasta Cacti o NAGIOS, que nos mantienen informados del estado del sistema en su conjunto.

Sin embargo, ninguna de estas herramientas se preocupa por las incidencias que, en materia de seguridad, podemos encontrarnos en una red.

Al igual que las herramientas ya comentadas gestionan los recursos de la red, las herramientas SEM son aquellas que nos permiten realizar la monitorización adecuada de los posibles eventos de seguridad que deberemos gestionar.

La gestión de incidentes de seguridad supone la existencia de procesos definidos al respecto, de responsabilidades asignadas y de recursos encargados de ejecutar los procedimientos y actuaciones requeridas en cada caso.

SIM es, por tanto, una función administrativa de la gestión y protección de los activos informáticos, redes y sistemas de información.

La **gestión de incidentes de seguridad** o SIM —**Security Incident Management**— se ocupa de monitorizar y detectar eventos de seguridad en una red así como la ejecución de las medidas adecuadas para eliminar tales eventos y prevenir su aparición.

Por tanto, SIM será un programa de gestión que definirá y pondrá en práctica el proceso detallado en la NORMA ISO 27002.

7.1. Eventos e incidentes de seguridad

*Un **evento** es un cambio observable en el comportamiento normal de un sistema, proceso, flujo de trabajo, persona o grupo de personas.*

Hay tres tipos de eventos:

❑ **Estándar**. Un evento estándar no afecta a los componentes críticos ni requiere cambios del sistema de monitorización o del propio proceso tras la aplicación de la solución. No requieren la participación de personal de alto nivel ni la notificación a las partes afectadas.

❑ **Escalable.** Un evento escalable afecta a los sistemas críticos de producción y puede requerir, tras su solución, alteraciones del proceso y modificaciones del sistema de monitorización. Requieren la participación de personal de alto nivel y la notificación a las partes afectadas.

❑ **Emergencia**. Una situación de emergencia es un evento que puede afectar gravemente a la integridad de la empresa, a la salud o la seguridad de las personas. En términos de sistemas informáticos, son aquellos eventos que amenazan de forma inminente la disponibilidad y la continuidad del negocio mediante la parada total o parcial de componentes esenciales del sistema. Requieren la implicación de personal de alto nivel, probablemente no solo del área de sistemas, la notificación a las partes y la revisión en profundidad de procesos y sistemas de monitorización. Exigen la existencia de un plan de contingencias que garanticen la continuidad del negocio, según vimos en la Unidad Didáctica correspondiente.

Todos los incidentes exigen una investigación posterior, asignando la responsabilidad de sus conclusiones a un coordinador del incidente, que gestionará la investigación y, en su caso, creará un equipo de especialistas.

La investigación debe determinar las circunstancias del incidente utilizando los medios que precise para ello, con el objetivo último de evitar que se vuelva a repetir.

*Un **incidente** es un evento atribuible a una causa humana. Esta distinción es particularmente importante cuando el evento se origina por la intención de hacer daño.*

Nota importante: todos los incidentes son eventos pero no todos los eventos no son incidentes.

Un fallo del sistema o de la aplicación originado por un problema de capacidad puede ser un evento de emergencia, pero un fallo aleatorio o una caída total del sistema no será, en general, un incidente.

- **SEM. *Security Event Manager* o gestor de eventos de seguridad**

*Un **gestor de eventos de seguridad (SEM)** es una herramienta informática utilizada en las redes de los sistemas de la empresa para centralizar el almacenamiento y la interpretación de los registros, o eventos, generados por otro software que funciona en la red y realizar un análisis desde un enfoque de seguridad, confidencialidad e integridad de los datos.*

Es el equivalente las herramientas de monitorización de red vistas anteriormente, pero en el ámbito de la seguridad.

El concepto SEM es una idea relativamente nueva, fue introducido por primera vez en 1999 por una pequeña empresa llamada E-Security, y a día de hoy se siguen desarrollando con gran rapidez.

La mayoría de los dispositivos, protocolos y aplicaciones que se ejecutan en una red generan eventos que se conservan en los registros de eventos correspondientes.

Estos registros son listas de actividades que se han producido, creadas y acumuladas de forma secuencial, por orden de generación.

Para informar de estos eventos, suelen utilizarse protocolos tales como Syslog y SNMP.

Las herramientas SEM deben ser capaces de utilizar el mayor número de protocolos de comunicación posible, para permitir una recopilación de eventos tan amplia como la diversidad de nuestro sistema exija.

Los principales beneficios del uso de un SEM son:

❑　El acceso a todos los registros se realiza a través de una interfaz central consistente.

❑　El SEM proporciona un almacenamiento seguro de los registros, potentes capacidades para actividades forenses y el archivo de los registros de eventos — aunque esto también es una función de Registro de Gestión clásico—.

❑ Las herramientas SEM incluyen capacidades gráficas para presentación de informes, lo que simplifica notablemente el análisis de la información recogida.

❑ Al igual que las herramientas de monitorización, disponen también de sistemas de alertas programadas.

❑ Un solo SEM permite gestionar eventos detectados en distintos sistemas operativos, lo que permite gestionar sistemas de gestión de la información realmente complejos, en los que coexistan no sólo verisones sino sistemas diferentes.

❑ Una vez recibidos en el SEM, cualquier evento seguirá registrado incluso si se produce un colapso del sistema o si los registros del sistema se borran accidental o intencionadamente.

Además de recoger y almacenar datos, los SEM se diferencian de los sistemas de registro de logs tradicionales — como los provistos por los sistemas operativos, incluso los de red—, pues proporcionan un nivel más profundo de análisis de eventos.

Esto se consigue adjuntando información de contexto, como por ejemplo información de acogida (valor, propietario, ubicación, etc.), información de identidad (información relacionada con las cuentas de usuario al que se hace referencia en el evento como nombre/apellido, ID de acceso, etc.) y así sucesivamente.

Esta información contextual nos permite establecer posibles correlaciones más o menos ocultas y facilita considerablemente la elaboración de informes.

SEM también se puede integrar con la soporte externo, la gestión de tickets de soporte y las herramientas de flujo de trabajo para ayudar en el proceso de resolución de incidencias menores.

Uno de los SEM más conocidos, es IBM Tivoli Security Information and Event Manager que tiene, entre otras, las siguientes características:

❑ Agregación automática de logs del sistema.

❑ Integración del análisis de los logs en un cuadro de mando único.

❑ Consola de gestión basada en la web, que permite el acceso a cientos de servidores y dispositivos de red.

❑ Seguimiento y gestión priorizada de los incidentes en curso.

❑ Acceso privilegiado para monitorización y auditoría (conocido como PUMA) a todo tipo de bases de datos, aplicaciones, servidores, etc., del sistema con alertas en tiempo real y sistemas de introducción "silenciosa", que permiten rastrear el incidente evitando ser descubierto por sus autores.

❏   Elaboración previa de informes, con traducción de términos técnicos a lenguaje coloquial, para acelerar su presentación.

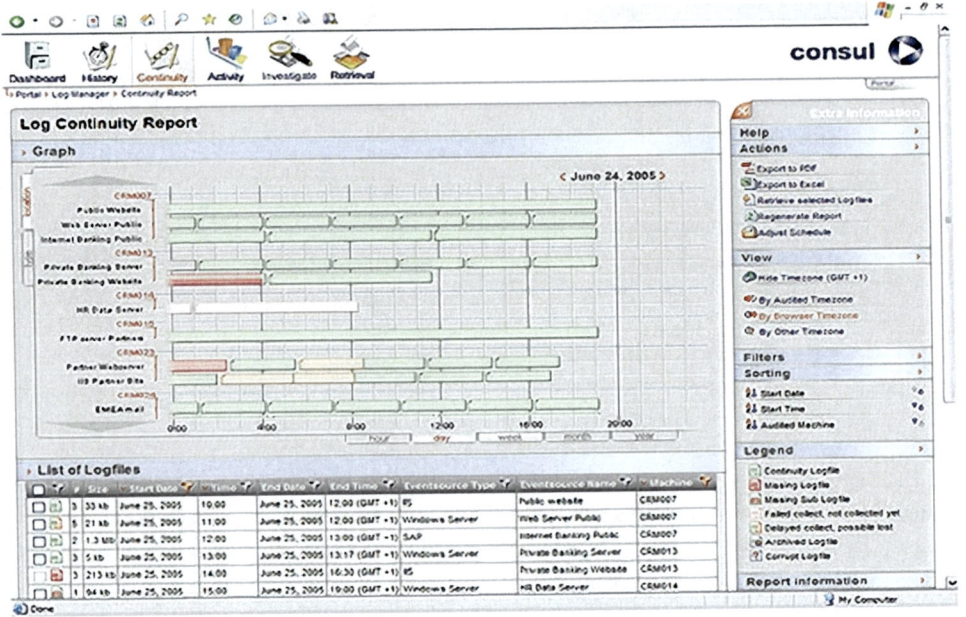

Consola de gestión de TIVOLI.

8. Gestión de registros de elementos de red y filtrado (router, switch, firewall, IDS/IPS, etc.)

Como hemos podido ver en los apartados anteriores, para gestionar adecuadamente una red necesitamos conocer qué se transmite a través de los distintos dispositivos y equipos que la conforman y analizar también cuáles son los posibles riesgos no evidentes a los que podemos enfrentarnos.

Un sistema de supervisión no está completo si no incluimos herramientas que sean capaces de distinguir los eventos de los incidentes y, de estos últimos, cuáles pueden ser potenciales amenazas cuyo objetivo es causar daños a la información, la infraestructura o sus usuarios.

Así, deberemos incorporar, además de las herramientas de registro de log provistas por los fabricantes, herramientas de análisis de la red, como Cacti o sniffers que nos permitan

rastrear qué tipo de información envían y reciben los usuarios de la red y herramientas como SEM que permiten realizar un análisis forense a partir de los contenidos de los archivos de log, con el fin de identificar y descartar amenazas externas e internas.

En la actualidad, dado que la transmisión de la información hacia el exterior es en muchas ocasiones superior a la cantidad de información que circula entre los equipos de la propia red, los SEM van más allá de los eventos de registro de infraestructura de routers, switches, servidores internos, y también recogen información de los firewalls, y sistemas de detección de intrusión, entre otros. En este caso, la complejidad viene de los diferentes estándares de gestión de información que emplean los fabricantes de estos dispositivos de defensa de los sistemas, obligando a los fabricantes de los productos SEM a realizar un esfuerzo adicional. Usualmente, no obstante, se desarrollan plugins específicos para tales dispositivos, bien por parte de sus fabricantes bien por parte de profesionales que, de forma desinteresada, los realizan, especialmente en los SEM Open Source.

Así mismo, un nuevo frente de batalla es el control de las aplicaciones de negocio que habitualmente envían y reciben información hacia y desde el exterior de la propia red.

Esto plantea una complejidad adicional, pues a la multiplicidad de protocolos de red existentes susceptibles de ser supervisados, hay que añadir los distintos tipos de paquetes de información, usualmente de carácter propietario, que intercambian tales aplicaciones.

Así, los SEM tienen un reto adicional que es controlar el uso de tales aplicaciones e implementar el registro de las interacciones de los usuarios en el seno de estas aplicaciones. Este aspecto no suele estar contemplado en el desarrollo de las aplicaciones de negocio, habiendo convertido la incorporación de tales datos en las aplicaciones SEM en un auténtico desafío para sus creadores y sus comunidades de desarrollo.

 *Con el desarrollo de este epígrafe hemos conseguido evaluar el uso y rendimiento de los servicios de comunicaciones para mantenerlos dentro de los parámetros especificados.*

Resumen

En esta unidad hemos:

❑ Hablado de los dispositivos de comunicaciones.

❑ Analizado sus protocolos y servicios.

❑ Estudiado sus principales parámetros de configuración y funcionamiento.

❑ Tratado los procesos de monitorización y respuesta.

❑ Visto las herramientas de monitorización de uso de puertos y servicios tipo sniffer y las herramientas de monitorización de sistemas y servicios tipo hobbit, nagios o cacti, así como los sistemas de gestión de información y eventos de seguridad (sim/sem) y gestión de registros de elementos de red y filtrado (router, switch, firewall, ids/ips, etc.).

Autoevaluación de Unidad 5
Enunciados

----

1. Andrew S. Tanenbaum en su libro "Redes de computadoras", dijo...:

a) Una red de ordenadores es un "conjunto de ordenadores autónomos conectados".

b) Una red de ordenadores es un "conjunto de ordenadores interconectados".

c) Una red de ordenadores es un "conjunto de ordenadores autónomos interconectados".

d) Ninguna es correcta.

2. ¿Cuál de estas afirmaciones es correcta?:

a) Comunicación: este término se refiere al transporte, con éxito, de la información. En este proceso solo importan los datos que se transmiten, no cómo se transmiten.

b) En la comunicación tan importantes son los datos que se transmiten, como el medio en el que se transmiten.

c) Transmisión: es el transporte de la señal donde "viajan" los datos. Este proceso solo se encarga de transportar sin preocupar la información que transporta.

d) Son correctas a) y c) .

3. Un hotspot es...:

a) Un modelo de router.

b) Un hub inalámbrico.

c) Un tipo de switch para cableados Token Ring.

d) Un lugar que ofrece conexión a Internet a través de una red inalámbrica.

4. En el ámbito del modelo TCP/IP, ¿cuál de estas afirmaciones es correcta?:

a) La arquitectura TCP/IP consta de cuatro capas.
b) La misión de cada capa es ocuparse del nivel inmediatamente superior y del nivel inmediatamente inferior.
c) Las capas están jerarquizadas.
d) Todas son correctas.

5. Las siguientes afirmaciones incluyen capas OSI, salvo una de ellas. ¿Cuál es la incorrecta?:

a) Física.
b) Enlace de sesiones.
c) Transporte.
d) Red.

6. Manchester es...:

a) Un modelo de router.
b) Un protocolo de comunicaciones de red local.
c) Una topografía de red física.
d) Un método de codificación eléctrica de una señal binaria.

7. QoS se implementa en...:

a) La capa 2 de TCP/IP.
b) La capa 3 de OSI, y se refiere a la calidad del servicio adquirido por el cliente.
c) La capa 2 de OSI.
d) Ninguna es correcta.

8. ¿Cuál de estas afirmaciones es correcta?:

a) El cometido de la capa de red (N4) es hacer que los datos lleguen desde el origen al destino, aun cuando ambos no estén conectados directamente.

b) La capa de presentación (N6) se encarga de la representación de la información.

c) La capa de sesión (N4) establece, gestiona y finaliza las conexiones entre usuarios (procesos o aplicaciones) finales. Todas son métricas de la gestión de la capacidad.

d) Todas son correctas.

9. ¿Cuál de estas afirmaciones es correcta?:

a) La arquitectura TCP/IP es heredera directa de OSI.

b) La arquitectura TCP/IP utiliza como protocolo también TCP/IP.

c) La arquitectura TCP/IP integra las capas de enlace y física en una sola, denominada red o subred.

d) Ninguna es correcta.

10. ¿Cuál de estas afirmaciones es correcta?:

a) Todas las capas de la arquitectura TCP/IP implementan las mismas funciones.

b) La arquitectura TCP/IP tiene tres capas.

c) Una de las capas de esta arquitectura se denomina Internet.

d) Ninguna es correcta.

Autoevaluación de Unidad 5
Soluciones

- -

1. **c)** *Una red de ordenadores es un "conjunto de ordenadores autónomos interconectados".*

> **Explicación:** *Tanenbaum está reconocido como uno de los personajes más importantes en la divulgación de las ciencias de computación. Afirma que una red de ordenadores es un conjunto de ordenadores autónomos interconectados. Esta afirmación la reflejó en su célebre libro "Redes de computadoras".*

2. **d)** *Son correctas a) y c).*

> **Explicación:** *Términos como comunicación y transmisión suelen utilizarse conjuntamente, pero significan aspectos diferentes. La primera se refiere al transporte exitoso de la información. Es un proceso en el que se priorizan los datos, no cómo se transmiten. La transmisión es el proceso de transporte de la señal por donde viajan los datos. En él prioriza el transporte, sin preocuparse por la información transportada.*

3. **d)** *Un lugar que ofrece conexión a Internet a través de una red inalámbrica.*

> **Explicación:** *En la terminología de redes inalámbricas uno de los más términos más conocidos, sobre todo en su acepción inglesa es el de hotspot. Se trata de un lugar, con alta demanda de tráfico, que ofrece conexión a Internet, habitualmente a través de un dispositivo enrutador conectado a un proveedor de servicios de Internet o mediante la conexión de varios dispositivos.*

4. *d)* Todas son correctas.

> *Explicación:* La arquitectura TCP/IP es una arquitectura compleja formada por una gran variedad de protocolos y tiene cuatro capas jerarquizadas.

5. *b)* Enlace de sesiones.

> *Explicación:* A nivel lógico, las capas OSI se comunican con las aplicaciones de su misma capa en otra máquina a través de las capas inferiores. Las capas son la física, la de enlace de datos, la de red, la de transporte, la de sesión, la de presentación y la de aplicación.

6. *d)* Un método de codificación eléctrica de una señal binaria.

> *Explicación:* La capa física es la responsable de las conexiones físicas del equipo con la red, por ejemplo, el tipo de cable, las características del medio y aspectos como la codificación de la señal, niveles de tensión, modulación, etcétera. En este ámbito Manchester es un método de codificación eléctrica de una señal binaria.

7. *b)* La capa 3 de OSI, y se refiere a la calidad del servicio adquirido por el cliente.

> *Explicación:* La calidad del servicio de red (en inglés Quality of Service, QoS) permite asociar perfiles de usuario con tipos de red y calidad, por ejemplo en aspectos como el ancho de banda, prioridades, etcétera. Este servicio se implementa en la capa 3 del modelo OSI.

8. *b)* La capa de presentación (N6) se encarga de la representación de la información.

> *Explicación:* La capa de sesión (nivel 5), establece, gestiona y finaliza las conexiones entre usuarios, procesos o aplicaciones finales, por lo que es la afirmación correcta. La afirmación de la opción A se refiere a la capa de red (nivel 3). La afirmación de la opción C se refiere a la capa de sesión (nivel 5).

9. *c)* La arquitectura TCP/IP integra las capas de enlace y física en una sola, denominada red o subred.

> *Explicación:* La arquitectura TCP/IP sigue siendo la más utilizada y continúa siendo la base de las comunicaciones en Internet. Utiliza gran variedad de protocolos, prescinde de las capas de presentación y de sesión, e integra las capas de enlace y física en una única capa, denominada de red o de subred.

10. *c)* Una de las capas de esta arquitectura se denomina Internet.

> *Explicación:* Al igual que el modelo OSI, en la arquitectura TCP/IP cada una de sus 4 capas implementa una función diferente. Podemos encontrar la capa de acceso al medio, la capa de Internet, la capa de transporte y la capa de aplicación.

Selección del sistema de registro en función de los requerimientos de la organización

Objetivos

- ☒ Consolidar los conocimientos adquiridos en las unidades anteriores en términos de dispositivos de almacenamiento, creación de indicadores, herramientas de gestión de servicios, etc.

- ☒ Capacitar al alumno en la incorporación de otros criterios para la creación de soportes de registros de información relativa a la gestión del servicio.

- ☒ Reflexionar sobre las decisiones a tomar a la hora de gestionar los niveles de servicio de una organización real.

Contenido

1. Determinación del nivel de registros necesarios, los períodos de retención y las necesidades de almacenamiento

2. Análisis de los requerimientos legales en referencia al registro

3. Selección de medidas de salvaguarda para cubrir los requerimientos de seguridad del sistema de registros

4. Asignación de responsabilidades para la gestión del registro

5. Alternativas de almacenamiento para los registros de sistemas y características de rendimiento, escalabilidad, confidencialidad, integridad y disponibilidad

   5.1. Registro de eventos en Windows Server

   5.2. Otras herramientas de registro de eventos para Windows

6. Guía para la selección del sistema de almacenamiento y custodia de registros

Resumen

1. Determinación del nivel de registros necesarios, los períodos de retención y las necesidades de almacenamiento

La vida cotidiana en la "sala de máquinas" de la gestión de las tecnologías de la información está repleta de actividad: caídas de los servicios, configuración de nuevos equipos, cambios en servidores, etc.

Un resultado negativo de esto es que el objetivo es aguantar el ritmo de trabajo y cumplir con las tareas necesarias. Sin embargo, esto no es suficiente. Es preciso mantener un flujo incesante de comunicación e información con toda la organización sobre lo que se consigue, el funcionamiento de los servicios y lo que queda por hacer. Sin esta comunicación, la insatisfacción de las áreas de negocio con TI está garantizada.

Por tanto, una buena disciplina en la generación de informes, el mantenimiento de una comunicación constante, etc., ayudarán a la mutua comprensión.

Así, y si bien la elaboración de informes no se considera relevante en la gestión de los TI, su entrega puntual en tiempo y forma son esenciales para el éxito del área TI en la organización.

En realidad, no solo basta con elaborar informes. También deben notarse las medidas que su lectura y análisis desencadenan en el seno de la entidad. Esto implica la toma de decisiones a partir de los contenidos relevantes de los informes. Decisiones que afectarán a dotaciones presupuestarias, configuraciones dinámicas, etc., tomadas todas ellas con el objetivo de mantener la capacidad precisa que garantice la disponibilidad y continuidad del servicio adecuadas.

Para que la gestión del servicio aporte valor real a la organización de TI y al negocio, debe disponer de tiempo y en calidad de la información que permita una correcta toma de decisiones. Y para ello, para que sean verdaderamente útiles, contendrán medidas significativas y comprensibles por las áreas de negocios, de tal manera que permitan a la organización ayudarle a lograr sus objetivos estratégicos.

Los indicadores de disponibilidad, rendimiento y capacidad, ya revisados en detalle en la unidad 4, son sin ninguna duda, los más importantes para la operativa de TI y son sobre los que centraremos la monitorización de la calidad del servicio. Todos estos indicadores se recogen con precisión tanto con las herramientas que proveen los sistemas operativos de red como con las herramientas descritas en la unidad 5: sniffers, Cacti, Xymon/Hobbit, Nagios o Tívoli, entre las muchas que existen en el mercado, tanto de pago por licencia, como software libre o pago por uso.

Sin embargo, hay otros aspectos importantes a la hora de obtener indicadores y registrarlos para su posterior análisis:

- ❏   Alineación con los estándares.

- ❏   Cumplimiento de la legislación.

- ❏   Seguridad.

- ❏   Eficiencia operativa, etc.

Un factor esencial de los informes y registros es su **fiabilidad**. Sin una información fiable y veraz, generar informes no tendrá utilidad alguna. Así mismo, los informes no sólo deben ser comprensibles, también deben mantener una **continuidad en el tiempo**, que nos permitan obtener una visión histórica de su evolución en el tiempo.

Por último, nos aseguraremos también de su **disponibilidad continuada en el tiempo**. Desde los consabidos indicadores en tiempo real, que se graban en registros con una periodicidad establecida previamente–recordemos las líneas de base vistas en la unidad 4– hasta los que se registran con una periodicidad más amplia, como los correspondientes a incorporaciones de nuevos equipos en el sistema, por ejemplo.

Para garantizar todos estos aspectos, la solución más adecuada es **crear un repositorio de datos** con todos los indicadores y las mediciones obtenidas.

Es habitual, por otra parte, que las propias herramientas de gestión del servicio lo incorporen y permitan su extracción mediante técnicas de data warehousing, data mart, o extracción de datos vía exportación en formatos HTML, XML, etc. En organizaciones pequeñas puede bastar con una simple hoja de cálculo.

Herramientas como **Tívoli**, ya comentada en la unidad 5, recogen información de los propios registros del sistema, además de los suyos propios, y crea su propio repositorio de datos que es exportable a su vez mediante una hoja de cálculo Excel, entre otros métodos.

En cuanto a la evolución histórica y los períodos de retención de información, el horizonte temporal más adecuado es la duración del propio plan estratégico de la organización, que establece a su vez, el marco temporal estratégico para el área de TI.

Así mismo, en el ámbito de la validez temporal, debemos tener en cuenta lo establecido por la LOPDGDD –ya revisada en profundidad en la unidad 2– en cuanto a la periodicidad de las auditorías, establecida en una auditoría oficial completa cada dos años.

Por último, en cuanto a requisitos de almacenamiento, además de establecer el correspondiente repositorio de datos, bien de forma manual, bien mediante el ofrecido por las herramientas de gestión del servicio, debemos tener en cuenta la realización de copias de seguridad en dispositivos de almacenamiento independientes de los principales, con alojamiento físico distante de éstos, a fin de garantizar la disponibilidad y continuidad de la elaboración de informes aun sufriendo un incidente de seguridad que pongan en peligro esta información.

En resumen:

❑ *Desde una perspectiva de* **registros necesarios**, *podemos orientarnos con lo aprendido en la unidad 4 sobre capacidad, disponibilidad y continuidad y las propuestas que hacen las herramientas de gestión del servicio ya vistas, así como las ofrecidas por el sistema operativo que utilicemos.*

❑ *En cuanto a los* **períodos abarcados en el análisis y la disponibilidad de información histórica**, *contemplaremos la duración del plan estratégico, que deberá abarcar también el tiempo entre auditorías oficiales, qué información podemos requerir en tiempo real o en otros períodos más dilatados. Igualmente, contemplaremos qué información debe registrarse cada vez que ocurra, como por ejemplo, el acceso de un usuario a una base de datos clasificada en la LOPDGDD.*

❑ *Sobre la* **organización y el almacenamiento,** *tendremos en cuenta la creación de repositorios de datos específicos para los registros o el uso de herramientas que los almacenen de forma separada para su posterior análisis y su alojamiento en dispositivos establecidos a los efectos, situados en puntos distantes geográficamente de los servidores de datos.*

2. Análisis de los requerimientos legales en referencia al registro

Recogemos, a continuación, las recomendaciones o requerimientos prácticos sobre los registros que informan del uso de la información de interés en el marco de la normativa actual (LOPDGDD y RGPD). Recordemos que su objetivo es proteger los datos personales, evitando su mala utilización, fugas no deseadas de información y garantizando en todo momento al usuario el ejercicio de sus derechos. Debemos hacer las siguientes consideraciones:

❑ **Registro de Actividades de Tratamiento (RAT).** Responsables y encargados del tratamiento están obligados a mantenerlo conforme al RGPD (art. 30) y la LOPDGDD (art. 31); en ciertos casos, debe hacerse accesible públicamente. Debe incluir datos básicos de responsables y DPO, finalidades, categorías de interesados y datos, destinatarios, transferencias internacionales, plazos de supresión y medidas de seguridad. Las modificaciones deben comunicarse al DPO si está nombrado.

❑ **Confidencialidad de la información.** Se deben establecer directivas de acceso según roles, privilegios diferenciados, copias de seguridad, cifrado, y documentarlas como parte de las medidas de seguridad descritas en el registro de actividades.

❑ **Ejercicio de derechos.** Es posible ejercer el derecho de supresión, bloqueo o revisión de datos, según corresponda. No basta con desactivar a un usuario; debe documentarse el proceso de gestión de derechos, idealmente mediante un registro de reclamaciones y su resolución.

❑ **Integridad de dispositivos y registros de seguridad.** Se deben aplicar controles físicos y lógicos, backups regulares, formación, políticas internas, etc. Mantener un registro de incidentes o brechas de seguridad es esencial, para demostrar diligencia y cumplir los plazos de notificación.

❑ **Seguridad física.** La protección del hardware (servidores, ordenadores, redes) contra robos, catástrofes o condiciones inadecuadas (temperatura, humedad…) debe formar parte de la política interna y evaluaciones de riesgo.

❑ **Auditorías y documentación.** Se debe contar con un manual de seguridad interno y realizar auditorías periódicas para demostrar cumplimiento del principio de responsabilidad proactiva (accountability).

3. Selección de medidas de salvaguarda para cubrir los requerimientos de seguridad del sistema de registros

En este apartado veremos fundamentalmente, los requisitos para implementar un sistema de copias de seguridad en general y, en particular, del sistema de registros.

A la hora de elegir una herramienta de gestión y ejecución de copias de seguridad, debemos tener en cuenta los tipos de ficheros utilizados en la organización –documentos de Office o similares, bases de datos SQL/MySQL, bases documentales como SharePoint, páginas web, bases de datos de correo electrónico, etc. –.

Interesa que el producto utilizado integre los drivers específicos de cada uno de los elementos software comentados, a fin de asegurarnos una fiabilidad óptima de las copias de seguridad. En ese sentido, adquirir o utilizar un producto que esté certificado por el fabricante que ha desarrollado nuestras herramientas, nos otorga un plus de seguridad adicional.

Es necesario también, en cumplimiento de los requisitos legales, que la herramienta genere un registro de las copias realizadas y de su resultado. A fin de, por una parte, supervisar la correcta realización de las copias de seguridad, y por otra, cumplir con el requerimiento legal no solo de realizar las copias, sino también de disponer de un registro emitido por terceros que así lo certifica. Este registro deberá poder ser integrado en el repositorio de registros con facilidad.

 *Microsoft tiene certificado el sistema de generación de copias de seguridad Symantec BackupExec para todos sus productos, lo que quiere decir que si existe un error de fiabilidad en las copias, ambos fabricantes se comprometen a resolverlo en un plazo razonable de tiempo.*

Cuadro de Mando de Symantec backup Exec.

En cuanto a los dispositivos hardware sobre los que se realizan las copias de seguridad, en una red local con un servidor y unos 50 equipos, conviene disponer de al menos dos discos duros donde se realicen las copias de forma alternativa, alojados en sitios distintos y diferentes, a su vez, del lugar donde se aloje el servidor.

Lógicamente, la complejidad técnica del sistema de realización de copias de seguridad tendrá relación directa con la complejidad del sistema en su conjunto, el número de servidores, el uso o no de virtualización, la localización de los servidores, la necesidad de realizar copias de datos alojados en portátiles, tabletas o smartphones, los distintos tipos de bases de datos utilizados, el volumen de la información, etc

De esta manera, en un sistema sencillo, probablemente las propias herramientas incorporadas por el sistema operativo sean suficientes, y la capacidad de alojamiento de los dispositivos específicos para las copias de seguridad no deba superar unos pocos TeraBytes de datos.

Sin embargo, en un sistema complejo, deberemos acudir a productos como BackupExec, IBM Tívoli, Areca Software u otros, en cuanto al software, y equipos hardware que soporten del orden de 542 PetaBytes (10 15 Bytes) o ExaBytes (10 18 Bytes) y cantidades de datos superiores. En estos sistemas, no solo cuenta la cantidad de almacenamiento requerido, sino los procesos de búsqueda de la información, su aislamiento, etc.

Aspecto del sistema StorageTek SL8500 Modular Library System de Oracle.

4. Asignación de responsabilidades para la gestión del registro

En el marco de la gestión por procesos, ya vimos en la Unidad Didáctica 2 que era esencial la asignación de funciones y responsabilidades a fin de poder saber en todo momento qué rol de la organización realiza qué tarea.

Esto es especialmente importante cuando hablamos de las mediciones de la gestión del servicio en el área TI.

Entendiendo que el rol de gestión del registro es uno más en el marco de la gestión por procesos, vamos a comentar brevemente todos estos roles:

❑ **Roles propios del proceso de gestión de servicios**

    ◆ **Responsable de la gestión de servicio**. Es el responsable último del funcionamiento del proceso y de los cumplimientos de los niveles de servicio. Coordina a todos los gestores de nivel de servicio y reporta al responsable del área IT.

- ◆ **Gestores de nivel de servicio**. Son los responsables de la creación y gestión de los acuerdos de nivel de servicio, coordinan las distintas áreas y procesos de la organización de TI para asegurar la disponibilidad y calidad de los SLA firmados con los clientes o aprobados en el seno de la organización. Es el responsable de que el catálogo de servicios esté en todo momento actualizado y disponible.

- ◆ **Administración y soporte del proceso de gestión de nivel de servicio**. Responsable de la administración técnica –sistemas y herramientas– del proceso. Proporciona y mantiene los medios técnicos necesarios para la gestión eficiente del proceso, ayudando al gestor del nivel de servicio en el control de la actividad.

- ◆ **Administrador del catálogo de servicios**. Se encarga del mantenimiento del catálogo, asegurando la definición, mantenimiento, publicación y divulgación de los servicios.

El **responsable de la gestión del registro** o responsable de la elaboración de informes sobre el grado de cumplimiento de los SLA tendrá el nivel jerárquico de **Gestor de nivel de servicio**, lo que da cuenta de la importancia relativa de la gestión del registro y elaboración de informes TI.

 *En una organización de gran tamaño, este puesto contará con el apoyo de uno o varios administradores de soporte, probablemente especializados por áreas, gestionando las herramientas especializadas en la gestión del nivel de servicio de la red, otros lo mismo en bases de datos, aplicaciones web, etc.*

5. Alternativas de almacenamiento para los registros de sistemas y características de rendimiento, escalabilidad, confidencialidad, integridad y disponibilidad

En este apartado vamos a analizar brevemente las herramientas que ofrecen los sistemas operativos de servidor más utilizados y alguna herramienta adicional disponible en el mercado.

5.1. Registro de eventos en Windows Server

*Los **registros de Windows** se diseñaron para almacenar eventos de aplaciones heredadas y eventos que se desencadenan en todo el sistema.*

Para acceder a los registros de Windows, es preciso tener acceso garantizado con roles de administrador, lo que asegura la confidencialidad del proceso.

En el sistema operativo Windows Server, se entiende por **Registros de Windows** a los siguientes registros de eventos:

❑ Los registros del sistema.

❑ Los registros de eventos de seguridad.

❑ Los registros de eventos de aplicación.

❑ El registro de eventos instalación.

❑ El registro de eventos reenviados.

- **Registro de la aplicación**

El registro de aplicación contiene los eventos registrados por aplicaciones o programas. Por ejemplo, un programa de base de datos podría registrar un error de archivo en el registro de la aplicación. A la hora de considerar la información relevante, son los propios programadores y administradores quienes deciden qué eventos se deben registrar.

- **Registro de seguridad**

El registro de seguridad guarda eventos ocurridos en el ámbito de accesos al sistema, etc., como intentos de inicio de sesión válido y no válido, además de eventos relacionados con el uso de recursos, como la creación, apertura o eliminación de archivos u otros objetos. Mediante las directivas de seguridad del sistema operativo, los administradores pueden especificar los eventos que se incluirán en el registro de seguridad. Por ejemplo, si habilitó la auditoría de inicio de sesión, se incluirán en el registro de seguridad todos los intentos de inicio de sesión en el sistema.

- ## Registro de instalación

El registro de instalación incluye los eventos relacionados con la instalación de aplicaciones en el servidor. Es especialmente útil para evitar la instalación de software no autorizado, bien por parte de personal de la organización, bien mediante el acceso al servidor de software malicioso que funcione mediante la instalación de software.

- ## Registro del sistema

El registro del sistema contiene eventos generados por componentes del sistema Windows. Por ejemplo, el error al cargar un controlador u otro componente del sistema durante el inicio queda registrado en el registro del sistema. Los tipos de eventos registrados por los componentes del sistema están predeterminados por Windows, aunque pueden modificarse por los administradores del sistema.

- ## Registro de eventos reenviados

El registro de eventos reenviados se usa para almacenar eventos recopilados de equipos remotos. Es posible registrar información de eventos en servidores y equipos remotos, mediante la creación de una suscripción de eventos en tales equipos.

- ## Registros de aplicaciones y servicios

Registros de aplicaciones y servicios es una nueva categoría de los registros de eventos. Estos registros almacenan eventos de una única aplicación o componente en lugar de eventos que pueden tener un impacto en todo el sistema.

Esta categoría de registros incluye cuatro subtipos:

- ❏ **Registros de eventos administración.** Están pensados para proporcionar orientaciones sobre cómo responder ante los hechos que originan los eventos. Estos eventos están destinados principalmente a los administradores y al personal de soporte. Este registro recoge eventos que alertan sobre un problema concreto y aportan una solución bien definida que un administrador puede usar para resolver el problema de forma directa. Un ejemplo de evento de administración es el mensaje que se origina cuando se produce un error en una aplicación al conectarse a una impresora. Habitualmente, estos eventos están bien documentados y suelen tener un mensaje asociado que proporciona información al administrador sobre lo que se debe hacer para solucionar el problema.

- ❏ **Registros operativos.** Los eventos operativos se usan para analizar y diagnosticar un problema o condición previa de un malfuncionamiento vinculado al sistema operativo y algún dispositivo. Se pueden usar para activar herramientas de forma automática. Si tales herramientas no funcionan, se genera una alerta que requerirá de una intervención manual. Un ejemplo de evento operativo es un evento que se produce cuando se agrega o se quita una impresora del sistema.

❑ **Registros analíticos**. Almacenan eventos que facilitan el seguimiento de un problema en contextos de interacción entre funcionamiento de varios programas e indican problemas que el usuario no puede controlar. Desde el punto de vista del administrador, estos registros –usualmente con gran volumen de información– aportan pistas sobre interacciones inadecuadas. No son por tanto, mensajes que informan de problemas con una solución directa y sencilla, como los dos anteriores registros.

❑ **Registros de depuración**. Utilizados por los equipos de desarrollo en los procesos de depurado de aplicaciones.

Los registros analíticos y de depuración están ocultos y deshabilitados de manera predeterminada, pero se pueden activar desde el Visor de eventos insertado en la MMC (Microsoft Management Console) o mediante el comando del sistema

wevtutil sl <logname> /e:true

• Infraestructura basada en XML

A fin de poder extraer fácilmente la información de registro, en Windows Server 2008, la información de cada evento se adapta a un esquema XML y se puede obtener acceso al XML que representa a un evento dado. También se pueden construir consultas basadas en XML en los registros de eventos. No es necesario tener conocimientos de XML para aprovechar las nuevas características disponibles. Por otra parte, el visor de eventos de MMC ofrece acceso a la funcionalidad en un formato gráfico muy fácil de utilizar.

• Activación de la retención de registro

Mediante este procedimiento, nos aseguramos que el sistema operativo registrará los eventos que nos interesen, y configuramos el proceso de registro en sí.

Los eventos se almacenan en un archivo de registro que puede crecer solo hasta un **tamaño máximo configurable**. Una vez que el archivo alcanza el tamaño máximo, la directiva de retención de registro se encarga de determinar lo que debe ocurrir con los eventos entrantes. Las directivas de retención de registro disponibles son:

DIRECTIVA DE RETENCIÓN	DESCRIPCIÓN
Sobrescribir eventos cuando sea necesario.	Los nuevos eventos continúan almacenándose cuando el archivo de registro está lleno. Cada nuevo evento entrante reemplazará al evento más antiguo del registro.
Archivar el registro cuando esté lleno; no sobrescribir eventos.	El registro se archiva automáticamente cuando es necesario. No se sobrescribe ningún evento.
No sobrescribir eventos (borrado manual del registro).	Borre el registro manualmente en lugar de hacerlo de forma automática.

Podemos establecer la directiva de retención de registro mediante el visor de eventos incorporado en MMC o bien con la herramienta de línea de comandos **Wevtutil**.

Si queremos establecer la directiva de retención de registro mediante la interfaz de Windows, haremos lo siguiente:

❑   Iniciaremos el visor de eventos.

❑   En el árbol de consola, accedmos hasta el registro de eventos que queramos administrar y lo seleccionamos.

❑   En el menú **Acción**, hacemos clic en **Propiedades**.

❑   En la sección **Habilitar registro** de la ficha **General**, seleccionamos la opción que se corresponda con la directiva de retención que deseamos establecer.

❑   Hacemos clic en **Aceptar**.

Por el contrario, si preferimos establecer la directiva de retención mediante una línea de comandos, deberemos en primer lugar abrir el símbolo del sistema, para ello:

❑   Hacemos clic en **Inicio**, seleccionamos **Ejecutar**, escribimos **cmd** y hacemos clic en **Aceptar**.

Escribimos el comando siguiente:

wevtutil sl <LogName> /r:{true | false} /ab:{true | false}

El parámetro 'r' especifica si debe retenerse el registro y el parámetro 'ab' especifica si debe realizarse una copia de seguridad del registro automáticamente. A continuación, se muestran los valores de los parámetros de la herramienta de línea de comandos Wevtutil que corresponden a cada una de las directivas de retención anteriores.

❑   Sobrescribir eventos cuando sea necesario: r = false, ab = false.

❑   Archivar el registro cuando esté lleno; no sobrescribir eventos: r = true, ab = true.

❑   No sobrescribir eventos (vaciar registros manualmente): r = true, ab = false.

5.2. Otras herramientas de registro de eventos para Windows

Hay numerosas herramientas en el mercado para compilar, registrar y presentar la información de eventos del sistema, aplicaciones, seguridad, etc.

A) GFI Events Manager

GFI EventsManager es una solución de administración de registros de eventos que se integra en la infraestructura de TI existente. Recoge automáticamente los datos de sucesos de todos los componentes de red, normalizándolos en una base de datos central y proporcionando informes que incorporan cierta capacidad de análisis, enlazando los datos entre sí, y aportando un nivel adicional de inteligencia de negocio.

Mediante la monitorización y alerta configurada en servicios 24x7, facilita a los administradores del sistema las labores de prevención de desastres mediante la notificación de actividad ilícita y posibles fallos futuros de hardware y software en la red.

También aporta información sobre software instalado o desinstalado, grado de saturación de Microsoft Exchange y de otros servidores, accesos a archivos declarados como sensibles por parte de los usuarios –incorporando información de identidad, horario de acceso y tiempo de actividad–, actividad relacionada con el inicio de sesión, etc. Sus principales características son:

❑   Análisis de registros de sucesos incluyendo tramas SNMP, registros de Sucesos Windows –Syslog–, registros de actividad en aplicaciones web W3C.

❑   Alertas en tiempo real.

❑   Elaboración en tiempo real de informes sobre intentos de intrusión y accesos a ficheros.

❑   Certificado para Windows Server 2008.

❑   Auditoría de SQL Server y otras bases de datos.

❑   Recoge información de sucesos distribuida en una WAN en una base de datos central.

❑   Administración de registros de sucesos basada en reglas establecidas por los propios administradores.

❑   Capacidades avanzadas de filtrado de sucesos, lo que permite eliminar del análisis los triviales que suponen la mayoría de los eventos de seguridad, permitiéndonos centrar los recursos a la investigación de incidentes significativos.

❑   Perfiles de análisis de registros de sucesos, creados a partir de la experiencia de eventos del propio sistema.

❑   Monitorización y alertas en tiempo real 24 x 7 x 365.

❑   Programación de informes y distribución automática por correo electrónico.

❑   Soporte de entornos virtuales.

B)   IBM Tívoli

La familia de productos IBM Tívoli es probablemente la más extensa del mercado en cuanto a soluciones para la gestión de la capacidad, disponibilidad, continuidad del negocio y seguridad.

Todos sus productos gestionan de manera proactiva sus registros, eliminando buena parte de los eventos antes de que estos se traduzcan en reducciones del rendimiento detectables por el usuario.

En este apartado, no obstante, vamos a revisar las herramientas de gestión de seguridad y eventos. El producto en cuestión se denomina **IBM Tivoli Security Information and Event Manager V1.0** y tiene las siguientes características:

❑   Paneles centralizados de instrumentos y funciones de creación de informes.

❑   Sistema de auditorías del comportamiento de todos los usuarios, tengan o no privilegios.

❑   Gestión de la seguridad, al correlacionar, priorizar, investigar y responder ante eventos de seguridad de forma centralizada.

Los **paneles para la gestión** son dos:

❑   Un panel de instrumentos de gestión centrado en los sucesos de la red en tiempo real orientado a la detección de ataques y a la gestión de las incidencias de seguridad.

❑   Un panel de instrumentos de análisis de la información para supervisar hasta qué punto se adhiere una organización a sus políticas de gobierno y seguridad.

A su vez, integra las siguientes **herramientas** de propósito más específico:

❏ Panel de instrumentos de conformidad con la seguridad.

❏ Panel de instrumentos de operaciones de seguridad para gestionar las incidencias de seguridad.

❏ Agregación de registros, correlación y análisis de las incidencias de seguridad.

❏ Integración de las operaciones de IT.

❏ Detecta e investiga las incidencias y reacciona ante ellas automáticamente.

❏ Agiliza el seguimiento, el manejo y la resolución de las incidencias.

❏ Análisis de auditoría del mainframe, el sistema operativo, las aplicaciones y las bases de datos.

❏ Supervisión y auditoría de los usuarios con privilegios (PUMA).

❏ Creación de informes de gestión de registros.

C) Registros de eventos en Linux

El Syslog o sistema de **logs** de Linux (log = registro), es un mecanismo convertido en un estándar de facto en Linux que se encarga de recoger los mensajes generados por los programas, aplicaciones y demonios y enviarlos a un destino predefinido. En cada mensaje consta la fuente (el programa que generó el mensaje), la prioridad (nivel de importancia del mensaje), la fecha y la hora.

Hay varios niveles de prioridad de los mensajes (de menos a más prioritario: debug, info, notice, warning, warn, err, error, crit, alert, emerg y panic) y varios tipos de mensajes (auth, authpriv, cron, daemon, kern, lpr, mail, mark, news, security, syslog, user, uucp y local0-local7).

D) Funcionamiento del sistema de logs

El **sistema de logs** arranca con el script /etc/init.d/sysklogd, y tiene dos demonios:

❏ **syslogd**: gestiona los logs del sistema. Distribuye los mensajes a archivos, tuberías, destinos remotos, terminales o usuarios, usando las indicaciones especificadas en su archivo de configuración /etc/syslog.conf, donde se indica qué se loguea y a dónde se envían estos logs.

❑ **klogd**: se encarga de los logs del kernel. Lo normal es que klogd envíe sus mensajes a syslogd pero no siempre es así, sobre todo en los eventos de alta prioridad, que salen directamente por pantalla.

Los **logs** se guardan en archivos ubicados en el directorio /var/log. No obstante, muchos programas gestionan sus propios logs y los almacenan en el directorio /var/log/<programa>. Es posible, por otra parte, especificar múltiples destinos para un mismo mensaje. Algunos de los **log** más importantes son:

♦ ***/var/log/messages:*** aquí encontraremos los logs que llegan con prioridad info (información), notice (notificación) o warn (aviso).

♦ ***/var/log/kern.log:*** aquí se almacenan los logs del kernel, generados por klogd.

♦ ***/var/log/auth.log***: **en este log se registran los login en el sistema, las vec**es que hacemos su, etc. Los intentos fallidos se registran en líneas con información del tipo invalid password o authentication failure.

♦ ***/var/log/dmesg:*** en este archivo se almacena la información que genera el kernel durante el arranque del sistema. Podemos ver su contenido con el comando dmesg:

♦ ***$ dmesg***

Los archivos de **log** crecen y con el tiempo se pueden volver muy extensos. Pero el propio sistema operativo tiene un procedimiento establecido, mediante el script /etc/cron.daily/logrotate (cuyo archivo de configuración es /etc/logrotate.conf), situado en el directorio /etc/cron.daily (tareas que se ejecutan cada día) que los comprime y aplica una rotación automática de archivos, añadiéndoles la extensión .1.gz, .2.gz, etc., volviendo a crear uno vacío (cuanto mayor sea el número más antiguo será el log).

6. Guía para la selección del sistema de almacenamiento y custodia de registros

La decisión sobre cuál sistema utilizar va a estar condicionada por los siguientes aspectos:

❑ Sistema operativo del servidor de red.

❑ Tamaño de la red a gestionar.

♦ LAN o WAN.

♦ Existencia o no de servidores remotos.

- ❑   Tipo de alojamiento.

    - ◆   Clásico. La empresa posee y gestiona sus servidores, alojándolos físicamente en sus instalaciones.

    - ◆   Hosting/Housing.

    - ◆   Cloud.

        - ◊   Privado.

        - ◊   Mixto.

- ❑   Complejidad del sistema.

    - ◆   Número de aplicaciones de servidor distintas.

    - ◆   Número de roles distintos de acceso.

    - ◆   Etc.

- ❑   Capacidad de recursos requeridos.

    - ◆   Volumen medio de datos alojados.

    - ◆   Tráfico de datos medio.

- ❑   Requisitos legales.

    - ◆   Grado de sensibilidad de las bases de datos, en el marco definido por la LO-PDGDD.

    - ◆   Existencia de actividades de ecommerce.

Como podemos ver, decidir no parece sencillo. Sin embargo, los aspectos más determinantes, en tanto que obligan a decidir independientemente del resto de características del sistema son:

- ❑   Requisitos legales.

- ❑   Capacidad de recursos requeridos.

El uso de sistemas basados en hosting o cloud computing facilitan notablemente la gestión de los sistemas, pues la empresa se limita a establecer un SLA con un proveedor de capacidad que garantiza todos los aspectos de seguridad física y lógica –desde los accesos físicos a la instalación y mantenimiento de firewalls–, capacidad y disponibilidad por contrato.

Por tanto, nuestro papel se limita a diseñar la instalación, implementar las aplicaciones y mantenerla, lo que reduce considerablemente la complejidad de la gestión del nivel de servicio.

Si no es posible acceder a estas opciones, nos aseguraremos de que la capacidad del sistema es la adecuada, analizando anchos de banda disponibles, capacidad de cálculo requerida por las aplicaciones y diseñando el sistema de seguridad físico y lógico.

En cuanto a las herramientas de gestión del nivel de servicio, la recomendación es que en redes de menos de 100 puestos las herramientas de registro de eventos provistas por los sistemas operativos suelen ser suficientes, incluso desde el punto de vista de la LOPD. Acompañarlas con una solución adecuada para la gestión de las copias de seguridad que genere automáticamente registros, una herramienta de supervisión de red de las analizadas y un sniffer, completa el "kit" de herramientas del administrador.

Resumen

En esta unidad hemos:

❏ Se ha visto el nivel de los registros, sus períodos de retención y sus necesidades de almacenamiento.

❏ Se han analizado sus requerimientos legales.

❏ Se han visto alternativas de almacenamiento para los registros, así como las características de rendimiento, escalabilidad, confidencialidad, integridad y disponibilidad.

❏ Hemos tratado temas como la asignación de responsabilidades para la gestión del registro

❏ Hemos hablado de las medidas de salvaguarda; de la seguridad del sistema de registros.

❏ Y hemos aportado datos para la selección del sistema de almacenamiento.

Autoevaluación de Unidad 6
Enunciados

- -

1. ¿Cuál de las siguientes afirmaciones es correcta?:

a) En las áreas de tecnología, la competencia técnica lo es todo.

b) Si bien es importante la comunicación con el cliente, lo es más cumplir con las tareas precisas.

c) La base de unos buenos resultados en el área TI es la relación de confianza con el cliente.

d) Ninguna es correcta.

2. ¿Cuál de estas afirmaciones es correcta?:

a) La elaboración de informes en tiempo y forma, es condición suficiente para establecer una buena comunicación, base de toda confianza.

b) Los informes sirven de poco si la retroalimentación recibida no se aplica en medidas concretas.

c) Como la elaboración de informes y su comunicación suponen un consumo significativo de tiempo, conviene dotar de recursos al área IT.

d) Son correctas b) y c).

3. Respecto a la hora de obtener indicadores y registrarlos para un posterior análisis, ¿cuál de estas afirmaciones es correcta?:

a) Alineación con los estándares.

b) Cumplimiento de la legislación.

c) Seguridad y eficiencia operativa.

d) Todos estos aspectos deberían ser incorporados en un informe.

4. ¿Cuál de estas afirmaciones es correcta?:

a) Tívoli es una herramienta de *Business Intelligence* particularmente potente.

b) Nagios es uno de los mejores sniffers del mercado.

c) Un sniffer nos permite identificar dispositivos de red que presentan problemas.

d) Ninguna es correcta.

5. ¿Cuál de las siguientes afirmaciones es correcta?:

a) Los períodos de análisis deben contemplar la duración del plan estratégico, el tiempo entre las auditorías oficiales y accesos a bases de datos clasificadas en la LOPDGDD.

b) El uso de repositorios de datos es un aspecto requerido en términos de almacenamiento de datos específicos para los registros.

c) Los registros necesarios deben componerse, al menos, de información sobre capacidad, continuidad y disponibilidad.

d) Todas son correctas.

6. ¿Cuál de estas afirmaciones es correcta?:

a) El control de privilegios de los roles es un apartado central de las medidas que se toman para garantizar la confidencialidad de la información.

b) En una base de datos registrada en la Agencia de la Protección de Datos, bajo ningún concepto podemos borrar un registro una vez dado de alta.

c) El inventario actualizado es esencial para garantizar la integridad de la información, pues así nos aseguramos de que cada dispositivo o equipo ha pasado los correspondientes controles de calidad y seguridad, y hemos comprobado su configuración.

d) Todas son correctas.

7. En cuanto al volumen de almacenamiento, podemos decir que...:

a) Una red local necesita volúmenes usualmente superiores a 1015 bytes.

b) La mejor opción de almacenamiento, en relación a los datos en dispositivos como tabletas o smartphones, es que se conecten a las bases de datos centralizadas. Bastará con dimensionar adecuadamente el ancho de banda, pues el espacio ocupado será menor en conjunto.

c) Son correctas a) y b).

d) Ninguna es correcta.

8. ¿Cuál de estos roles es el responsable de la gestión del registro?:

a) Administración y soporte.

b) Administrador del catálogo.

c) Responsable de gestión del servicio.

d) Gestor de nivel de servicio.

9. Uno de los siguientes no es un registro de eventos para Windows Server:

a) El registro de eventos enviados.

b) Los registros de eventos de aplicación.

c) Los registros de eventos de seguridad.

d) Los registros del sistema.

10. Si vamos a establecer la directiva de retención mediante una línea de comandos en Windows Server, utilizaremos la sentencia...:

a) Print Syslog.

b) Wevtutil sl <logname>.

c) Syslogd -logname.

d) Webtlog –s -l.

Autoevaluación de Unidad 6
Soluciones

----

1. *c)* *La base de unos buenos resultados en el área TI es la relación de confianza con el cliente.*

> *Explicación: En la mayor parte de las actividades que se basan en la pres-tación de servicios en el ámbito de las TIC, el beneficio más relevante no se mide tanto en términos económicos, en cumplimientos de las tareas o com-petencias técnicas por encima de todo, sino en la mejora de las relaciones y la confianza con los clientes.*

2. *d)* *Son correctas b) y c).*

> *Explicación: La elaboración de informes y su entrega en tiempo y forma pueden ser de gran importancia en el ámbito del área TIC de una organi-zación, por lo que conviene dotar de recursos al área para su confección. Aunque queda demostrada su importancia, la realización de informes por sí misma ni es condición suficiente para generar una buena comunicación ni es trascendente si no se concretan en medidas concretas.*

3. *d)* *Todos estos aspectos deberían ser incorporaos en un informe.*

> *Explicación: Indicadores que midan la disponibilidad, el rendimiento y la capacidad son muy importantes para la operativa TIC. A la hora de obtener indicadores y registrarlos para un posterior análisis, existen aspectos impor-tantes como el cumplimiento de la legislación, la alineación con los están-dares, la eficiencia operativa o la seguridad.*

4. *d)* *Ninguna es correcta.*

> *Explicación: Un sniffer es una herramienta que captura paquetes de datos que circulan por la red, permitiendo identificar dispositivos de red que presenten problemas. No puede identificarse al software Nagios como un sniffer, sino más bien como un sistema de monitorización de código abierto. IBM Tivoli es un software que permite la administración de los recursos de almacenamiento y copias de seguridad.*

5. *d)* *Todas son correctas.*

> *Explicación: Desde una perspectiva de los registros necesarios, deben componerse de información sobre capacidad, disponibilidad y continuidad. Es necesario contemplar la duración del plan estratégico, el tiempo transcurrido entre auditorías oficiales y la información que ha de registrarse en cumplimiento de la LOPDGDD. Finalmente, es preciso crear repositorios que almacenen los datos específicos para los registros.*

6. *d)* *Todas son correctas.*

> *Explicación: La LOPDGDD establece una serie de recomendaciones y requisitos para garantizar la confidencialidad de la información, por ejemplo el establecimiento de un control de privilegios basado en roles. Además, impide que se pueda borrar un registro de una base de datos una vez dado de alta. Por último, para garantizar la integridad de los dispositivos es esencia contar con un inventario actualizado.*

7. *d)* *Ninguna es correcta.*

> *Explicación: La complejidad técnica de un sistema de almacenamiento está íntimamente relacionada con la complejidad de la infraestructura. Serán los responsables y los técnicos quienes dictaminen tanto el volumen necesario como la opción, pues existen escenarios muy diferentes y, por tanto, soluciones distintas con características específicas.*

8. *d)* *Gestor de nivel de servicio.*

> *Explicación: El responsable de la gestión del registro tendrá el nivel jerár-
> quico de gestor de nivel de servicio. Los roles de administración y soporte,
> el de responsable de la gestión de servicio y el del administrador del catá-
> logo son roles propios de gestión de servicios.*

9. *a)* *El registro de eventos enviados.*

> *Explicación: Los registros de Microsoft Windows almacenan eventos de
> aplicaciones que se producen en un sistema. En un sistema operativo
> Windows Server se consideran registros a los de sistema, a los de seguri-
> dad, a los de aplicación, a los de instalación y a los registros reenviados.*

10. *b)* *Wevtutil sl <logname>.*

> *Explicación: Es posible la directiva de retención de registro mediante el
> visor de eventos incorporado a través de una consola MMC, o mediante la
> herramienta de línea de comandos wevutil. La sintaxis requerida será wevu-
> til sl <LogName>.*

UNIDAD DIDÁCTICA 7

Administración del control de accesos adecuados de los sistemas de información

Objetivos

- ☑ Poseer una visión completa de las técnicas de Gestión de Autentificación e Identidad de usuarios.

- ☑ Identificar criterios para escoger las mejores prácticas de control de accesos, identificación de usuarios y asignación de privilegios de acceso.

- ☑ Conocer las implicaciones legales que, en materia de seguridad, se derivan de la LOPDGDD.

- ☑ Conocer las principales herramientas de gestión de accesos, usuarios, recursos y privilegios.

Contenido

1. Análisis de los requerimientos de acceso de los distintos sistemas de información y recursos compartidos

2. Principios comúnmente aceptados para el control de accesos y de los distintos tipos de acceso locales y remotos

3. Requerimientos legales en referencia al control de accesos y asignación de privilegios

4. Perfiles de acceso en relación con los roles funcionales del personal de la organización

5. Herramientas de directorio activo y servidores LDAP en general

6. Herramientas de sistemas de gestión de identidades y autorizaciones (IAM)

7. Herramientas de sistemas de punto único de autenticación: Single Sign on (SSO)

Resumen

1. Análisis de los requerimientos de acceso de los distintos sistemas de información y recursos compartidos

El objetivo del control de acceso es impedir accesos no autorizados a información sensible, evitando fugas o amenazas a su integridad.

Se deben cubrir todas las formas posibles de acceso, tanto físicas como lógicas. Es necesario abarcar todos los repositorios de datos, sean compartidos o específicos de áreas de negocio.

Se incluyen todos los dispositivos de acceso: dispositivos de red, ordenadores de escritorio y portátiles y dispositivos móviles como tabletas y smartphones.

La norma ISO/IEC 27002:2022 establece claramente que los accesos a la información, los recursos de tratamiento y los procesos de negocio deben controlarse según las necesidades de seguridad y de negocio de la organización.

Por tanto, las regulaciones para el control de accesos deben abarcar políticas de distribución y autorizaciones, incluyendo medidas correctivas para gestionar incumplimientos, no conformidades e incidentes.

Esta política de control de accesos debe basarse en los requisitos del negocio y la seguridad de la información generada. En concreto, la política debe incluir:

❑ Los requisitos de seguridad de las aplicaciones individuales de negocio.

❑ La identificación de toda la información relacionada con dichas aplicaciones y los riesgos de exposición.

❑ Políticas de diseminación y autorización de la información.

❑ Consistencia entre control de acceso y clasificación de la información en sistemas y redes.

❑ Legislación aplicable y obligaciones contractuales sobre acceso a datos y servicios.

❑ Perfiles normalizados de acceso de usuario acorde con los roles en la organización.

❑ Gestión de derechos de acceso en entornos distribuidos e interconectados, reconociendo todos los tipos de conexiones.

❑   Segregación de funciones en el control de acceso: solicitud, autorización y administración.

❑   Requisitos para autorización formal de los accesos.

❑   Requisitos para revisión periódica de los controles de acceso.

❑   Procedimientos para retirada de los controles de acceso.

❑   Consideraciones adicionales que sugiere la norma actualizada:

❑   Diferenciar reglas obligatorias de las opcionales o condicionales.

❑   Aplicar el paradigma "denegar por defecto, permitir solo lo explícitamente autorizado" en lugar de su opuesto.

❑   Control dinámico de cambios en los procesos de identificación de la información, ya sean automáticos o manuales.

❑   Registro de cambios en permisos de usuario, automáticos o manuales realizados por administradores.

❑   Identificar qué reglas requieren aprobación antes de su implementación y cuáles no.

2. Principios comúnmente aceptados para el control de accesos y de los distintos tipos de acceso locales y remotos

Independientemente de que el acceso sea físico o lógico, presencial o remoto, nos deberemos asegurar de que el usuario que accede efectivamente es un usuario autorizado y de que aquellos que no tienen autorización no acceden.

Para implementar el control de accesos de forma eficaz, conviene elaborar procedimientos formales para controlar la localización de los derechos de acceso a los sistemas y servicios. Tales procedimientos deben cubrir el **ciclo de vida completo del acceso del usuario**, desde el registro inicial de nuevos usuarios hasta el registro final de usuarios que no requieren acceso por más tiempo.

Se recomiendan los siguientes procedimientos.

2.1. Registro de usuario

Debe establecerse un procedimiento formal de registro y de anulación de usuarios para conceder y revocar el acceso a todos los sistemas y servicios de información.

Dicho procedimiento debería incluir:

❑ La utilización de un único identificador de usuario –ID– que posibilite la trazabilidad de sus conexiones, a fin de responsabilizarles de sus acciones, si fuera preciso.

❑ La comprobación de que el usuario tiene autorización otorgada por el administrador del sistema. En este caso, puede ser conveniente separar la aprobación de derechos de acceso de su gestión.

❑ La comprobación de que el nivel de acceso es el adecuado a sus funciones, definidas en el marco de los objetivos del negocio.

❑ Dar a los usuarios una declaración por escrito de sus derechos de acceso.

❑ Requerir a los usuarios la firma de declaraciones indicando que entienden las condiciones de acceso.

❑ Asegurarse que los proveedores de servicio no proporcionan ningún acceso hasta finalizar los procedimientos de autorización.

❑ Mantenimiento de un registro formal de las personas registradas para el uso de cada servicio.

❑ La retirada o bloqueo de derechos de acceso a los usuarios que han cambiado de puesto o han abandonado la organización.

❑ La comprobación periódica –incluida retirada o bloqueo– de los ID y las cuentas redundantes – usuarios con varias cuentas o cuentas usadas por varios usuarios–.

❑ Asegurar que los identificadores de usuario ya empleados con anterioridad no se entregan a otros usuarios.

2.2. Gestión de privilegios

El objetivo de este procedimiento es el aseguramiento del control y restricción de la asignación y uso de privilegios de acceso.

Para ello, se establece un mecanismo de autorización formal, que contará con los siguientes pasos:

❏ Identificarse los privilegios de acceso asociados a cada aplicación del sistema y los usuarios a quienes hay que asignarlos.

❏ Los privilegios deben **asignarse en base a la necesidad** de uso, contemplando el requisito mínimo para cada rol funcional.

❏ Debe mantenerse un proceso de autorización y registro de todos los privilegios asignados. No deberían concederse privilegios hasta su autorización.

❏ Debe fomentarse el desarrollo y uso de un sistema de rutinas que permitan reducir al mínimo la necesidad de conceder privilegios, en particular, debe intentarse el uso de aplicaciones que no requieran de privilegios especiales – por ejemplo, se debe evitar el uso de aplicaciones que requieran permisos de administrador del equipo para su utilización, pues permitirían instalar otro software adicional sin control por los administradores del sistema–.

En particular, debe prevenirse el uso indiscriminado del rol de administrador del sistema, pues suele ser un factor que incrementa el número de fallos o infracciones de los sistemas.

2.3. Gestión de contraseñas de usuario

Se deberá elaborar un procedimiento que facilite el control de la asignación de contraseñas, que contará con los siguientes requisitos:

❏ Requerir a los usuarios la firma de una declaración para mantener la confidencialidad de las contraseñas personales, que puede incluirse en los términos y condiciones del puesto de trabajo.

❏ Proporcionar una primera contraseña segura y provisional, que deberá ser cambiada inmediatamente.

❏ Establecer requisitos para verificar la identidad de un usuario a la hora de proporcionarle una contraseña, ya sea nueva, de sustitución o provisional.

❏ Las contraseñas provisionales deben proveerse de forma segura, evitando el envío de mensajes de correo electrónico no encriptados.

❏ Las contraseñas provisionales deben ser únicas e individuales y no adivinables.

❏ Los usuarios deben dar acuse de recibo de las contraseñas.

❏ No se almacenarán en los ordenadores de forma no protegida.

❏ Las contraseñas por defecto de los dispositivos deben ser modificadas.

2.4. Revisión de los derechos de acceso del usuario

Debe establecerse un procedimiento de revisión de los derechos de acceso de usuario con intervalos regulares y utilizando mecanismos formalmente instituidos. Debe considerar las siguientes directrices:

❑ La revisión debe realizarse a intervalos de, como mínimo, seis meses, y después de cada cambio, como promoción, degradación o terminación del empleo.

❑ Deberán revisarse cuando se traspasan de un empleado a otro dentro de la misma organización.

❑ Las autorizaciones con privilegios especiales deben revisarse con un intervalo de tiempo máximo de tres meses.

El establecimiento de tales procedimientos redundará en una menor tasa de incidencias en relación a privilegios mal asignados, desactualizados, etc.

3. Requerimientos legales en referencia al control de accesos y asignación de privilegios

3.1. La situación en el mundo

El tratamiento de la información personal sensible es completamente distinto dependiendo del país en el que nos encontremos.

Así por ejemplo, en los Estados Unidos, la empresa US Search provee, a través de su página web **www.ussearch.com**, todo tipo de información sobre cualquier persona, lo que permite obtener respuesta a preguntas como las siguientes:

❑ ¿Mi nuevo vecino tiene antecedentes penales?

❑ ¿La niñera de mis hijos está casada?, ¿con quién?

❑ ¿Mi nuevo socio es financieramente solvente?

No solo eso: actualmente, empresas como Amazon comercializan un sistema que recolecta información sobre los regalos que recibe una persona concreta, se ofrecen servicios que permiten tener permanentemente localizada a una persona, etc.

Preguntas todas ellas que ponen en riesgo gravemente la privacidad de las personas, al menos tal y como la entendemos en Europa y, muy especialmente, en España.

 Visita la web **www.ussearch.com** para verificar los datos que podemos llegar a conocer de cualquier persona.

En Europa, el marco legal en materia de protección de datos es mucho más exigente y moderno. Se sustenta en el Reglamento (UE) 2016/679 (RGPD), de aplicación directa en todos los Estados miembros, y en la LOPDGDD (Ley Orgánica 3/2018), que adapta y complementa el RGPD en España. Este régimen conlleva sanciones muy elevadas para empresas, administraciones públicas y personas que no cumplan.

3.2. La situación en España

El RGPD establece la figura de autoridades independientes (como la AEPD en España), con funciones ejecutivas esenciales:

❑ Control del cumplimiento del RGPD y de la LOPDGDD.

❑ Inspección, investigación y potestad sancionadora.

❑ Orientación normativa y consultiva.

❑ Protección efectiva del derecho fundamental a la protección de datos.

Asimismo, la Constitución Española en su artículo 18.4 garantiza que el Estado limite el uso de la informática para proteger la intimidad, el honor y los derechos de los ciudadanos, sosteniendo este marco legal superior.

La LOPDGDD refuerza el marco interno:

❑ Deroga la antigua LOPD (15/1999) y adapta la normativa española al RGPD.

❑ Aporta elementos específicos como garantías en el ámbito digital y sanciones detalladas.

En la Unidad Didáctica 1 ya vimos los aspectos generales de esta normativa, a los que nos remitimos. Ahora, nos centraremos en las obligaciones del responsable del tratamiento, que implican una serie de medidas prácticas, entre ellas:

❑ No se exige ya un "Documento de Seguridad": su contenido relevante se integra en el Registro de Actividades de Tratamiento (RAT), obligatorio dependiendo del tipo de tratamiento y tamaño de la entidad

❑　Debe nombrarse claramente a los responsables (como el Delegado de Protección de Datos, si procede) y cumplir el principio de responsabilidad proactiva (accountability), aplicando medidas técnicas y organizativas apropiadas, adaptadas al contexto y riesgos específicos.

❑　El personal debe estar formado e informado sobre las políticas internas y consecuencias del incumplimiento.

❑　Se deben establecer procesos de control de accesos, identificación de usuarios y privilegios, y registros de incidencias y brechas de seguridad (notificables en el plazo de 72 horas cuando correspondan).

❑　Se exige la realización de auditorías periódicas (internas o externas) y la implantación efectiva de medidas correctivas derivadas de las deficiencias detectadas.

Respecto al control de accesos y asignación de responsabilidades, ya no es suficiente con cumplir formalmente; ahora se trata de un ejercicio continuo y justificable, que garantiza la defensa en procesos legales, auditorías o tras una brecha:

❑　La negligencia en la gestión de cuentas (no desactivar cuentas obsoletas, compartir contraseñas, falta de descripciones de puesto claras) puede agravar las sanciones.

❑　Bajo el RGPD/LOPDGDD, las sanciones pueden alcanzar hasta 20 millones de euros o el 4 % de la facturación global anual, lo que subraya la necesidad de mantener medidas robustas continuas.

4. Perfiles de acceso en relación con los roles funcionales del personal de la organización

Para poder establecer los perfiles de acceso adecuados, es preciso que existan, con anterioridad, los siguientes elementos organizativos:

❑　Organigrama de la organización.

❑　Descripción de funciones y responsabilidades de cada puesto.

❑　Asignación de puestos a personas.

El organigrama de una empresa es, simplemente, la representación gráfica de su estructura, así como las relaciones de dependencia jerárquicas existentes. Debe permitir entender, de forma rápida y sencilla, quién ejerce cada puesto y cuáles son las relaciones entre áreas, personas, etc.

Debe ser conciso, evitando incluir detalles sobre las personas, más allá del nombre del puesto y el nombre de la persona, pues su objetivo no es tanto dar detalles que permitan identificar a cada empleado de la empresa, sino situarlo en cuanto a sus dependencias jerárquicas, etc.

Lo mismo se puede decir de las áreas. No interesa tanto la descripción de su misión y objetivos, cuanto sus dependencias jerárquicas y funcionales, es decir, a quién rinde cuentas dicho área y con quién tiene dependencia funcional para su buen rendimiento.

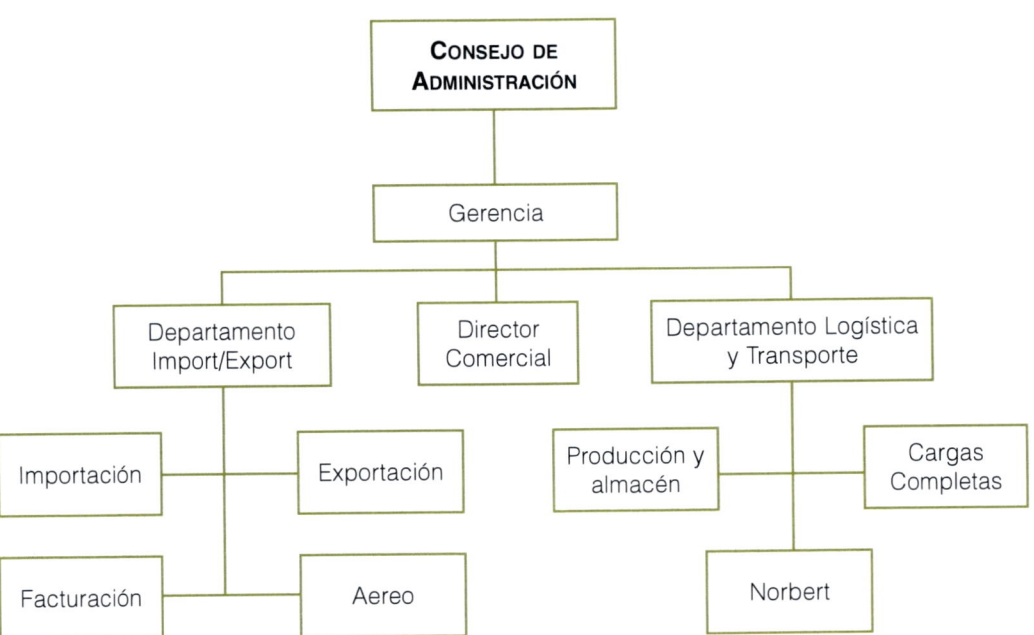

Ejemplo de organigrama empresarial, con las áreas funcionales y las relaciones de dependencia y jerárquicas indicadas mediante conectores.

En cuanto a la descripción de funciones y responsabilidades, es importante destacar que no se refiere a la "persona", sino al puesto que ocupa, que estará, a su vez, representado en el propio organigrama.

*La **descripción de puesto** es un documento formal propio de cada organización, que contiene una descripción detalla de los objetivos y las funciones de cada puesto, así como su entorno social y las relaciones jerárquicas y funcionales que le afectan. Describe lo que deben hacer las personas que los ocupan y suele contener también una descripción de las competencias profesionales y los conocimientos técnicos exigidos, a fin de acometer sus objetivos con ciertas garantías de éxito.*

En el ámbito que nos ocupa, conocer la estructura del organigrama es primordial pues a partir de la descripción de las distintas áreas funcionales, crearemos, por ejemplo, sus correspondientes servidores o repositorios de datos.

Así, las personas que integrarán cada departamento, tendrán acceso a tales repositorios. A su vez, en función de las necesidades detectadas para cada puesto, podrán tener uno de los siguientes tipos de acceso:

❑ **Control total**. El usuario con este nivel de privilegio puede crear, ejecutar, modificar, leer y eliminar todo tipo de ficheros y carpetas alojados en la carpeta en la cual tiene este grado de acceso.

❑ **Modificar**. El usuario no puede crear ni eliminar ficheros ni carpetas, pero puede alterar sus contenidos. Es el adecuado cuando el usuario debe poder ejecutar una aplicación y modificar sus bases de datos.

❑ **Leer y ejecutar**. El usuario puede ejecutar aplicaciones que no alteren bases de datos alojadas en el directorio – por ejemplo, una calculadora que emite valores pero no graba datos– y visualizar el contenido de los ficheros, pero no modificarlos.

❑ **Listar contenidos de la carpeta**. El usuario únicamente puede saber qué ficheros están en la carpeta, pero no puede acceder a ellos.

❑ **Lectura**. El usuario puede visualizar ficheros únicamente. No puede ejecutar ningún tipo de aplicación.

A su vez, es posible que se precise que áreas distintas compartan información. Para ello, se crearán bien repositorios de datos específicos, bien se dará acceso compartido a sus propios repositorios.

A fin de asegurarnos que la arquitectura del repositorio de datos global responde con la estructura real de la organización, diseñaremos la arquitectura del servidor de ficheros de la forma más parecida posible a la contenida en el organigrama.

A su vez, indicaremos qué aplicaciones y ficheros podrá utilizar cada puesto de trabajo y, por último, identificaremos, al dar de alta una nueva cuenta de usuario, el área a la que pertenece y el puesto que desempeña en la organización.

En línea con lo establecido en el apartado 2 de la presente unidad, todo el proceso se realizará dejando constancia escrita e informando al trabajador de sus derechos y obligaciones al acceder a la información.

5. Herramientas de directorio activo y servidores LDAP en general

LDAP *(Light Directory Access Protocol o Protocolo compacto de acceso a directorios) es un protocolo estándar que permite administrar directorios, esto es, acceder a los servicios de directorio ordenados y distribuidos para localizar información en un entorno de red, mediante protocolos TCP/IP, a nivel de aplicación.*

LDAP también está considerada como una **base de datos a la que se emiten consultas** *sobre todo tipo de objetos contenidos en ella.*

5.1. Un poco de historia

El motivo su desarrollo en 1993 –diseñado en la Universidad de Michigan–, fue reemplazar al protocolo DAP (utilizado para acceder a los servicios de directorio X.500 por OSI) integrándolo al TCP/IP.

Desde 1995, DAP se convirtió en LDAP independiente, con lo cual se dejó de utilizar solo para acceder a los directorios tipo X500. LDAP es una versión más simple del protocolo DAP, de allí deriva su nombre Protocolo compacto de acceso a directorios.

La versión actual es LDAPv3, especificada en el documento RFC 4510 del IETF (Grupo de Trabajo de Ingeniería de Internet).

Como podemos ver en el punto siguiente, el protocolo LDAP establece el método para acceder a datos en el servidor a nivel cliente, sin embargo, no establece la forma en la que se almacena la información.

Funcionamiento del protocolo

Cuando el usuario inicia una sesión LDAP, se conecta a un servidor LDAP, a través del puerto TCP 389, que es el establecido por defecto. El protocolo funciona en modo cliente-servidor, es decir, el cliente envía una petición al servidor y este emite respuestas.

LDAP ofrece un conjunto de funciones a fin de llevar a cabo **consultas** en los conjuntos de datos para buscar, cambiar y eliminar entradas en los directorios.

Comandos LDAP

FUNCIONAMIENTO	DESCRIPCIÓN
Abandon (Abandonar)	Cancela la operación previa enviada al servidor
Add (Agregar)	Agrega una entrada en el directorio
Bind (Enlazar)	Inicia una nueva sesión en el servidor LDAP
Compare (Comparar)	Compara las entradas en un directorio según los criterios
Delete (Eliminar)	Elimina una entrada de un directorio
Extended (Extendido)	Realiza operaciones extendidas
Rename (Cambiar nombre)	Cambia el nombre de una entrada
Search (Buscar)	Busca entradas en un directorio
Unbind (Desenlazar)	Finaliza una sesión en el servidor LDAP

A su vez, el servidor puede enviar "notificaciones no solicitadas" que no son respuestas a ninguna petición, por ejemplo antes de que se termine el tiempo de conexión.

A fin de convertir las comunicaciones LDAP en comunicaciones seguras, el protocolo permite usar un túnel SSL, mediante el uso del esquema de URLs "ldaps". El **puerto por defecto para LDAP sobre SSL es 636**.

El uso de LDAP sobre SSL era habitual en la versión 2 de LDAP Versión 2 (LDAPv2) pero no se llegó a estandarizar mediante una especificación formal. Su uso es considerado obsoleto al igual que LDAPv2, que fue retirado oficialmente en 2003.

LDAP permite que los usuarios:

❑   Se conecten.

❑   Se desconecten.

❑   Busquen información.

❑   Comparen información.

❑   Inserten entradas.

❑   Cambien entradas.

❑   Eliminen entradas.

De todo tipo de objetivos contenidos en la base de datos LDAP.

5.2. Estructura de directorios bajo LDAP

 *Un **directorio** es un conjunto de objetos con atributos organizados en una manera lógica y jerárquica.*

Podemos pensar en un diccionario, que consiste en una serie de definiciones ordenadas de palabras ordenadas alfabéticamente.

Cada entrada tiene un identificador único: su Nombre distinguido (Distinguished Name, DN). Este consta de su Relative Distinguished Name (RDN) construido por algunos atributos en la entrada, seguidos del DN de la entrada del padre. Pensar en el nombre distinguido como un completo nombre de archivo y el nombre distinguido relativo como el nombre de archivo relativo en un folder.

LDAP presenta la información mediante las especificaciones del modelo X.500 de 1993, bajo la forma de una estructura jerárquica de árbol denominada **DIT** (Directory Information Tree o Árbol de información de directorio), en la cual la información, denominada **entrada** (o incluso DSE, *Directory Service Entry*), se representa mediante bifurcaciones.

Una bifurcación ubicada en la raíz de una bifurcación se denomina entrada raíz.

Cada entrada en el directorio LDAP corresponde a un objeto abstracto o real (por ejemplo, una persona, un objeto material, parámetros, etc.).

Por último, cada entrada está conformada por un conjunto de pares clave/valor denominados **atributos**.

Así, podemos definir el modelo de la forma siguiente:

Un directorio es un árbol de entradas de directorio→una entrada consta de un conjunto de atributos→un atributo tiene un nombre (un tipo de atributo o descripción de atributo) y uno o más valores.

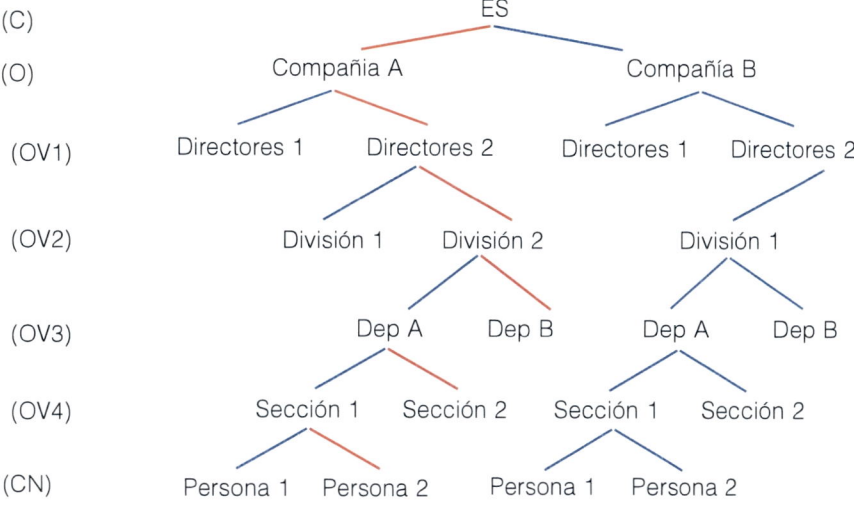

Gráfico de un árbol de directorios bajo LDAP.

5.3. Entradas, atributos y esquemas

*Una entrada se indexa mediante un **nombre completo** (**DN** o distinguished name) que identifica de forma biunívoca a cada elemento de la estructura de árbol.*

Como hemos comentado, cada entrada se compone de un conjunto de atributos. Estos atributos son pares clave/valor. Este sencillo esquema permite caracterizar por completo el objeto – usuario, fichero, directorio, etc. – definido en la entrada. Existen dos tipos de atributos:

❑ **Atributos normales**: estos son los atributos comunes (apellido, nombre, etc.) que distinguen al objeto.

❑ **Atributos operativos**: estos son atributos a los que solo el servidor puede acceder para manipular los datos del directorio (fechas de modificación, etc.).

Un DN se constituye tomando el nombre del elemento denominado Nombre distintivo relativo (RDN, es decir, la ruta de la entrada en relación con sus entradas superiores) y agregándole el nombre entero de la entrada principal.

El mecanismo de identificación y búsqueda de LDAP se sustenta en el uso de **pares clave/valor** para poder localizar una entrada de manera única. Las claves utilizadas más frecuentemente por LDAP son las siguientes– para la búsqueda de personas, cuentas de usuario, etc. –:

- ❑ **uid** (id de usuario). La identificación única obligatoria.

- ❑ **cn** (nombre común). El nombre de la persona.

- ❑ **givenname.** El nombre de pila de la persona.

- ❑ **sn** (apellido). El apellido de la persona.

- ❑ **o** (organización). Empresa donde trabaja la persona.

- ❑ **u** (unidad organizacional). Área funcional de la compañía en la que trabaja la persona.

- ❑ **mail**, esta es la dirección de correo electrónico de la persona (por supuesto).

 *Un nombre completo tendrá la siguiente forma:* **uid=vpinto,cn=pinto,givenname=victor.**

Y la *Relative Distinguished Name* será "uid=vpinto".

Un esquema permite, por ejemplo, definir si un atributo puede poseer uno o varios valores. Además, un atributo llamado *objectclass* permite definir si los atributos son obligatorios u opcionales.

 *El conjunto de definiciones de objetos y atributos que un servidor LDAP puede administrar se denomina* **esquema**.

5.4. Implementaciones de LDAP

Existen diversas implementaciones y aplicaciones reales del protocolo LDAP. A continuación, comentamos muy brevemente, las más conocidas:

- ❑ **Active Directory**

    Active Directory es el nombre utilizado por Microsoft (desde la aparición de su sistema operativo Windows 2000) como almacén centralizado de información para sus dominios de administración. Active Directory es un depósito estructurado todo tipo de objetos, como impresoras, usuarios, equipos, servidores, etc. Se accede a su información a través del Servicio de Directorio.

Aunque AD utiliza más protocolos, **Active Directory basa su servicio de Directorio** en un esquema **LDAP versión 3**, lo cual permite integrar otros sistemas que soporten el protocolo. En este LDAP almacena información de usuarios, recursos de la red, políticas de seguridad, configuración, asignación de permisos, etc.

❑ **Apache Directory Server**

Apache Directory Server (ApacheDS), es un servidor de directorio desarrollado completamente en Java y disponible bajo la licencia de Apache Software. Es compatible con LDAPv3 y está certificado por el Open Group. Soporta otros protocolos de red, como Kerberos y NTP, y provee características propias de las Base de Datos Relacionales, como Procedimientos Almacenados y vistas, no presentes en el mundo LDAP.

❑ **OpenLDAP**

Es una implementación libre del protocolo que soporta múltiples esquemas, por lo que puede utilizarse para conectarse a cualquier otro LDAP.

Tiene licencia propia, la **OpenLDAP Public License**. Al ser un protocolo independiente de la plataforma, varias distribuciones GNU/Linux y BSD lo incluyen, al igual que AIX, HP-UX, Mac OS X, Solaris, Windows y z/OS.

OpenLDAP tiene cuatro componentes principales:

♦ **Slapd**. Demonio LDAP autónomo.

♦ **Slurpd**. Demonio de replicación de actualizaciones LDAP autónomo.

♦ **Rutinas** de biblioteca de soporte del protocolo LDAP.

♦ Utilidades, herramientas y clientes.

❑ **Red Hat Directory Server**

Directory Server es un servidor basado en LDAP que centraliza configuración de aplicaciones, perfiles de usuarios, información de grupos, políticas así como información de control de acceso dentro de un sistema operativo independiente de la plataforma.

Forma un repositorio central para la infraestructura de manejo de identidad. Su principal ventaja es su sencilla gestión de usuarios, lo que ha logrado mediante la eliminación de la redundancia de datos y la automatización de su mantenimiento.

❑ **Novell Directory Services**

También conocido como eDirectory, es la implementación de Novell utilizada para manejar el acceso a recursos en diferentes servidores y computadoras de una red. Es una base de datos jerárquica y orientada a objetos, que representa cada servidor, computadora, impresora, servicio, personas, etc. entre los cuales se crean permisos para el control de acceso, por medio de herencia. La ventaja de esta implementación es que corre en diversas plataformas, por lo que puede adaptarse fácilmente a entornos que utilicen más de un sistema operativo.

❑ **iPlanet - Sun ONE Directory Server**

iPlanet se desarrolló cuando AOL adquirió Netscape Communications Corporation y, con posterioridad, fue comercializado junto con el software para servidores de Sun Microsystems. En la actualidad, se conoce como Sun One Directory Server y forma parte del sistema operativo Solaris, propiedad de Oracle.

5.5. Active Directory

Dado que una gran cantidad de empresas tienen implementado un servidor Windows Server, consideramos pertinente extendernos un poco más en detallar su funcionamiento y estructura.

*El **Directorio Activo** es un servicio de directorio.*

Es decir, es, a la vez, un directorio donde está almacenada toda la información sobre recursos y objetos de la red, y es un servicio que permite acceder y manipular tales recursos.

Es la herramienta que ha diseñado Microsoft para la organización y gestión de los recursos de una red de ordenadores y todos los objetos que una red puede contener, es decir: grupos, usuarios, servicios, ordenadores, impresoras, permisos y privilegios, servidores, etc.

*El objeto principal de **Active Directory** es la implementación del servicio de directorio centralizado en una red distribuida para facilitar el control, la administración y la consulta de todos los elementos lógicos de la red (como pueden ser usuarios, equipos y recursos).*

Al tener alojada toda la información en un solo directorio, podemos realizar desde un único punto la gestión de toda la red.

El directorio activo está construido alrededor de la tecnología DNS y LDAP, lo que tiene dos grandes ventajas:

❑ DNS porque es el estándar en Internet para identificar y nombrar dominios.

❑ Dado que la mayoría de fabricantes soportan LDAP, los clientes de directorio activo usan DNS y LDAP para localizar y acceder a cualquier tipo recurso de la red, independientemente de si el sistema operativo de sus ordenadores es Unix, Linux y Macintosh, podrán tener acceso a los recursos de igual modo que los clientes de Windows.

La gestión del directorio activo se realiza desde la consola MMC (Microsoft Management Console).

El **Directorio Activo** tiene dos objetivos fundamentales:

❑ Los usuarios deben poder acceder a recursos por todo el dominio usando una única cuenta de usuario para acceder a la red.

❑ Los administradores deben poder centralizar la gestión de usuarios y recursos.

El Directorio Activos tiene una estructura jerárquica, a través de la cual se localizan los objetos. Estos objetos pueden ser de tres tipos:

❑ **Recursos**. Por ejemplo impresoras.

❑ **Servicios**. Mensajería electrónica, acceso a la web, acceso a bases de datos de aplicaciones, etc.

❑ **Usuarios y grupos de usuarios**. Quienes, mediante las cuentas de usuario asignadas, acceden a los distintos recursos y servicios en función de los privilegios asignados.

La gran ventaja de su estructura es que permite gestionar con gran facilidad los objetos que se relacionan con los recursos y servicios de la red, como usuarios, grupos de usuarios, permisos y asignación de recursos y políticas de acceso.

Así, Active Directory permite a los administradores establecer políticas a nivel de empresa, por grupos, etc. Permite, por ejemplo, instalar programas de forma remota en los ordenadores y aplicar actualizaciones críticas a una organización entera.

Active Directory hereda de LDAP la estructura de esquemas, recursos y atributos. De esta forma, es posible crear recursos (como carpetas compartidas, impresoras de red, etc.) y conceder acceso a tales recursos a los usuarios del dominio,. Cualquier modificación en un recurso se replicará por todo el dominio y visibles para todos sus usuarios con privilegios de uso de dicho recurso.

La forma sencilla de Active Directory es un solo dominio. Sin embargo, con AD es posible gestionar realidades mucho más complejas. En realidad, la estructura jerárquica de AD es la siguiente:

Objeto → Unidad Organizativa → Dominio → Árbol → Bosque.

Donde un objeto es un recurso, servicio o usuario cualquiera. El resto de elementos los comentamos a continuación:

❑ **El bosque.** El bosque representa un conjunto de dominios relacionados entre ellos por relaciones de confianza bidireccionales y transitivas. Se caracteriza por la presencia de un dominio llamado Raíz, equivalente al primer dominio instalado en el bosque.

❑ **Los árboles**. Los árboles de dominio dependen de su nombre. Cuando un dominio no comparte el mismo espacio de nombres que un dominio primario, se considera un nuevo árbol. En caso contrario, se tratará como un dominio secundario.

❑ **Los dominios**. El dominio es una entidad de seguridad cercana al concepto de dominio creado para Windows NT 4.0, pero soporta una estructura jerárquica y pudede contener cualquier tipo de objeto.

Los nombres de dominio utilizados en Active Directory se basan en una implementación de la arquitectura DNS.

❑ **Unidad Organizativa**. Las Unidades Organizativas permiten estructurar de forma jerárquica un dominio con el fin de organizarlo para, a su vez:

◆ Gestionar los distintos objetos.

◆ Delegar el control de parte del dominio.

◆ Aplicar directivas comunes (las directivas de grupo).

Las Unidades Organizativas están disponibles para la gestión por parte de los Administradores y pueden anidarse. Esto significa que es posible crear Unidades Organizativas a todos los niveles de un dominio.

5.6. Relaciones de confianza y dominios

Para permitir que los usuarios de un dominio accedan a recursos de otro dominio, Active Directory usa una relación de confianza (en inglés, *trust*). La relación de confianza es creada automáticamente cuando se crean nuevos dominios.

Los límites de la relación de confianza no son marcados por dominio, sino por **el bosque al cual pertenece**. Existen relaciones de confianza transitivas, donde las relaciones de confianza de Active Directory pueden ser un acceso directo (une dos dominios en árboles diferentes, transitivo, una o dos vías), bosque (transitivo, una o dos vías), reino (transitivo o no transitivo, una o dos vías), o externo (no transitivo, una o dos vías), para conectarse a otros bosques o dominios que no son de Active Directory.

Para identificar a los usuarios de los distintos dominios de un bosque, Active Directory usa el protocolo **Kerberos**, aunque también soporta el protocolo NTLM y permite el acceso de usuarios webs mediante autentificación SSL.

Los tipos de confianza posibles son los siguientes:

❑ **Confianza transitiva**

Las Confianzas transitivas son confianzas automáticas de dos vías que existen entre dominios en Active Directory.

❑ **Confianza explícita**

Las Confianzas explícitas son aquellas que establecen las relaciones de forma manual para entregar una ruta de acceso para la autenticación. Este tipo de relación puede ser de una o dos vías, dependiendo de la aplicación.

❑ **Confianza de Acceso Directo**

La **Confianza de acceso directo** es, esencialmente, una confianza explícita que crea accesos directos entre dos dominios en la estructura de dominios. Este tipo de relaciones permite incrementar la conectividad entre dos dominios, reduciendo las consultas y los tiempos de espera para la autenticación.

❑ **Confianza entre bosques**

La **Confianza entre bosques** permite la interconexión entre bosques de dominios, creando relaciones transitivas de doble vía.

6. Herramientas de sistemas de gestión de identidades y autorizaciones (IAM)

Gestión de identidades (Identity Management o IDM) es la función de control de la información sobre los usuarios de un sistema cualquiera. Se incluye en dicha tarea la información que autentifica la identidad de un usuario, la información que describe las acciones que pueden realizar y los privilegios de acceso necesarios para llevar a cabo tales actividades.

También contempla la gestión de la información descriptiva sobre el usuario y cómo y quién puede acceder a modificar dicha información. En este contexto, se contemplan toda una serie de entidades que pueden ser gestionadas bajo el abanico de "la función de Gestión de Identidades", entre ellas usuarios, equipos y recursos y dispositivos de red y aplicaciones.

Por tanto, la **gestión de la identidad** describe la gestión de los identificadores individuales, la autenticación, la autorización, y privilegios dentro o a través del sistema y establece los límites físicos y lógicos de la empresa con el objetivo de aumentar la seguridad y la productividad, la disminución de los costes de seguridad, la reducción del tiempo de inactividad y la disminución de tareas de identificación repetidas.

La diferencia fundamental entre "Identity Management" y "Acceso y Gestión de Identidad" (*Identity and Authorization Management* o AIM) es que ambas se utilizan indistintamente en el ámbito de la gestión de la identidad de acceso, mientras que la **gestión de la identidad** misma cae bajo el paraguas de la seguridad informática.

Dentro de la **gestión de la identidad**, se incluyen todo tipo de productos, ya sean dispositivos hardware, aplicaciones y plataformas de gestión de la identificación así como los datos complementarios sobre las entidades que incluyen individuos, relacionados con la informática de hardware y aplicaciones.

Dentro de esta función (de enorme amplitud competencial) se incluyen tecnologías, servicios y otros términos o conceptos como Active Directory, proveedores de servicios, proveedores de identidad, Servicios Web, control de acceso, las identidades digitales, Administradores de Contraseñas, Single Sign-on, fichas de seguridad, Servicios de seguridad Token (STS), Flujos de trabajo, OpenID, WS-Security, WS-Trust, SAML 2.0, OAuth y RBAC, etc. Algunas de ellas, ya vistas en este manual, siquiera brevemente.

Así, la IAM cubre temas tales como la forma en que se otorga una identidad a los usuarios, la protección de su identidad y las tecnologías de apoyo que la protección (por ejemplo, protocolos de red, certificados digitales, contraseñas, etc.).

En el contexto del mundo real de la ingeniería de sistemas, IAM suele implicar tres funciones básicas:

❑ **La función identidad pura**. Es decir, la creación, gestión y eliminación de las identidades sin tener en cuenta el acceso o derechos otorgados en cada caso.

❑ **La gestión de la función de acceso de usuario (log-on)**. Por ejemplo: una tarjeta inteligente y sus datos asociados utilizado por un cliente para conectarse a un servicio o servicios (un punto de vista tradicional).

❑ **La función de servicio**. Un sistema que gestiona y ofrece acceso personalizado y basado en roles, online, sobre la demanda del sistema u on demand, contenidos multimedia contenido, basados en la presencia de los servicios a los usuarios y sus dispositivos.

La identidad Digital es la presencia digital –on line– de una entidad cualquiera. Abarca desde la información de identificación personal –**Personal Identity Information**– hasta la información de carácter más auxiliar.

En ocasiones, también se incluye en la definición los procesos que facilitan la gestión de la propia Identidad Digital.

6.1.   Identidad pura

Axioma. *Cada uno de los principios fundamentales e indemostrables sobre los que se construye una teoría.*

Un modelo general de gestión de la identidad se puede construir a partir de un pequeño conjunto de **axiomas,** entre ellos, los siguientes:

❑ Todas las identidades en un espacio de nombre dado son únicas.

❑ Tales identidades tienen una relación específica con las entidades correspondientes en el mundo real. Por ejemplo, usuario es igual a "persona física" o grupo es igual a "departamento".

Utilizamos el concepto **identidad pura** en tanto que el concepto de "identidad" utilizado no está limitado por un contexto de aplicación específico, es decir, no está "atado" a ningún tipo de arquitectura específica.

6.2. La identidad conceptual

En la mayoría de los modelos teórico-prácticos de la identidad digital, un objeto de identidad dado se compone de un conjunto finito de valores de atributos conocidos como **propiedades.**

Tales propiedades se establecen a fin de poder operar con los objetos y utilizarlos en tareas de, por ejemplo, clasificación y recuperación.

Supone una mayor concreción respecto del concepto de identidad pura, en el sentido de que la identidad conceptual se establece a partir de las propiedades que caracterizan a un objeto concreto, y permiten su uso en el contexto en el que tal objeto ha sido creado. El uso de tal objeto se realiza, precisamente, a partir de los valores contenidos en sus propiedades.

Según esto, la gestión de identidad se puede definir como un conjunto de operaciones que se realizan en el seno de un modelo concreto de identidad.

6.3. Acceso del usuario

Las funciones de acceso del usuario permiten a las personas autorizadas asumir una identidad digital a fin de ejecutar aplicaciones específicas, a través de un sistema más o menos complejo de información.

Se considera, en general, una definición con validez axiomática, la asignación de una sola identidad para cada persona física que deberá acceder a las distintas aplicaciones que constituyen un sistema de gestión de la información, pues facilita la gestión de roles y privilegios a los administradores y a los propios usuarios.

Una relación biunívoca entre usuario del sistema y persona física, simplifica notablemente el control y la verificación de accesos y permite reducir el número de privilegios otorgados a cada usuario.

6.4. Conceptos derivados de la identidad pura y la identidad conceptual

La introducción del concepto de identidad pura e identidad conceptual permite redefinir una serie de conceptos introducidos en las distintas Unidades Didácticas que componen este Manual. Son las siguientes:

❑   **Servicios.** El modelo de construcción de organizaciones basado en identidades conceptuales a las que se asignan distintos privilegios, permite construir **modelos de control de identidad y autentificación escalables.**

Es decir, podemos construir objetos que agrupen objetos de menor entidad. Por ejemplo, un grupo puede ser un tipo de objeto con una serie de propiedades específicas, que contiene, a su vez, otras entidades, como son los usuarios individuales.

Así, podemos seguir añadiendo servicios (basados, a su vez, en objetos) que enriquecen las funcionalidades del sistema.

La mayoría de estos servicios requieren de una administración de identidad para poder ejecutarlos adecuadamente. Por ejemplo, podemos montar una impresora en un servidor. El sistema de identificación le asignará un tipo de recurso (impresora) con unas propiedades determinadas. Existirán, a su vez, distintas impresoras que tendrán asignadas el mismo tipo de objeto. Mediante IAM podemos ofrecer servicios de impresión, creando objetos-impresora con sus propiedades correspondientes.

La gestión de la identidad se utiliza, por tanto, para controlar el acceso a todos los recursos del sistema, incluyendo dispositivos, equipos de red, servidores, portales, contenidos, impresoras, aplicaciones y/o productos.

❑ **Capacidades del sistema IAM.** Además de la creación, eliminación, modificación de los datos de identidad de usuario ya sea asistida o autoservicio, gestión de identidades se encarga de controlar los datos auxiliares entidad para su uso por las aplicaciones, tales como información de contacto o ubicación.

❑ **Autenticación.** Verificación de que una entidad es quién/qué dice ser que es. Para ello, se utiliza una contraseña verificada a partir de un algoritmo o hash predeterminado o bien datos biométricos, como una huella digital. También es posible utilizar un comportamiento distintivo, como un patrón de gestos en una pantalla táctil, en el caso de alguna marca de teléfonos inteligentes.

❑ **Autorización.** Entendemos **la autorización** como la función de la IAM que establece las operaciones que una entidad concreta puede llevar a cabo en el contexto de uso de una aplicación específica. Por ejemplo, un usuario puede estar autorizado a entrar en una orden de venta, mientras que otro usuario está autorizado para aprobar la solicitud de crédito por ese orden.

❑ **Roles.** Los roles son grupos de operaciones y/o funciones asignados de forma común a un número determinado de entidades, comúnmente usuarios, que comparten una serie de propiedades. Por ejemplo, todos los usuarios del grupo Administración acceden a un recurso de impresión denominado Imp_Adm.

Los usuarios tienen papeles relacionados directamente con un determinado trabajo o función de trabajo. Por ejemplo, una función de administrador de usuario puede ser autorizar el restablecimiento de la contraseña de un usuario, mientras que la función de un administrador del sistema puede tener la capacidad de asignar un usuario a un servidor específico.

❑ **Delegación.** La delegación permite que los administradores locales o supervisores puedan realizar modificaciones en el sistema previa autorización de un administrador global o un usuario.

7. Herramientas de sistemas de punto único de autenticación: Single Sign on (SSO)

En un contexto o sistema con diversas aplicaciones de propósito diferente, cada usuario dispondrá, comúnmente, de distintos grados de autorización para su ejecución, en función de los roles que tenga asignados.

A fin de evitar que los usuarios deban usar distintas identidades para acceder a cada una de estas aplicaciones, se emplean técnicas de autenticaciones centralizadas, más conocidas como Single Sing On o **sistema único de autenticación y autorización**.

Hay cinco tipos principales de SSO, también se denominados **sistemas de autenticación reducida** o reduced sign on systems.

❑ **Enterprise single sign-on** (E-SSO). Conocido también como *legacy single sign-on*, se emplea en autenticación primaria, interceptando los requerimientos de login presentados por las aplicaciones secundarias para completar los mismos con el usuario y contraseña.

❑ **Web single sign-on** (Web-SSO). También llamado *Web access management* (Web-AM) trabaja solo con aplicaciones y recursos accesibles vía web. Los accesos se interceptan mediante un servidor proxy o un componente similar instalado en el servidor web destino. Los usuarios no autenticados que tratan de acceder son redirigidos a un servidor de autenticación y regresan solo después de haber accedido correctamente. A fin de reconocer a los usuarios y su estado de autenticación, es habitual el uso de cookies.

❑ **Kerberos.** Es un protocolo de autenticación muy popular en la actualidad, que se caracteriza por "externalizar" la autenticación de los usuarios. Los usuarios se registran en el servidor Kerberos y reciben un "ticket", luego las aplicaciones-cliente lo presentan para obtener acceso.

❑ **Identidad federada** es una nueva manera de concebir este tema, también para aplicaciones web. Utiliza protocolos basados en estándares, lo que permite que las aplicaciones puedan identificar los clientes sin necesidad de autenticación redundante.

❑ **OpenID**. es un proceso de SSO distribuido y descentralizado donde la identidad se compila en una url accesible a cualquier aplicación o servidor a fin de verificar la identidad y los privilegios del usuario que pretende acceder a ella.

Con el desarrollo de este epígrafe hemos conseguido:

❑ *Administrar el acceso al sistema y a los recursos para verificar el uso adecuado y seguro de los mismos.*

❑ *Evaluar el uso y rendimiento de los servicios de comunicaciones para mantenerlos dentro de los parámetros especificados.*

Resumen

En esta unidad hemos:

❏ Hemos establecido criterios técnicas de Gestión de Autentificación e Identidad de usuarios.

❏ Hemos realizado una visión completa de las técnicas de Gestión de Autentificación e Identidad de usuarios.

❏ Hemos conocido las implicaciones legales que, en materia de seguridad, se derivan de la LOPD.

❏ Hemos estudiado las principales herramientas de gestión de accesos, usuarios, recursos y privilegios.

Autoevaluación de Unidad 7
Enunciados

----

1. En el análisis de los requerimientos de acceso a los sistemas de información debemos asegurarnos de que se contemplan de manera exhaustiva... Indica la expresión incorrecta:

a) Únicamente las formas lógicas de acceso.
b) Repositorios de datos.
c) Ordenadores y dispositivos de acceso a la información.
d) Todas son correctas.

2. Indica cuál no es un elemento de la política de control de accesos:

a) Requisitos para la autorización formal de los requerimientos de acceso.
b) Retirada de los controles de acceso.
c) Perfiles de los accesos de usuarios normalizados para puesto de trabajo específico en el seno de la empresa.
d) Las políticas de diseminación y autorización de la información.

3. ¿Cuál es el puerto por defecto para LDAP?:

a) 80.
b) 389.
c) 25.
d) 636.

4. La buena práctica "entregar una declaración por escrito de sus derechos de acceso a cada usuario", pertenece al procedimiento de:

a) Revisión de los derechos de acceso del usuario.
b) Gestión de contraseñas del usuario.
c) Registro del usuario.
d) Gestión de privilegios.

5. ¿Cuál de las siguientes buenas prácticas no pertenece al procedimiento de registro de usuario?:

a) Identificarse los privilegios de acceso asociados a cada aplicación del sistema y los usuarios a quienes hay que asignarlos.
b) Asegurar que los identificadores de usuario ya empleados con anterioridad no se entregan a otros usuarios.
c) Asegurarse que los proveedores de servicio no proporcionan ningún acceso hasta finalizar los procedimientos de autorización.
d) La utilización de un único identificador de usuario —ID— que posibilite la trazabilidad de sus conexiones, a fin de responsabilizarles de sus acciones, si fuera preciso.

6. ¿Cuál de estas buenas prácticas no pertenece al procedimiento de gestión de privilegios?:

a) Identificarse los privilegios de acceso asociados a cada aplicación del sistema y los usuarios a quienes hay que asignarlos.
b) Debe mantenerse un proceso de autorización y registro de todos los privilegios asignados. No deberían concederse privilegios hasta su autorización.
c) Asegurar que los identificadores de usuario ya empleados con anterioridad no se entregan a otros usuarios.
d) Debe prevenirse el uso indiscriminado del rol de administrador del sistema, pues suele ser un factor que incremente el número de fallos o infracciones de los sistemas.

7. Indica cuál de las siguientes afirmaciones es correcta:

a) La web www.ussearch.com nos permite verificar los datos de cualquier persona.

b) El artículo 18.4 de la Constitución Española contempla que el "Estado debe limitar el uso de la informática para garantizar el honor, la intimidad personal y familiar de los ciudadanos y el legítimo ejercicio de sus derechos".

c) La Agencia de Protección de Datos española tiene funciones ejecutivas como: registro de ficheros, control de prácticas, inspección y sanción.

d) Todas son correctas.

8. ¿Cuál de las siguientes expresiones no es correcta?:

a) La descripción de puesto es un documento formal propio de cada organización, que contiene una descripción detallada de los objetivos y las funciones de cada puesto, así como su entorno social y las relaciones jerárquicas y funcionales que le afectan.

b) El organigrama de una empresa es la representación detallada de su estructura.

c) El control total es un tipo de acceso que permite al usuario crear, ejecutar, modificar, leer y eliminar todo tipo de ficheros y carpetas alojados en la carpeta en la cual tiene este grado de acceso.

d) Existe un tipo de acceso denominado Listar contenidos.

9. ¿Cuál de los siguientes no es un registro de eventos para Windows Server?:

a) Autorizar por escrito la ejecución de tales procedimientos.

b) Autorizar por escrito y de manera expresa el tratamiento de los datos fuera de los locales de la organización.

c) Designar con claridad el responsable o responsables de seguridad.

d) Ninguna de las opciones representa registros de eventos.

10. Indica qué sentencia relativa a LDAP es correcta:

a) El usuario se conecta a través del puerto 389.

b) La versión actual es LDAPv3.

c) Su nombre deriva de la expresión protocolo compacto de acceso a directorios.

d) Todas son correctas.

Autoevaluación de Unidad 7
Soluciones

----

1. *a)* *Únicamente las formas lógicas de acceso.*

> *Explicación: Es común que un análisis de los requerimientos de acceso a un sistema de información contemple de manera exhaustiva todos los dispositivos y formas de acceso –físicas y lógicas–, y los repositorios de datos existentes.*

2. *c)* *Perfiles de los accesos de usuarios normalizados para puesto de trabajo específico en el seno de la empresa.*

> *Explicación: Las regulaciones para el control de accesos han de cristalizar en una política de control que, habitualmente, tendrá en cuenta aspectos como los requisitos para la autorización formal de los requerimientos de acceso, la retirada de los controles de acceso, las políticas de diseminación y autorización de la información o los perfiles de los accesos de usuarios normalizados para puesto de trabajo comunes en el seno de la empresa.*

3. *b)* *389.*

> *Explicación: El protocolo LDAP permite acceder a los servicios de directorio ordenados y distribuidos para localizar información en un entorno de red, a nivel de aplicación. Utiliza por defecto el puerto TCP 389.*

4. c) *Registro del usuario.*

> *Explicación: En el ámbito del control de accesos es conveniente cubrir el ciclo completo del acceso del usuario, que comprende varios procedimientos. Uno de ellos es el registro de usuario, para el cual es recomendable la entrega de una declaración por escrito de sus derechos de acceso a cada usuario.*

5. a) *Identificarse los privilegios de acceso asociados a cada aplicación del sistema y los usuarios a quienes hay que asignarlos.*

> *Explicación: El procedimiento de registro de usuarios debe incluir, entre otros factores, la utilización de un único identificador de usuario (o ID), ha de asegurarse que los proveedores de servicio no proporcionan ningún acceso hasta finalizar los procedimientos de autorización o asegurar que los identificadores de usuario ya empleados con anterioridad no se entregan a otros usuarios.*

6. c) *Asegurar que los identificadores de usuario ya empleados con anterioridad no se entregan a otros usuarios.*

> *Explicación: El procedimiento de gestión de privilegios debe incluir, entre otros factores, la identificación de los privilegios de acceso asociados a cada aplicación del sistema y los usuarios a quienes hay que asignarlos, debe mantenerse un proceso de autorización y registro de todos los privilegios asignados y debe prevenirse el uso indiscriminado del rol de administrador del sistema.*

7. d) *Todas son correctas.*

> *Explicación: El tratamiento de la información personal es muy diferente en función de la legislación de cada país o entorno. En EE.UU. la empresa US Search proporciona a través de su web información de cualquier persona. En España, el artículo 18.4 de la Constitución limita el uso de la informática para garantizar la intimidad personal de sus ciudadanos. Además, la Agencia de Protección de Datos se encarga de esta protección y cuenta para ello con funciones ejecutivas de registro, control de prácticas, inspección y de sanción.*

8. *b)* *El organigrama de una empresa es la representación detallada de su estructura.*

> **Explicación:** *Un organigrama es la representación gráfica de la estructura de una organización sin entrar en detalles profundos, por lo que la afirmación de la opción B es incorrecta y por tanto la válida. Sin embargo, la descripción de un puesto ha de contener de forma detallada objetivos y funciones de cada puesto e incluirlo en un documento formal. Existen varios tipos de acceso. Uno de ellos se denomina de Control Total que permite al usuario crear, ejecutar, modificar, leer y eliminar todo tipo de ficheros y carpetas alojados en la carpeta en la cual tiene este grado de acceso. Otro es el Listar Contenidos, que permite visualizar los ficheros pero no su acceso.*

9. *d)* *Ninguna de las opciones representa registros de eventos.*

> **Explicación:** *En Windows Server 2008 se entienden como registros de eventos a los registros de sistema, a los registros de eventos de seguridad, a los registros de eventos de aplicación, al registro de eventos de instalación y al registro de eventos reenviados.*

10. *d)* *Todas son correctas.*

> **Explicación:** *El protocolo Light Directory Access Protocol (LDAP) es una versión más compacta o ligera del protocolo DAP, que era un protocolo pesado que se utilizaba para acceder a servicios de directorio X.500. Actualmente se encuentra en la versión 3 y la forma de conectarse para un usuario es, por defecto, el puerto TCP 389.*

CONTENIDOS EXTRA

Autoevaluación Final
Enunciados

- -

1. Indica cuál de estas afirmaciones es correcta:

a) La versión 1 de ITIL estaba dedicada a la tecnología y llegó a tener más de 41 volúmenes.
b) La versión 2 las agrupa en un total de 8 temas, y comienza a preocuparse por procesos y servicios.
c) La versión 3, apareció en 2007 y se basa en el ciclo de vida del servicio.
d) Todas son correctas.

2. Lo más adecuado es que los propios procesos de negocio integren en su propia definición y en cascada porque nos aseguramos que…. (identificar la afirmación incorrecta):

a) Que cuando mejoren las tecnologías, adaptaremos los procesos de negocio.
b) Que las tecnologías de la información están totalmente integradas en los procesos de negocio.
c) Que la propia gestión de los servicios de las tecnologías de la información está totalmente integrada en el sistema de Gestión de la Calidad de la organización.
d) Todas son correctas.

3. ¿Cuál de los siguientes comandos no sirve para monitorizar la actividad del sistema?:

a) Netstat.
b) Top.
c) Vmstar.
d) Sar.

4. El proceso por capas de la E/S de datos tiene el siguiente orden:

a) Tarjeta controladora inserta en placa base, controlador de dispositivo, comandos del sistema.
b) Controlador del dispositivo, driver, sistema operativo.
c) Ninguna es correcta.
d) Tarjeta controladora inserta en placa base, driver, sistema operativo.

5. La jerarquía lógica correcta en cuanto a los datos es...

a) Byte, Bit, registro físico, registro lógico, archivo o fichero.
b) Byte, registro físico, registro lógico, archivo.
c) Bit, Byte, registro físico, registro lógico, archivo o fichero.
d) Bit, Byte, registro lógico, archivo.

6. Indica cuál de estas afirmaciones es correcta.

a) Raid 0 ofrece una eficiencia de almacenamiento del 85%.
b) La eficiencia de almacenamiento de RAID 0 es del 100%.
c) La eficiencia de almacenamiento de RAID 1 es del 50%.
d) Son correctas a) y c).

7. Un evento de umbral:

a) Sucede cuando cualquier nivel de rendimiento, máximo o mínimo, se supera, lo que hace disparar las alertas.
b) Es un problema de seguridad, pues un intruso ha superado el umbral de accesos establecido en la seguridad física.
c) Solamente ocurre cuando se supera el umbral máximo.
d) Todas son falsas.

8. Una de estas categorías no pertenece a las categorías de indicadores:

a) Estratégicos y por área de TI.
b) KGI de proceso.
c) Tácticos y globales de TI.
d) A y C son correctas.

9. Las direcciones de red pueden ser:

a) Multicasting.
b) Monocast.
c) Todas son falsas.
d) Unicast.

10. ¿En qué capa se realizan las labores de direccionamiento y enrutamiento?:

a) En la de transporte.
b) En la de enlace.
c) Depende del protocolo.
d) En la de aplicación.

Autoevaluación Final
Soluciones

- -

1. *d)* *Todas son correctas.*

> *Explicación: Efectivamente, la versión 1 se elaboró en los años ochenta, se encaminaba únicamente a aspectos tecnológicos y fueron creciendo de forma inconexa hasta alcanzar un total de 42 volúmenes, de modo que, tanto su adquisición como su implantación acabaron siendo bastante costosas. En cuanto a la versión 2, comenzaba a centrarse en productos y servicios y condensaba los 42 volúmenes anteriores en un total de 8 temas y, finalmente, ITIL v3 se reducía a 5 volúmenes e incorporaba una perspectiva de ciclo de vida del servicio.*

2. *a)* *Que cuando mejoren las tecnologías, adaptaremos los procesos de negocio.*

> *Explicación: Una vez cambian los procesos de negocio, adaptamos la tecnología.*

3. *c)* *Vmstar.*

> *Explicación: La aplicación vmstar no existe.*

4. *d)* *Tarjeta controladora inserta en placa base, driver, sistema operativo.*

> *Explicación: Pues ese es, efectivamente, el orden en que se accede a los dispositivos de almacenamiento masivo para realizar procesos de E/S.*

5. *d)* Bit, Byte, registro lógico, archivo.

> *Explicación:* El orden lógico, no físico, es bit, byte, registro lógico y archivo. Por tanto, excluimos el registro físico.

6. *d)* Son correctas a) y c).

> *Explicación:* La respuesta correcta es la d). Efectivamente, la eficiencia de almacenamiento de RAID 0 y Raid 1 son del 100% y del 50%, respectivamente.

7. *a)* Sucede cuando cualquier nivel de rendimiento, máximo o mínimo, se supera, lo que hace disparar las alertas.

> *Explicación:* Efectivamente, un evento de umbral ocurre cuando se supera por arriba el umbral máximo o no se alcanza, por abajo, el umbral mínimo.

8. *c)* Tácticos y globales de TI.

> *Explicación:* Efectivamente, no existen los indicadores tácticos y globales.

9. *d)* Unicast.

> *Explicación:* Los tipos de direcciones son Unicast, Multicast y Broadcast.

10. *a)* En la de transporte.

> *Explicación:* Efectivamente, en la capa de transporte de la arquitectura TCP/IP es donde se realizan las labores de direccionamiento y encaminamiento de la información, para lo que se utiliza el protocolo IP.

Glosario

A

ACL	Lista de control de acceso.
AD	Directorio activo.
ADSL	Suscripción de línea digital asimétrica.
AENOR	Asociación Española de Normalización y Certificación.
AEPD	Agencia Española de Protección de Datos.
AP	Punto de acceso inalámbrico.

C

CD	Disco Compacto.
CDB	Base de datos de capacidades.
CENELEC	Comité Europeo de Normalización Electrotécnica.
Ciclo PDCA	Ciclo de Deming o Plan, Do, Check, Act.
CIDR	Notación de enrutamiento entre dominios sin clases.
CMDB	Gestión de la configuración de dispositivos y software. Incluye la base de datos de configuraciones.

COBIT	Objetivos de control de la información y la tecnología relacionada.
CPU	Unidad Central de Procesamiento.
CRM	*Customer Relationship Management* o gestión de las relaciones con los clientes.

DARPA	Agencia de Investigación de Proyectos Avanzados para la Defensa.
DIT	Árbol de información de directorio.
DN	Nombre distinguido.
DRAM	Memoria de acceso aleatorio dinámica.
DSE	Entrada de servicios de directorio.
DSL	Librería de software definitivo.
DVD	Digital Versatile Disc.

EEPROM	Memoria programable borrable eléctricamente.
ENAC	Entidad Nacional de Acreditación.
EPROM	Memoria programable borrable.

HASHING	Transformación mediante un algoritmo matemático conocido como función hash, de una cadena de caracteres en una cadena generalmente más corta, de longitud fija valor o clave que represente al original.
HTTP	Protocolo de transferencia de hipertexto.

IAM	Gestión de identidades y autentificación.
IDE HD ATA	Disco duro. Dispositivo electrónico integrado. Tecnología avanzada unida.
IMP-ROUTER	Routers primarios, interface procesadora de mensajes.
ISACA	Asociación para el control y auditoría de los sistemas de información.
ISO	Organización Internacional de Estandarización.
ITIL	Biblioteca de infraestructuras para la tecnología de la información.
itSMF	Foro de gestión de Servicios de tecnologías de la información.

KGI	Indicador global clave.
KPI	Indicador clave de rendimiento.

LDAP	Protocolo compacto de acceso a directorios.
LOPD	Ley Orgánica de Protección de Datos Personales.

M

MBR	Master Boot Record. Registro de arranque.
MODEM	Dispositivo modulador-demodulador de señal analógico-digital.
MTBSI	Frecuencia media de producción de incidentes.
MTTR	Tiempo medio de duración de la restauración de los Servicios tras los incidentes.

N

NCP	Programa de control de red.
NIC	Tarjeta de red.

O

OGC	Oficina de comercio gubernamental. Reino Unido.
OLA	Acuerdo de nivel operativo.
OSI	Sistemas abiertos interconectados.

P

PROM	Memoria programable de una sola vez.

Q

QoS	Calidad de servicio.

RAID	Conjunto redundante de discos independientes.
RDN	Nombre distinguido de pariente.
RDSI	Red Digital de Servicios Integrados.

SCSI	Interfaz de Sistema para Pequeñas Computadoras.
SEM	Gestión de eventos de seguridad.
SGCTI	Gestor documental del sistema de gestión de calidad en las tecnologías de la información.
SIM	Gestión de incidentes de seguridad.
SRAM	Memoria de acceso aleatorio estática.
SSD	Dispositivo de estado sólido.

TCP/IP	Protocolo de control de transmisiones/Protocolo de Internet.

UC	Contrato de soporte.
UDP	Protocolo de datagrama de usuario.

UGO	Usuario, grupos y otros.
UNE-ISO/IEC 27001:2014	Norma que especifica los requisitos de un Sistema de Gestión de la Seguridad de la Información (SGSI).
URL	Localizador de recursos uniforme.

VLAN	Red virtual de área local.
VPN	Red privada virtual.

XML	Lenguaje de marcado ampliable.

Bibliografía

- **Norma ISO/IEC 2000.**

  GUÍA COMPLETA DE APLICACIÓN PARA LA GES-
  TIÓN DE LOS SERVICIOS DE TECNOLOGÍAS DE
  LA INFORMACIÓN.

- **Norma ISO/IEC 27002:2022.**

- **Office of Government Commerce.**

  ITIL REFRESH STATEMENT.

- **«Software Maintenance Management - evaluation and continuous improvement» (HTML).**

  A APRIL A ABRAN (2008). CONSULTADO EL 16-
  07-2008.

- **Seguridad Informática. Ethical Hacking.**

  VARIOS AUTORES. EDICIONES ENI. 2022.

- **Seguridad informática.**

  TRIVIÑO MOSQUERA, IGNACIO. EDITORIAL SÍNTESIS. 2019.

- **The guide to IT service management.**

  VAN BON, J., ED (2002). ADDISON WESLEY. ISBN 0-201-73792-2.

- **«Beneath the Buzz: ITIL»**

  Meyer, Dean, 2005, CIO MAGAZINE, 31 DE MARZO DE 2005

- **"IPW(tm) and the IPW Stadia Model(tm) (IPWSM)".**

  VAN HERWAARDEN, H. Y F. GRIFT (2002). THE GUIDE TO IT SERVICE MANAGE-
  MENT. J. VAN BON. LONDRES, ADDISON-WESLEY: 97-115.

- **Redes de computadoras.**

  ANDREW S. TANENBAUM.

- **"UNIX System Administration Handbook",**

  NEMETH, EVI, CAP. 12.

Webgrafía

- https://www.aepd.es/

- https://www.incibe.es/

- https://www.ccn-cert.cni.es/es/

- https://www.ibm.com/es-es/topics/it-security

- https://www.datadec.es/blog/seguridad-informatica-danos-a-proteger

- https://www.redhat.com/es/resources